权威·前沿·原创

皮书系列为
"十二五""十三五"国家重点图书出版规划项目

BLUE BOOK

智 库 成 果 出 版 与 传 播 平 台

非洲工业化蓝皮书
BLUE BOOK OF AFRICAN INDUSTRIALIZATION

非洲工业化进程报告（2021）

REPORT ON AFRICAN INDUSTRIALIZATION (2021)

著　者／刘继森　傅　朗　等

社会科学文献出版社
SOCIAL SCIENCES ACADEMIC PRESS（CHINA）

图书在版编目（CIP）数据

非洲工业化进程报告 . 2021 / 刘继森等著 . -- 北京：
社会科学文献出版社，2021.12
（非洲工业化蓝皮书）
ISBN 978 - 7 - 5201 - 9322 - 1

Ⅰ.①非… Ⅱ.①刘… Ⅲ.①工业化进程 - 研究报告
- 非洲 - 2021 Ⅳ.①F440.4

中国版本图书馆 CIP 数据核字（2021）第 221759 号

非洲工业化蓝皮书
非洲工业化进程报告（2021）

著　　者 / 刘继森　傅　朗 等

出 版 人 / 王利民
组稿编辑 / 邓泳红
责任编辑 / 宋　静
责任印制 / 王京美

出　　版 / 社会科学文献出版社·皮书出版分社 （010）59367127
　　　　　　地址：北京市北三环中路甲 29 号院华龙大厦　邮编：100029
　　　　　　网址：www.ssap.com.cn
发　　行 / 市场营销中心（010）59367081　59367083
印　　装 / 天津千鹤文化传播有限公司

规　　格 / 开　本：787mm × 1092mm　1/16
　　　　　　印　张：16.75　字　数：248 千字
版　　次 / 2021 年 12 月第 1 版　2021 年 12 月第 1 次印刷
书　　号 / ISBN 978 - 7 - 5201 - 9322 - 1
定　　价 / 128.00 元

《非洲工业化进程报告（2021）》
编委会成员

首席专家　刘继森　傅　朗

主要成员　（以姓氏拼音为序）

陈玮冰　董俊武　计　飞　李演琪　梁立俊

刘　胜　韦晓惠

作者简介

刘继森　广东外语外贸大学非洲研究院执行院长、教授、硕士生导师。主持并完成中联部项目、教育部项目、中国商务部－欧盟合作项目、中国证券业协会项目；主持广东省科技厅软科学重点研究项目、各地市委托横向项目；参与解放军原总后勤部"九五"学术研究课题、中国教育发展（香港）基金会资助项目、广东省发改委"十二五"规划前期研究课题、广州市外经贸"十二五"发展规划专题研究项目、广州市哲学社会科学发展"十一五"规划 2010 年度重点委托研究项目。出版专著 1 部，参编著作 8 部，出版 21 世纪经济管理专业应用型精品教材 1 本。发表学术论文 40 余篇。

傅　朗　广东外语外贸大学非洲研究院院长，中山大学、广东外语外贸大学、暨南大学、广东财经大学、广东工业大学、广东省委党校客座教授，理学博士。2007～2016 年任广东省人民政府外事办公室主任、广东省人民对外友好协会会长（2009 年赴哈佛大学肯尼迪政府学院进修）；2016～2018年任广东省政协常委、广东公共外交协会常务副会长、广东省政协外事侨务委员会副主任；2018 年至今任广东公共外交协会常务副会长。

摘　要

　　中国"走出去"战略和"一带一路"建设为非洲带来了巨大的发展机遇，同时，也为我国企业进一步开拓非洲市场带来了历史性良机。目前，中非贸易总额已达到 2400 亿美元，中国在非洲的投资累计达到 1000 亿美元，中非经贸投资关系步入全新的发展时期，前景非常广阔。但是，与这种突飞猛进的形势不相适应的是我国对非洲的研究异常薄弱，特别是关乎中国对非投资产业方面的研究基本为空白。目前，我国对非洲经贸合作研究主要集中于中国对非经贸关系以及非洲部分国家的投资环境等，基本上是以我国为主体，以服务于我国"走出去"战略为出发点和路径的研究，而对于非洲自身的经济状况，特别是工业化状况的研究则为之甚少。那么非洲工业化进程目前处于何种阶段？其工业化的进程受到何种因素的影响？这种进程应该通过何种方法来进行展示？非洲 54 个国家的工业化进程是否一致？中国在非洲工业化的进程中又扮演了何种角色？

　　为了回答上述问题，本书分别从非洲工业化进程的现状、原因、影响因素等各方面进行了总体分析，并根据非洲的特点制定了非洲工业化进程指数，通过定量和定性分析的方法对非洲整体及区域进行了详细的分析。研究发现：农业是非洲国家发展的主要产业，其次是采矿业，对于工业化贡献度最大的制造业在非洲得不到较大的发展，这些问题说明现阶段非洲工业化进程仍然存在很大的阻碍，主要来源于工业化水平低、自然资源得不到充分挖掘和高效利用、非洲内部工业化水平差异大、产业结构不能实现合理均衡发展以及政治的不稳定性等因素。而解决这些问题，则需要从政策制定、融入

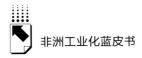

经济全球化、政治一体化以及大力铺设基础设施等多个方面入手，是一个长期且复杂的过程。

中非合作被认为是可以帮助非洲加速工业化进程的最佳路径，本书从非洲工业化在全球产业链中的位置，中国企业"走出去"与非洲工业化的关系以及粤非合作对于非洲工业化的影响三个方面进行了阐述，并认为中国既是非洲工业化的坚定支持者，更是积极参与者。在非洲国家立足自身开展工业化建设的同时，中国将和国际社会一道，大力支持非洲工业化进程。中非合作又可以凭借非洲原有的自然资源优势发展出多种适合其本土工业化的发展方式，这其中广东省在中非合作的过程中是最具代表性的省份之一。本书认为在"一带一路"倡议稳步推进的背景下，中国积极参与非洲工业化进程，既是对当前复杂多变的国际政治经济形势的自然回应，更是符合双方共同利益的现实选择。

关键词： 非洲工业化　中非合作　粤非合作

Abstract

China's "going out" strategy and the Belt and Road Initiative have brought huge development opportunities to Africa, as well as historic opportunities for Chinese enterprises to further explore the African market. At present, china – Africa trade has reached 240 billion US dollars and China's investment in Africa has reached 100 billion US dollars. China – Africa economic, trade and investment relations have entered a new stage of development with bright prospects. However, what does not adapt to this rapid development is that China's research on Africa is extremely weak, especially the research on China's investment industry in Africa is basically blank. At present, the research on Africa trade and economic cooperation are mainly concentrated in the investment environment of the economic and trade relations in parts of Africa, such with China as the main concern, to serve China's strategy of "going out" as the starting point and the path of research, and for Africa's own economic conditions, especially the industrialization status of research is basically blank. So what is the current stage of Industrialization in Africa? What factors influenced the process of industrialization? In what way should this process be demonstrated? Are the 54 African countries in the same industrialization process? What role did China play in Africa's industrialization?

In order to answer the above questions, the book makes an overall analysis of the current situation, causes and influencing factors of the industrialization process in Africa, designates the Index of the industrialization process in Africa according to the characteristics of Africa, and makes a detailed analysis of Africa as a whole and its regions through quantitative and qualitative analysis methods. Then we found: Agriculture is the main industry in the development of African countries, followed

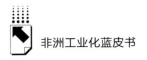
by mining. The manufacturing industry, which contributes the most to industrialization, is not developing in Africa. These problems show that there are still great problems in the industrialization process in Africa at the present stage. It is mainly due to low industrialization level, insufficient exploitation and efficient utilization of natural resources, great differences in industrialization level within Africa, inability to achieve reasonable and balanced development of industrial structure, and political instability. To solve these problems, we need to start with policy making, integration into economic globalization, political integration and vigorously laying infrastructure, which is a long and complicated process.

China – Africa cooperation is considered to be the best way to help Africa accelerate its industrialization process. This book expounds the position of Africa's industrialization in the global industrial chain, the relationship between Chinese enterprises' "going out" and Africa's industrialization, and the influence of Guangdong and Africa cooperation on Africa's industrialization. China is not only a staunch supporter but also an active participant in Africa's industrialization. As African countries pursue industrialization on their own, China will work with the international community to vigorously support Africa's industrialization process. In addition, China – Africa cooperation can develop a variety of development modes suitable for local industrialization by taking advantage of Africa's original advantages in natural resources. Guangdong province is one of the most representative provinces in the process of China – Africa cooperation. It can be considered that under the background of the steady progress of the Belt and Road Initiative, China's active participation in Africa's industrialization process is not only a natural response to the current complex and volatile international political and economic situation, but also a realistic choice in line with the common interests of both sides.

Keywords: African Industrialization; China-Africa Cooperation; Guangdong and Africa Cooperation

目 录 ◣❳░▓▒

Ⅰ 总报告

Ⅱ 指标篇

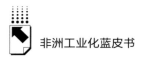
Ⅲ 分报告

Ⅳ 专题篇

皮书数据库阅读**使用指南**

总 报 告

B.1
非洲工业化进程报告（2021）

梁立俊　刘继森　刘胜　韦晓慧*

摘　要： 非洲工业化是一个复杂而艰难的过程，肇始于殖民后期，但至今尚未完成。本报告讨论了非洲工业化进程的总体情况。报告认为非洲工业化过程独特，作为工业化主体的制造业进展缓慢，采掘业占比很大，第三产业比重畸高。非洲工业以二战为节点分为两个时期。前期为殖民时期，以"矿业革命"为工业化萌芽。后期以非洲独立起始，经历了20世纪后期各种模式的试验期、21世纪前10年高速增长期和2010年之后的"去工业化"期。目前，非洲工业化整体水平不高，产业结构不合理，国别之间差距巨大，但也出现了基础设施改

---

* 梁立俊，经济学博士，广东外语外贸大学金融学院教授，研究方向为国际金融与世界经济；刘继森，经济学博士，广东外语外贸大学非洲研究院执行院长，教授，研究方向为中非经贸合作；刘胜，经济学博士，广东外语外贸大学国际经济贸易研究中心副教授，研究方向为发展经济学；韦晓慧，经济学博士，广东外语外贸大学国际经济贸易研究中心讲师，研究方向为国际贸易与投资。

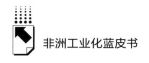
善、产业结构优化、投资增加等积极变化。报告从产业转移、联合国推动、非洲内部力量崛起以及中非合作动力等方面解释了非洲工业化的积极变化和发展前景，并提出了发挥资源禀赋、制定并落实恰当的产业政策、借力中国"走出去"战略、加入全球产业链和提升区域价值链等推动工业化进程的建议。本报告还对本非洲工业化进程蓝皮书的研究方法、研究思路以及指标体系的设计进行了说明。

关键词： 工业化进程　经济结构　经济模式

一　非洲工业化进程

工业化是现代化的必经阶段。现代文明肇始于工业文明，工业文明的标志是制造业的崛起并进而取代农业和商业成为经济发展的主体，现代文明朝着高新技术制造业和与之配套的第三产业迈进。目前，世界已经进入后工业时代，三产融合的技术创新和人工智能成为现代文明和现代工业文明的核心。制造业向智能化、自动化方向发展，不再是工业化的首要特征。非洲是一个独特的地区，其历史是一个反复被改造和塑造的过程。北非的埃及曾经有过辉煌的人类文明，但后来被欧亚文明冲击和渗透。地理大发现之后，非洲被欧洲列强完全征服和肆意肢解，政治和文化上失去了自己的独立性，经济发展的道路也呈现布朗运动，失去了内在的逻辑性，以至于今天我们对非洲工业化进程的研究无法用通常的规范笼而统之地进行，必须根据非洲的特点，从头开始，梳理非洲工业化的概念和理论，确立适合非洲特色的指标度量体系对其进行描述和分析。

（一）非洲工业化及其进程的独特景观

一般而言，工业化就是第二产业现代化，包括建筑业、采掘业和制造业等门类。建筑业和采掘业古已有之，并不能完全代表工业化的发展水平。学术界所谓的工业化主要指制造业的发展水平。用这个标准来衡量非洲的工业化和工业化的进程首先遇到的问题便是非洲的整个经济发展不符合工业化进程的一般规律。

第一，非洲的制造业进程在殖民后期，通过宗主国的投资已经开始，但独立之后出现了一次倒退，主要原因是翻身做主的非洲人民对殖民地工业接受之后，由于重新分割、经营不善等，原来的工业化进程遭到破坏，非洲的工业化进程有所倒退。

第二，非洲工业化的其他门类，特别是石油采掘和矿石采掘一直占有重要比重，是非洲工业和出口的支柱。非洲的石油和采矿是古已有之的"工业门类"，从工业化的水平来看，其生产的技术在不断更新、升级，部分地代表了非洲工业化的进程。但是，非洲有丰富的石油资源，大量出口原油，而非洲本地又常常发生油荒，加油站无油可加，汽车无法上路。非洲有丰富的矿产资源，大量出口矿石，但非洲本地缺钢少铁，农业生产工具甚至还是原始的刀耕火种。究其原因，非洲没有加工制造能力，只能出口，靠出口原油和裸矿来换取外汇，反过来购买石油产品和工业制成品。由于制造业比重下降，加上采掘业的低端固化（飞地现象），非洲出现了人类现代化过程中的独特现象——去工业化。

第三，非洲的三产结构中第三产业比重超过50%，堪称奇观。一般来说，第三产业是在第一产业比重下降、第二产业逐步占主导并超过50%的比重之后，由于财富积累，消费上升，开始启动，并迅速发展，最后超过第二产业，成为三产的主体。但非洲的第三产业过度"早熟"，在工业化出现倒退之际，孤立地发展起来了。这与非洲独特的旅游资源有关，但也与非洲前现代化与后现代化交织的独特历史和现实相关。比如，电信业、互联网、影视娱乐业这些产业在非洲迅猛发展，与迟迟无法推进的制造业形成鲜明对照。

（二）非洲工业化的概念界定和分析体系

面对这样交互复杂的经济结构，如何对非洲的工业化及其进程的概念进行界定，准确描述非洲工业化及其进程是首先要解决的问题。非洲工业化及

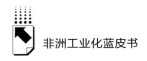

其进程是世界工业化及其进程的一部分，但是具有独特的历史和现状，需要建立一套有别于一般情况的概念体系和分析标准。

第一，非洲的现代化是否遵循一般的工业化过程，必须以制造业的发展为核心展开。目前，非洲经济发展，前现代和后现代交织在一起，如果形成路径依赖，在内部矫正力量的推动下走出一条奇特的、真正具有非洲特点的工业化之路。比如，从第三产业开始，逆向实现工业化，即从消费（比如，食品消费、家用电器消费、电信消费）开始最后落实到制造业。从非洲年轻劳动力富裕、人力成本低廉这个角度看，这种路径不是没有可能。

第二，非洲的现代化是否有其他的路径。比如，回归农业，以农业现代化为核心展开。目前全球经济发展理念正在发生革命性的变化，绿色经济正在形成潮流。非洲农业资源丰富，空气新鲜，土地没有大面积污染，非洲的现代化能否通过进一步的"倒退"，以农业的现代化为核心，从生态农业开始，以现代化种植和高水平加工为基础逐步发展起来，成为专业的生态农业，再通过全球贸易，供给全世界。

第三，非洲正成为一个纯粹的消费地区，以第三产业的内外循环为特征，实现自身经济的现代化。非洲有独特的自然资源，一个是矿产，另一个是旅游。这两类资源都是世界上绝无仅有的独特资源。非洲经济是否可以通过国际贸易的大循环获得收益，再通过国际贸易获得其需要的生活以及工业用品。这是一个存在系统性风险的经济结构，但是非洲未来可期的内部稳定局势，全球化未来的进一步发展，也许能为这种全球大分工的实现创造条件。

鉴于上面的分析，我们对非洲工业化的概念界定，对非洲工业化进程的描述和评价应该持开放的态度。

首先，非洲工业化进程是一个独特的过程，充满了曲折和显而易见的失误和风险。进入 21 世纪，从没有希望的、悲观的非洲，到重新燃起希望的非洲，非洲自身经济进入快速发展的时期，世界对非洲的看法也在发生根本的改观，但是非洲的工业，特别是制造业还是在走下坡路。非洲经济的快速发展建立在资源价格的泡沫之上。从另一方面我们看到，世界经济对非洲的依赖正在上升，非洲自然资源的优势和劳动力的优势正在显现其不可替代的重要性。由此我们对非洲工业化概念和工业化进程的考察就不能局限于制造业的比重，而要看到整个背景的变化和系统性结构的重要意义。

其次，对于非洲工业化概念的界定和其过程描述应该在分析制造业及其技术的重要性的同时重视非洲农业经济的发展路径和发展前景，要重视非洲第三产业的发展现状以及与工业化的对接情况。从非洲的贸易对象国的情况看，通过对非贸易出口，建立市场基础，进而推动对非投资，企业"走出去"，产能转移，这是非洲面临的外部市场环境和政策导向，是非洲工业化未来发展的一条最具现实可能性的路径。我们研究非洲工业化过程的过去和未来，这些积极的因素必须给予充分考虑。

最后，具体到非洲工业化的度量指标设计，在指标的确定和赋权上，农业和贸易是务必要进行创新分析的指标。一般而言，对于工业化，农业占GDP的比重是一个负向指标，但非洲的农业，特别是非洲符合全球需求的生态农业，应该赋予正向意义。从工业化的角度看，非洲的进口比重，也是一个负向指标，但具有产能转移可能性的进口从长远看也应该赋予正向意义。

（三）非洲工业化进程的相关问题

非洲工业化进程一波三折，到目前为止没有形成稳步趋进的态势。非洲可以说各种经济发展的模式都已经尝试过了，非洲国家也反复制定了一个又一个的国家工业化战略、一体化工业化目标，但最后都成了一纸空文。为什么非洲的工业化始终是一个"画饼"，没有落实到实践？这其中的原因是什么，值得我们认真思考。从经济学的角度看，非洲是否具备了工业化的内部条件和外部条件，这是第一个需要思考的问题。从一些资料可以看到，20世纪30年代前后，即使非洲最落后的地方（比如，尼日利亚的奥贡地区）①，西方工业文明也已经在那里有了一定的基础，零星的非洲本土企业和外资工业在非洲开始出现和聚集。从这个角度看，非洲工业化的外部供给

---

① Brazilian Journal of Political Economy, Vol. 34, No 1 （134）, pp. 120 – 138, January-March/2014.

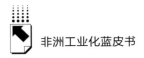
和内部需求已经在形成，非洲工业化开始萌芽。与同时期的中国相比，非洲彼时的工业文明可以说起码不比中国更差。但是这些早期优势并没有让非洲的工业化走上稳步积累和发展的道路。

第二个需要思考的问题是什么真正阻碍了非洲的工业化进程。我们看非洲的历史就会马上发现，如果单纯从经济学的角度研究非洲的经济以及工业化，根本无法解释非洲的历史和现状。非洲是一个被反复改造和塑造的地区，政治上和文化上本土传统已经不占主导，这样就造成社会政治从深层看缺乏"支援意识"。非洲人很多信奉伊斯兰教，但是伊斯兰政教合一的体制没有在非洲建立起来。非洲也有很多人信奉基督教，但是基督教的世俗化以及政教分离的社会信仰没有被继承。非洲人有自己的原始宗教，但是原始宗教只是在草根层面具有政治组织力量，无法形成整体的国家意识形态。从政治上看，非洲过去是殖民统治，社会秩序由宗主国的力量来维持，彼时非洲虽然处于压迫时代，但是基本的法制和秩序尚存。独立之后，非洲翻身做了主人，殖民者提供的外部制约虽然去除了，但是内部没有现成的合法有力的政治统治结构，非洲陷入长期的暴力恶性循环中，一次接一次的军事政变，一次又一次的推倒重来，社会动荡不安，人民生灵涂炭，经济发展、工业化不但无法进步，就是原来殖民者留下的一些基础，也在社会动荡中一点点被破坏殆尽。

第三个需要思考的问题是非洲的工业化未来如何实现。非洲工业化未来能否实现有两个问题需要思考。一个是非洲工业化的政治环境，也就是未来非洲的政治发展能否为其工业化提供外部环境。从目前的情况看，非洲的政治从2010年之后，在向好的方面发展，民主选举之后的暴力事件和军事政变在减少，但是情况依然不稳定。比如，被认为是非洲工业发展的明星埃塞俄比亚最近出现的内部政治混乱就是一例。非洲政治的良性发展——工业化的必要条件在未来能否具备，在世界局势可预期性陡然降低的当下条件下很难预测。这是非洲工业化未来如何实现的关键。另一个问题是非洲工业化如何实现？有些经济学家认为非洲的工业化本质上是非洲人自己的事情，外部因素无法替代内部因素最终推动非洲的工业化。这在理论上是没有错的。但是从世界各地工业化的历程来看，除了原生的西方国家，其他国家和地区，不论是亚洲，还是拉美，其工业化的进程都有赖于外部产业转移和资本转移，这些地区的工业化，没有一个是自身内生性渐进积累的结果。

（四）本书的研究思路和方法

本书的研究从三个方面展开。一是建立非洲工业化进程的测度指标体系，这是本书的基础，也是本书力求有所创新的部分。二是分地区针对重点国家对非洲工业化进程进行分析，揭示非洲工业化进程的内部差异，并对其原因等进行分析。三是从中非合作的角度讨论非洲工业化进程，并提出政策建议。这是本书的现实意义，也是本书的研究目的，旨在为中非合作提供政策参考，加快推动中非产业合作，以此助力非洲工业化，推进非洲的现代化进程。

本书的研究方法是建立非洲工业化进程的测度体系，利用这个体系，通过计算，对非洲工业化进程进行评价。对非洲工业化进行测度，先前别人也做过，我们对各方面的文献进行综合，建立了一套测算体系，利用最新数据计算出非洲工业化指数，以期对非洲工业化进程进行总体评价。非洲的工业化进程各地区、各个国家差异很大，我们在计算各个国家的工业化指数的基础上，对非洲各地区的工业化进程进行进一步合并测度，并在非洲工业化进程的整体背景下解释其差异性。最后一部分的研究纳入中非合作，通过工业化的进程比较，找到中非产业合作最有效的切入点，通过中非产业合作，推进非洲的工业化进程。

二 非洲工业化的历史演进

非洲工业化的历史演进过程一波三折，至今进展缓慢，未来是否能够顺利完成，什么时候完成仍然具有很大的不确定性。回顾历史，非洲工业化从殖民时期的外来主导、被动开始，到独立初期的自我选择、自主发展，到后来种种体制实验均告失败，再到后来依靠市场力量逐步恢复，直至21世纪出现重大转机，又遇到暂时倒退的复杂局面。整个过程云诡波谲，云雾重

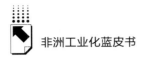

重，充满了种种未解之谜。鉴于此，我们研究非洲的工业化，必须从历史开始，从非洲工业化的历史演进中追根溯源，研究非洲整体和不同国家的工业化历史过程，通过整体把握和个别研究，找到制约非洲工业化发展的因素。研究历史的目的是解释非洲工业化的现状，推进未来非洲工业化进程。我们试图通过研究非洲工业化的历史，找到推动非洲工业化的内部动因和外部动因，为非洲工业发展提出可资参考的政策建议。

（一）非洲工业化历史演进的阶段划分

非洲工业化的历史演进大体分为两个时期，在这两个时期中间，又分为几个阶段。两个时期是：独立前的殖民时期和独立后的工业化时期。时间大致以二战前后为界。殖民时期非洲的工业化已经在有些国家，主要是南部非洲国家零星开始，比如，在南非、纳米比亚、津巴布韦、莫桑比克，英、法、德等殖民国家在这里建立了大型公司开始进行矿业采掘。这是非洲工业化的萌芽，历史上被称为"矿业革命"。殖民时期的非洲工业化是西方殖民国家对非洲的疯狂掠夺，不仅是对当时的非洲和非洲人民的犯罪，而且对之后以至今天的非洲工业结构仍然无法摆脱低端采矿业产生影响。

非洲真正的工业化开始于国家独立之后。20世纪五六十年代，非洲国家相继独立，独立之后发展经济成为首要任务。这个时候非洲真正意义上的工业化，以制造业发展为核心渐次展开。这一时期大致分为三个阶段。第一个阶段是独立之后到20世纪末。独立之后，非洲国家纷纷制定了各自国内的工业化发展规划，同时非洲国家作为一个整体，通过非盟等组织，以共同市场为目标制定了非洲工业化规划，另外国际组织，比如联合国、世界银行，以及一些西方国家也帮助非洲实现其工业化的目标。这一阶段，非洲国家先后"试用"市场经济的制度和社会主义的经济体制，以进口替代、出口导向和结构调整的方式推动工业化，但是最后均告失败，非洲工业化陷入困局。尽管联合国大会1989年把每年的11月20日定为"非洲工业化日"，但整个20世纪的最后10年，非洲的工业化进展仍然乏善可陈。

非洲工业化的第二个阶段是20世纪末到21世纪前十年，国际大宗商品价格和能源价格普遍上涨，在此带动下非洲经济出现了 5% 左右的高增长，非洲的制造业得到了发展，第三产业出现较快增长。但是这个阶段的非洲经济基础依赖于矿业采掘，真正的制造业并没有相应地发展起来，非洲经济的增长缺乏现代化核心产业的支撑。2008 年美国次贷危机爆发，西方经济陷入长期萧条，能源矿产等大宗商品价格下跌，非洲经济增长迅速回落，制造业随之也出现倒退。非洲工业化的第三个阶段是 2010 年至今。2010 年之后非洲经济出现了新的转机和新的挑战，非洲工业化也迎来了新的机遇和新的冲击。

新的机遇是非洲出现了政治稳定的趋势，这对于非洲经济发展和非洲工业化是持久的利好。非洲经济发展最大的阻力不是缺乏资金、技术、人力，而是政治不稳定。非洲自独立之后，暴力政治从来没有停止过，很多国家你方唱罢我登场，充满了暴力和杀戮，政治没办法稳定，社会长期动荡，经济发展和工业化根本无法作为国家的首要目标得到落实。2010 年之后，非洲国家选举政治得到了认可，暴力政治和政府腐败在一定程度上得到遏制，非洲可以真正集中力量开始经济建设，实现工业化了。非洲经济和工业化的新机遇还在于包括中国在内的国家参与到非洲的经济建设和工业化进程中，带来了新的资金、技术和模式。另外，非洲作为一个整体通过内部贸易自由化、地区货币区等政策整合市场力量，实现经济一体化。这些都是非洲工业化重新充满希望之未来的有利条件。

但是目前这个阶段非洲工业化有很多挑战和外部不利冲击。一是非洲的政治稳定是一个趋势，不是常态，这是非洲工业化未来最大的不确定性。比如，埃塞俄比亚和尼日利亚，这两个非洲工业化的新星，近年来出现了一些政治动荡，甚至军事冲突，为非洲国家的安全形势蒙上阴影。二是非洲国家工业化指标近年出现下跌，甚至出现了"去工业化"的现象，这说明非洲工业结构仍然高度依赖矿产采掘业。这种不合理的结构如果不能改变，非洲工业化无法以制造业，特别是高端制造业为核心推进，非洲工业化始终存在畸形发展的风险。三是非洲经济发展缺乏内部力量的支撑，由于贫困问题严重，资本积累跟不上，经济发展高度依赖外部债务和援助，缺乏工业化的自主发展能力。这些不利因素是非洲工业化进程未来不确定性的根源。

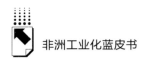
（二）非洲工业化历史演进的过程描述

20 世纪 20 年代，非洲在西方国家的疯狂掠夺下，以"矿业革命"为肇始，开始了工业化进程，并获得了快速发展。为了与殖民地的商品交流，西方列强在非洲殖民地建设现代化的交通运输系统（铁路、公路、港口等），引入大量交通运输工具（汽车、火车、轮船等）。20 世纪 20 年代，非洲加工业也得到一定程度的发展，塞内加尔的花生加工业、尼日利亚的棕榈加工业、乌干达的轧棉业等都纷纷建立。此外，非洲各地还出现了食品加工业（如磨面）、日用品生产业（制皂等）。经济基础较好的埃及和南非，制造业的发展更加快速。

20 世纪 60 年代，大多数非洲国家的独立为非洲大陆的工业化提供了真正的历史机遇。坦桑尼亚、赞比亚和尼日利亚等国首先大规模推行进口替代工业化战略，之后其他国家，如加纳、马达加斯加等也走上了这条发展道路。在进口替代战略的推动下，非洲国家的经济普遍增长较快，制造业在国内生产总值（GDP）中的比重大幅提高。据统计，1961～1979 年，非洲大陆的国内生产总值年均增长 4.9%，而其中工业增长率更是高达 6.1%（相比之下，农业年均增长率为 3.3%，服务业为 4.5%）。非洲制造业在国内生产总值中所占的比重从 1960 年的 7.6% 增加到 1979 年的 9.8%。1970～1980 年，全非洲制造业平均年增长率高达 5.6%，北非和西非分别达到 6.2% 和 6.4%，东非为 4.2%，中非只有 2.7%。其中，发展最快的工业部门是消费品制造业，如纺织、服装、制鞋、火柴、肥皂等。钢铁和水泥进口替代工业的发展也较为显著，有些产油国，如阿尔及利亚、埃及和利比亚，建立起初具规模的石化工业。

独立之后，通过进口替代工业化战略，非洲国家建立了一批国有工业企业。坦桑尼亚在 1967～1981 年，国有工业企业从 80 家增加到 400 家；肯尼亚在 1963～1969 年，国有工业企业从 20 家增加为 60 家，增加了 2 倍；加纳 1959 年独立时尚没有国有工业企业，在 20 世纪 60 年代初，达到 100 家。以肯尼亚为例，纺织业被定为进口替代工业，至 20 世纪 80 年代，肯尼亚全国已经有 47 家大中型纺织厂和 15 家具有完整生产能力的纺织企业（含纺织和制衣），年设计生产能力达 8300 万米；纺织业产值占全国制造业产值的 12%，从业人数占制造业的 17%~18%。至 20 世纪 70 年代末至 80 年代初，尼日利亚不仅建立了食品加工、服装、制糖等轻工业，而且建立了炼油、汽车制造和化工等重化工业。

进入 21 世纪，非洲国家利用有史以来最好的经济发展环境，在总结历史经验教训的基础上，制定了较为合理的工业化发展政策，扎实推动了非洲大陆的工业化进程。21 世纪成为非洲大陆工业化的最佳时期，这是非洲大陆工业化的现实希望。联合国贸易和发展会议（UNCTAD）数据库统计数据显示，2010~2015 年、2014~2019 年，东非地区国内生产总值年均增长率分别为 7.5% 和 5.58%，高于同期东南亚，跃升为世界各区域之首。埃塞俄比亚和卢旺达成为整个非洲经济增速最高的国家，2019 年增速分别为 8.50% 和 9.40%。但是，同期非洲的工业化并没有随着经济增长同时推进。

2001 年，非洲联盟颁布了非洲国家独立自主制订的发展计划——《非洲发展新伙伴计划》（The New Partnership for Africa's Development，NEPAD）。该计划旨在摆脱贫困落后状态，加快经济发展。其最大特点就是明确提出"非洲全体人民宣布：我们不能再受外部环境和条件的束缚，我们要决定自己的命运。"该计划的内容十分全面，不仅提出了奋斗目标，而且制定了具体的落实措施。它也涉及非洲国家工业化领域，包括强调非洲国家必须重视基础设施建设、重视人才培养，并且指出："必须发展新型工业，或者对于非洲优势工业进行升级，这包括农产品加工业、能源和采矿业。"

2007 年 9 月，非洲工业部长会议在南非召开。这次会议的突出成效是讨论并通过了《非洲加速工业发展行动计划》（The Action Plan for Accelerated Industrial Development of Africa），2008 年的非洲联盟首脑会议予以正式公布。其一，对于工业发展有了十分明确的认识："工业化是经济增长和发展的关键动力，是社会发展的基础"。其二，强调了与发展工业有关的措施，包括制定生产和出口多元化的政策，制定自然资源的管理与开发政策，发展基础设施，开发人力资本，以及坚持可持续发展、创新、发展科学技术等。其三，提出自然资源与工业化的关系："非洲面临的挑战是把依赖于资源的经济转型为有活力的、多样化的工业经济。自然资源出口的收入应该实现最大化，这样可以增加工业化所需的投资"。其四，第一次提出了多层面的合作。《非洲加速工业发展行动计划》强调，非洲国家需要在4个不同的层面（即国家、次区域、大陆和国际社会）加强合作，以此加快非洲工业化进程。该计划还确定了加速非洲工业化的7个优先发展领域：工业政策与制度方向，提高生产和贸易能力，促进基础设施和能源发展，提高技能促进工业发展，工业创新体系，研究和技术开发，融资和资源分配工业的可持续发展。

2015年，非洲联盟首脑会议制定并颁布了《2063愿景》（Agenda 2063）。《2063愿景》实质上是以后50年非洲社会经济转型的战略框架。《2063愿景》宣布："我们决心在履行《2063愿景》时，吸取过去各类计划的经验教训。"为此，《2063愿景》对于过去50年重要的发展计划和规划及其实践做出认真总结。这些规划包括《拉各斯计划》、《关于建立非洲经济共同体条约》、《非洲基础设施发展规划》（The Programme for Infrastructure Development in Africa，PIDA）、《非洲农业发展综合规划》（The Comprehensive Africa Agriculture Development Programme，CAADP）、《非洲发展新伙伴计划》等。《2063愿景》指出，"非洲国家可以通过自然资源的选择、增加附加值，推动经济转型、经济增长和实现工业化"，政府制定的宏观政策"必须有利于经济增长、创造就业机会、扩大投资和实现工业化"。《2063愿景》强调了自身的特点：其一，制定过程通过自下而上的方法，反映了非洲人民的心声；其二，除了制订具体的计划，还建立了监测和评估机制，这样可以保证计划的执行；其三，把大陆层面和次区域层面的发展计划结合起来，更加具有针对性和长远性。

2018年3月21日，在卢旺达首都基加利，非洲大陆自由贸易区（AfCFTA）揭牌。非洲44个国家在卢旺达首都基加利举行的非洲联盟（非盟）首脑特别会议上签署成立非洲大陆自由贸易区协议。2019年4月2日，冈比亚成为第22个批准该协议的成员，非洲大陆自由贸易区协议已经跨过生效门槛。当22份批准文件都被送达非盟总部的办公室后，该协议就将在一个月后正式启动。当地时间2020年12月5日，非盟召开非洲大陆自由贸易区第13届首脑特别会议。非盟现任轮值主席拉马福萨在视频会议中称，非洲大陆自由贸易区将于2021年1月1日开始第一笔交易。由于疫情影响，非洲大陆自由贸易区协议从原计划的2020年7月1日推迟至2021年1月1日正式开始实施，这意味着非洲大陆自由贸易区的正式启动。非洲大陆自由贸易区的成功启动为非洲工业化进程注入活力，如果顺利运作，将全方位加快非洲工业化的进程。

（三）非洲工业化历史演进的地区与国别分析

非洲工业化发展极不均衡。就地区而言，北非是非洲工业化发展水平最高的地区，其次是南非和东非。西非和中非的工业化发展水平最低。从发展的速度来看，东非工业化借助外部投资的推动，发展速度最快。其次，西非由于资源丰富，政治趋向稳定，工业化发展速度也在加快。南部非洲由于南非的拖累，工业化发展缓慢。就国家而言，南非仍然是非洲工业化水平最高的国家，但是自恢复黑人主导其政治制度之始，由于原来的工业基础以及产权制度遭到破坏，南非的工业化遇到困扰，近年来处于徘徊，甚至继续探底的过程。非洲工业化发展排名前五的是南非（南非）、博茨瓦纳（南非）、突尼斯（北非）、毛里求斯（南非）、阿尔及利亚（北非）；排名后五的是埃塞俄比亚（东非）、马拉维（南非）、苏丹（东非）、厄立特里亚（东非）、南苏丹（东非）。我们看到就国家而言，尽管东部整体而言工业化水平不错，但很多国家工业化水平在非洲处于尾部。特别是埃塞俄比亚，那里的营商环境在非洲是不错的，近年来工业化进程在加快，但由于起点太低，总体水平仍然在非洲垫底。

除此之外，非洲是一个幅员辽阔、国家众多的地区，工业化水平地区差异巨大。比如，北非，其工业化水平基本上接近南部欧洲，和非洲内陆不属于一个发展阶段。但是有些非洲国家和地区，连现代的农业经济都谈不到。很多国家，如尼日利亚、安哥拉等，工业化结构极不合理。这些国家的工业化仅仅依赖于石油资源和矿产资源，制造业并不发达，其工业化的发展处于畸形水平，而且由于路径依赖，很难在今后的发展中予以矫正。这种不合理的工业

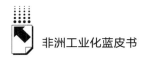
结构导致在国际需求推动下，经济发展走上了"去工业化"的道路。

还有一个问题正在，或者将使非洲工业化在地区和国家之间出现分化，差距拉大。非洲的经济发展，乃至工业化发展从来不是一个经济问题，可以说主要不是一个经济问题，而是一个政治问题。前期是殖民化的问题，西方国家的掠夺导致非洲工业化停滞，以及后来畸形发展。后期，或者将来，非洲国家内部的政治问题，特别是安全局势是非洲国家经济发展和工业化过程面临的最大问题。南非的经验教训就是一个案例。当前，埃塞俄比亚和尼日利亚的内部军事冲突更是这些国家将来经济发展和工业化进程顺利的巨大挑战。

（四）非洲工业化历史演进的内部动因分析

非洲工业化进程的内部动因从两个阶段来分析。非洲的工业化肇始于殖民时期。那个时期，非洲的经济命脉完全掌握在英法等西方国家手中，其工业化主要是两块，一块是采矿业，这一块的工业化完全是外需拉动的，也就是由西方殖民国家对非洲珍稀原材料的需求推动。另一块是日用工业品。非洲是一个人口众多、有巨大的内部工业品需求的地区。这种需求一方面需要通过进口来满足。另一方面则由内部的工业化来满足。这种内部动因推动非洲初始的工业化过程。非洲工业化进程的内部动因其真正产生并发挥作用是非洲独立之后。独立之后，非洲人民（政府和民间）都意识到工业化是非洲从物质和精神上摆脱殖民、真正获得独立的唯一出路。这个时候非洲自主的工业化过程开始，为此，非洲国家进行艰难的尝试。20 世纪六七十年代市场经济和计划经济的实验，是非洲自主工业化进程的第一个高潮；之后转向进口替代和出口导向政策，这是正确的方向，但这种在别处成功的经验在非洲没有奏效。21 世纪，非洲工业化开始工业化进程的另一场努力——结构改革和再工业化，从理论来说，这也是正确的方向，这个过程没有结束，是否会成功现在尚不能下结论。我们看到，非洲国家工业化的内部愿望和动因如此强烈，非洲一直在工业化的梦想路上，但这个梦想直到今天一直没有实现。

（五）非洲工业化历史演进的外部因素分析

非洲工业化历史演进的外部因素来自市场需求的推动和产业转移的推动。从市场的方面看，非洲的工业化基于非洲这个 12 亿人的广大市场。从外部看，非洲一方面具有对制造业产品的巨大需求，另一方面有廉价劳动力。这些对发达国家，或发展中国家都有巨大的吸引力。西方国家和非洲的经济联系开始是将非洲作为原料供应地，继而是将非洲作为产品销售地。产品销售以贸易为主。但非洲国家本身的政策因素等导致贸易成本上升，外资企业利用非洲的廉价劳动力在非洲设厂生产就成为必然趋势。从贸易到投资，这种以非洲内部市场为导向的工业化演进过程自非洲独立前就已经开始了，现在逐渐成为非洲工业化进程不可忽视或者必须借重的一个推动力量。

非洲工业化的历史演进也符合国际产业转移的规律。全球的产业转移第一波从欧洲转向美国，这是工业革命之后的事情。第二波从欧美转向日本及东南亚和拉美等地区。第三波从日本等转向中国，再从中国转向印度（中低端制造业）和越南等。目前全世界的产业转移从地区来看，只有一个选择：那就是非洲。非洲本来最早与欧美发生联系，但是由于政治、军事等原因，这种最早的联系没有促成非洲的工业化。非洲独立之后经历了种种波折，目前政治趋向稳定，社会结构趋向合理，工业化进程处于勃发时期，而且全球产业转移全部指向非洲这块"保留地"，这是非洲工业化演进的历史机遇，也是最强大的外部动因。

非洲工业化历史演进的外部动因还有一个，就是国际市场的分工推动。目前国际市场面临产业链的重新布局，也就是全球产业分工的重新布局。非洲加入全球产业链，与全球其他国家进行产业合作面临机遇。国际政治的分化、国际市场的重构，这些因素都会加大非洲在全球产业链中的分量。从全球化的经济格局看，如果非洲的政治局势持续向好，全球资本在非洲寻求投资机会，设立产业供应链，将是未来一段时间内国际经济发展的趋势。从这个角度看，非洲工业化历史演进的综合外部动因非常好。非洲能否借助这些

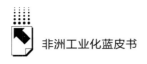
外部动因，主要看非洲基于强烈的内部动因的政治环境是否真正改善和政策措施是否真正匹配得当。

三　非洲工业化进程现状及相关问题分析

非洲工业化进程一波三折，至今仍然在漫漫长路上。从现状看，有令人可喜的进步和未来可期的规划，同时也存在很多不确定因素。特别是当前疫情肆虐，非洲地区公共卫生体系特别脆弱，疫情对非洲社会、经济以及工业化进程势必产生巨大影响。新冠肺炎疫情给全世界造成了不可估量的损失，使非洲工业化进程面临前所未有的挑战。目前，新冠肺炎疫情的未来尚不明晰，非洲工业化进程可能出现断层或者新的倒退。这是非洲工业化进程的最大现状。此外，非洲工业化进程不但受到经济本身影响，而且受到非洲政治、社会以及非洲宗教人文传统的影响。因此对非洲工业化进程的研究，必须放在一个全景的视野里面进行广泛讨论。

（一）非洲工业化进程的现状及地区特征

非洲工业化进程的现状可以用以下特点来概括。一是起点很低。到目前为止，非洲仍然是全球工业化水平最低的地区。即使和目前其他工业化落后的地区，比如，中亚、西亚和南亚的一些地区相比，非洲工业化水平仍然有明显差距。和西方发达国家相比，真可以以世纪之差来衡量。二是地区发展不平衡。非洲有些国家，比如，突尼斯和埃及，工业化水平直追发展中国家的中上游，但是非洲的中部地区，这些国家战乱频仍，民不聊生，一些国家的工业化水平可以用原始来描述。三是非洲工业化发展速度缓慢。比如，从我们的分析中，从近十年的数据看，非洲的工业化仅以年均 0.90% 的速度缓慢发展。四是非洲工业化水平近年出现倒退的现象。从数据上看，2009年达到 1.2，之后非洲工业化指数持续下降，2016 年触及低谷，目前为 1.1 左右，仍然没有恢复到彼时的水平。

非洲内部工业化水平的现状是区域差异明显，国家差异巨大。北部非洲由于历史原因，和亚洲及欧洲联系紧密，从地理和人文上更像是欧洲，或者是西亚的一部分，与非洲反倒有明显的差异。这种差异表现在工业化水平上，就是不属于一个层次。撒哈拉以南大非洲才是真正的非洲，这些地区整体上在人文地理上构成了非洲的主体，其工业化水平也有更多的相似性。比如，大多以采矿业为主，基础设施落后，制造业水平比较低。近年来通过引进外资改善基础设施，培育出口导向型的工业化体系。其中南非地区工业化水平最高，东非工业化发展最快。西非工业化也有起色，中非地区最为落后。从国家来看，撒哈拉沙漠以南地区，南非是一个具有真正工业化体系的国家，其他没有一个国家称得上有自己完备的工业体系。

（二）非洲工业化进程数据分析

建立量化指标体系，对非洲工业化进程进行分析有一定的困难。首先，面对的是数据问题。非洲工业化缺乏历史数据，特别是非洲独立前，以及独立后至 21 世纪初，即使最简单的制造业数据都不易找全，遑论非洲工业化的整体数据。其次，面对的是非洲经济的畸形结构。一个是工业化内部的畸形结构。比如，矿产采掘业占比大，制造业，特别是现代制造业占比小。采掘业是最古老的行业，它们如果占比很大，假设超过农业和第三产业，这并不能说明工业化水平的提高。另一个是非洲整体的经济结构呈现畸形。比如，农业占比一直较高，和第二产业差不多，第三产业占比超过一、二产业。工业化和农业加工，以及第三产业产生纠结，影响了工业化和经济现代化之间原有的关系。我们的初衷是通过工业化来度量非洲的经济现代化水平，非洲畸形的经济结构破坏了两者的联系。最后，面对的是非洲工业化匪夷所思的现状。非洲经济自 21 世纪之后，特别是 2010 年之后，开始起飞，GDP 增长速度居世纪前列，一度居于世界之首，但是非洲的制造业占比却一度下降，出现了"去工业化"的趋势。由此造成非洲的工业化进程出现倒退（工业化指数下降）。

面对上述种种问题，我们在设计度量非洲工业化指标体系的时候，考虑了上述几个方面的因素，做了如下调整。

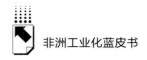

第一，本指标设计降低了人均 GDP 对于工业化程度的决定性作用。这是考虑到第二产业占比小的因素，如果人均 GDP 占比过大，工业化指数的变动就和 GDP 一致了，这不能反映非洲的特殊情况。第二，本指标设计加强了农业对于工业化的影响。这里面的考虑是非洲的农业占比比较高，另外非洲的农业一部分是加工出口，包含一部分无法分离的制造业。第三，本指标设计提高了制造业出口的比重。从统计上看，非洲的制造业出口数据来自海关，海关数据可以互相印证，可靠性高，另外制造业出口，这是工业化可靠的核心指标。增加制造业出口的比重，能够使指标体系更好地反映非洲工业化进程。第四，指标设计删除了环境保护方面的指标。非洲的工业化处于初始阶段，环境保护指标对非洲工业化的约束不大。另外，非洲国家大多倚重旅游业，本身的环境保护相当不错。基于此，我们在非洲工业化指标体系中删除了环境保护指标。第五，指标设计删除了创新相关指标。同样地，非洲工业化的水平很低，有些地方工业化处于原始时期，技术创新这些指标对当前的非洲工业化没有意义。当然，随着非洲工业化进程的发展，今后非洲工业化指标体系一定会重新将技术创新指标纳入进来。

（三）非洲工业化进程的体制问题分析

非洲工业化进程不单纯是一个经济问题，其受外部因素的干扰很大，甚至可以说外部干扰因素决定性地影响着非洲的工业化进程。进入 21 世纪，非洲国家外部和内部军事冲突不断减少，政治妥协、政治宽容正在成为非洲国家治理的主流。但是这种良好的势头仍然脆弱。

（四）非洲工业化进程的政策性分析

非洲工业化是非洲人民的愿景，也是非洲政府努力的方向。从政策角度看，大政策有：进口替代型的工业化政策，旨在利用保护政策，发展内部的工业体系，减少在工业品制造方面的对外依赖；出口导向型的工业化政策，旨在鼓励出口，通过外需推动内部工业化进程；新型工业化政策，旨在通过结构改革和技术升级促进内部的工业化。从初衷看，这些政策符合一般的工业化过程，在政策适应性上来说都是正确的。但是从结果看，非洲工业化的进程并没有如愿以偿。这其中一定是政策本身出现了问题，或者政策之外的干扰因素起到了阻碍作用。

从政策本身看，非洲的问题是工业方面的空白，进口替代因为没有本地可以保护的工业，或者本地工业水平和外部的工业水平差距太大，即使层层保护，也没有成本优势，从这个角度看，相对于非洲近乎空白的工业化现状，进口替代其实是一项不切实际的产业保护政策。之后的出口导向政策在非洲应该发挥了一定的作用，这项政策让非洲借助外资企业和本地的特殊产业和特色产品，真正开始了工业化过程。进入 21 世纪的新型工业化政策，对非洲工业化是必要的，非洲工业化理应从后发优势出发，通过结构调整和技术升级，以超常的模式，一次性步入工业化的中高级阶段。这个设想符合逻辑，本身非常好的政策预想，但是同样由于基础薄弱，进展并不理想。

从政策的外部环境条件看，非洲的工业化政策受到种种因素的制约，没有很好地得到落实。本来很好的工业化政策，比如，出口导向，由于政府的腐败低效，外商投资成本太高，风险增加，再加上海关对国内企业的盘剥，不能发挥应有的作用。另外一个外部因素是针对结构转型和技术升级。这项政策牵扯工业化进程的技术支持，有些技术需要资本密集型的投入，非洲既缺乏人才，又缺乏资本的情况大大制约了这项好政策发挥作用的空间。

（五）非洲工业化进程的人文背景分析

一个国家，或者一个地区的工业化与这个地区的人文背景密切相关。工业化过程的人文背景应该是基于一种进取、理性、世俗化的社会氛围。非洲的工业化起始很早，但进展缓慢，这与非洲的政治环境有关，与非洲工业化政策的操作有关，但从深层角度看，也与非洲的人文背景有关。

一方面，非洲社会离散情绪浓厚。所谓的离散情绪指非洲社会长期动荡，人们对自身的命运无法把握，普遍以当下生存为目的，生活态度颓废而消极。另一方面，非洲是一个原始和现代的综合体，西方对其的现代化改造留下了一个半拉子工程，在形式上看有现代政治的特点，但是这种现代政治缺乏当地文化的支援。非洲的工业化过去,直到现在,与其工业化进程相伴的人文背景都是工业化进程的负担,而不是推动力量。这是非洲工业化进程未来政策制度和技术操作必须解决的深度问题之一。

四 非洲工业化问题总结

在全球化背景下,作为新兴发展经济体,非洲经济近几年整体上呈现不断增长的态势(见图1),非洲在劳动力资源和自然资源上具有比较优势,未来仍具有可观的发展前景。如表1所示,非洲地区发展第二产业和第三产业,服务业比重在不断增加,在三大产业中占据主导地位。以2008年为临界点,工业的比重大致呈现先增加后减少的趋势。值得注意的是,十几年来,农业的比重一直波动不大,农业是部分非洲国家发展的主要产业,非洲工业化水平并不高,采矿业是非洲工业化最主要的部分,制造业的贡献小且在非洲内部得不到较大的发展,这些问题说明现阶段非洲工业化进程仍然存在很大的问题,具体可归纳为以下五个方面:工业化整体水平低、自然资源得不到充分挖掘和高效利用、内部工业化水平差异大、产业结构不能实现合理均衡发展以及政治的不稳定性。

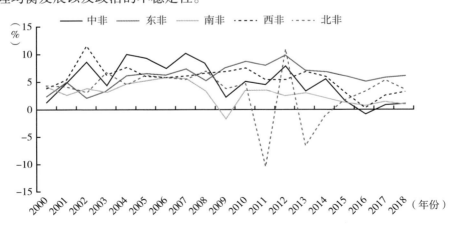

图1 2000～2018年非洲五大区域 GDP 增长率走势

资料来源:世界银行。

表1　2000～2018年非洲地区三次产业发展情况

单位：亿美元，%

年份	第一产业		第二产业		第三产业	
	产值	占比	产值	占比	产值	占比
2000	915.51	18.79	1873.37	38.44	2084.40	42.77
2001	933.06	19.92	1739.95	37.15	2011.14	42.93
2002	1121.56	22.01	1922.06	37.72	2051.59	40.27
2003	1230.25	19.70	2360.27	37.80	2653.15	42.49
2004	1321.59	17.35	2974.12	39.04	3322.08	43.61
2005	1517.66	16.75	3666.23	40.47	3874.52	42.77
2006	1790.21	16.66	4393.47	40.90	4558.68	42.44
2007	2069.24	16.64	5074.08	40.80	5292.87	42.56
2008	2542.05	17.26	6316.26	42.88	5871.86	39.86
2009	2590.66	19.47	4721.65	35.49	5993.09	45.04
2010	2793.46	17.90	5862.61	37.56	6952.22	44.54
2011	3021.29	17.18	6941.32	39.48	7618.88	43.33
2012	3273.04	17.70	7232.02	39.12	7983.84	43.18
2013	3517.67	18.13	7397.60	38.13	8486.25	43.74
2014	3673.69	18.26	7463.48	37.11	8976.14	44.63
2015	3575.78	18.96	6155.13	32.63	9133.27	48.42
2016	3412.18	19.28	5628.73	31.80	8659.82	48.92
2017	3388.98	18.46	5956.34	32.45	9012.44	49.09
2018	3342.29	—	6395.57	—	—	—

资料来源：世界银行。

五　非洲工业化问题的具体表现

（一）工业化整体水平不高

尽管非洲国家在宏观数据上基本呈现逐渐增长的趋势，如国内生产总值或者服务业比重的增加，但是经济结构严重失衡，其中一个体现就是其较低的工业化水平。非洲工业化发展整体落后于其他国家和地区，工业化水平

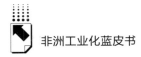
低，且经济运行常常依赖外国的支持。这来自多方面的综合影响，主要包括历史因素、基础设施建设薄弱、就业机会不充分、制造业发展水平低等。一方面是历史遗留问题，非洲工业化的发展缓慢跟其长期成为殖民地的历史背景有一定关系，即具有历史延续性的特点，这是因为从前大部分非洲国家均遭受过来自发达国家的殖民统治，资源长期被占据，即使是赢得独立后，也都或多或少地承受着历史遗留下来的沉重经济负担。比如，非洲国家由于矿产资源丰富，为发达国家进行工业化提供了充裕的原材料，吸引着发达国家去获取，于是在殖民时期许多非洲国家是西方国家的资源输出国，而这一经济发展模式一直延续到现在，形成路径依赖，也导致非洲这些国家过于依赖其国内的资源出口获得的高收益，从而疏忽利润相对低的普通制造业，加上基础设施等条件都不完善，导致这些国家虽然具有较高的国民生产总值，但其工业化基础依旧薄弱。另一方面，非洲虽然拥有充裕的劳动力资源，但是农业长期作为非洲大部分国家的主导产业，大量的劳动力资源主要集中在农业，并且由于非洲整体教育体系相对落后，无法有效地实现将大部分劳动力转化为人力资本，因此通过工业化进程创造的就业机会仍然不多，并且即使经济转向以制造业为主，仍然会有很大一部分工人被困在农业中，生产效率也不高，制造业也是停留在一些低技能含量的轻工业上，工业化整体水平不高。

（二）自然资源得不到充分挖掘和高效利用

非洲自然资源丰富，但仍然集中在简单的原材料出口等环节，不能充分利用得天独厚的自然条件。从理论上讲，某个国家或地区要加快工业化发展，必须在生产要素某些方面具备比较优势乃至绝对优势，比如资源优势、劳动力优势、资本优势、技术或信息优势。就资本和技术两项生产要素而言，非洲国家不具备比较优势，甚至可以说处于劣势；但如果把非洲视为一个整体，那么这个由50多个国家组成的大陆在自然资源和劳动力资源方面具有绝对优势。遗憾的是，非洲并不能充分利用其资源禀赋的优势。西非国家有许多以资源出口为经济支柱的国家，如利比亚、尼日利亚、塞拉利昂、马里、多哥、尼日尔，其根据技术的应用水平不同及人口数量不同有着截然不同的工业化情况。对于矿产及石油资源类型的国家拥有较好的资源禀赋，值得一提的是，资源的开采利用分为两方面，即资源驱动型国家生产的资源部分属于矿物开采的，归为采矿业，加工、提炼的部分则归为制造业，而非洲大多数国家仅仅停留在采矿层面，对于矿产的加工涉及不多。2018 年，布隆迪开始开采稀土，受技术落后和高端设备短缺的制约，其只能为最初级开采，之后运至其他国家再加工。可知，工业化的发展除了需要满足原材料的充分供给，还需要更多地体现技术上的创新和应用，仅停留在简单开采方面的这些国家并没有获得工业化高指数。另外，简单开采也反映勘探开发落后，肯尼亚除纯碱和萤石外，多数矿藏尚未开发；坦桑尼亚目前除天然气、钻石、宝石、黄金、镍矿、盐矿、磷酸盐、煤、石膏、瓷土和锡矿等有一些国际矿业公司开采外，其他均未得到开发利用。这些因素都将影响到自然资源的供给和利用。

（三）内部工业化水平差异大

工业化水平差异大不仅表现为工业化发展水平在非洲的中东西北南部各有不同，还体现在非洲中东西北南区域内部国家之间的工业化水平也有差距。西非区域经济发展相对缓慢，超过一半的国家人均 GDP 还未超过 1000 美元，仅有四个国家人均 GDP 超过 2000 美元，区域间的贫富差距巨大。中部非洲的工业基础薄弱，大部分国家不具备发展工业发展的基本条件，特别是基础设施建设不能满足工业发展的需求。而所有基础设施的相关问题中，尤其以电力问题影响最大，表 2 列出了中部非洲普遍存在的电力生产不足或电力供应不足的问题。对于工业化发展来说，以矿业冶炼为例，当冶炼企业数量不断增多、生产规模也逐步扩大时，需要的电力便急剧上升，但中部非洲相应的电力基础设施并未配套升级，就会造成矿区巨大的电力缺口，从而使工业生产不能顺利进行，还会增加企业的生产成本。具体到国家而言，喀麦隆的电力供应缺口或许成为制约喀麦隆工农业生产的主要障碍之一；由于电力短缺，中非投资、营商和就业环境受到严重干扰，也是造成中非社会动

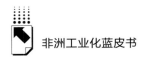
荡和不安定的根本因素之一。所以中部非洲以电力供应为首的基础设施建设问题，制约了工业化进程，使得工业化多年来发展缓慢。

表2　中部非洲国家供电相关问题

国家	供电相关问题
中非共和国	• 电力生产和供应均在非洲排名靠后 • 电力供应覆盖率平均仅为8%，农村地区2%，首都班吉约35% • 博阿利水电站的发电机组均已运行数十年，机件老化严重，故障频发，经常拉闸限电、断电，该发电站发电能力远远满足不了首都28兆瓦用电量的需求
喀麦隆	• 电力供应缺口超过1000MW，并每年增长8%左右 • 整体电力接入率较低，其中城市家庭约57%，农村地区家庭不足20%，现尚未形成全国统一的电网体系 • 电力不足和电价较高
刚果（金）	• 全国各地仍面临不同程度的电力短缺问题，无法满足国内生产和生活的基本用电需要，造成经常性大范围停电，用户经常依赖柴油发电机自行发电 • 东南部加丹加省，近年来随着矿业冶炼企业数量不断增多，生产规模也逐步扩大，但相应的电力基础设施并未配套升级，导致矿区电力缺口巨大 • 国家电网建设也取得较大发展
刚果（布）	• 供电等基础设施状况有所改观，在电力供应上已大致能满足生产生活所需，但经常发生断电现象 • 与周边国家电网互联互通水平较低
加蓬	• 水电供应比较紧张，断水、断电时有发生 • 部分地区电力供应存在不足 • 与周边国家尚未联通
赤道几内亚	• 吉布劳水电站和上调水库、马拉博燃气电厂基本解决了大陆和岛屿地区居民用电问题 • 赤道几内亚尚无与周边国家联通电网
乍得	• 电力设施非常落后，全部依靠柴油发电，无水电站

资料来源：中国驻非洲各国大使馆经商处。

（四）产业结构不能实现合理均衡发展

大多数国家经济仍然以出口加工和农业发展为主要特点，不利于工业化进程。工业目前以开采石油和天然气为主的采矿业发展最迅速，工业基础整体薄弱，制造业不发达，工业品和日用消费品大多需要进口；得益于独特且优越的自然和人文风光，以旅游等为主的服务业发展较快。

现代化农业技术发展滞后，农业生产力低下。首先，农业发展落后阻碍了工业化进程。农业是工业发展的基础，但是水资源短缺、气候环境恶劣、粮食安全问题突出、农业占用了大量劳动人口等经济资源，都是不利于非洲工业发展的因素。非洲的农业生产率一直较低，尽管农业是非洲大部分国家的支柱性产业，产值却不高，有些甚至不能完全实现自给自足。其次，基础设施的短缺也是工业化进程中的一大挑战。未来非洲国家还应该积极引进外资，充分利用国内外资源发展基础设施，完善工业发展各个阶段的配套设施。最后，资金的短缺和技术的落后也是非洲工业化发展的瓶颈之一。由于经济落后以及部分国家的不稳定局势，外国对非洲大陆的投资在近年来虽然有所增加，但是仍然留有余地，这就导致非洲各国不能充分利用外国资源来发展本国经济，拖缓了工业化的进一步发展。还有，工业产品主要依赖进口，加之多数国家的经济发展过度依赖外部贸易，导致国际上有风吹草动都会使该国的经济发展遭受重创。这种单一的经济结构使非洲国家的经济发展严重依赖外部市场，从而束缚了其经济发展的自主能力，也决定了非洲国家的经济发展具有脆弱性，世界经济和世界市场价格的变化将深刻影响它们的经济走向。另外，服务业的经济地位迅速上升，工业制造业却仍相对缓慢发展，工业化水平处于非洲区域最低水平，这样难以达到提高自身产业链附加值的目的，也难以达到以出口多样化及高科技工业制成品稳出口收益的目的。

值得一提的是南非的发展规划以及经济政策十分重视工业的发展，目前，南非经济政策的主要目的是实现经济的增长以及缩小贫富差距，提高人民的生活质量，2010 年，南非提出了"新增长路线"的发展战略，提出在10 年内优先发展基础设施建设、农业、矿业、绿色经济、制造业以及旅游和服务业等六个重点产业的计划；2012 年，南非政府又制定了《2030 年国家发展规划》，主要目的是加快经济增长、扩大就业、提高本国的教育和技术创新能力，该规划放松了对劳动领域的管制，以此来促进劳动密集型制造业的发展；2017 年南非的国情咨文中强调，应将《2030 年国家发展规划》

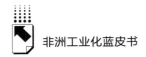

作为本国经济发展的核心纲领，提出了推进激进经济社会转型，着力解决贫困、失业和不平等三重挑战，提出覆盖工业化、矿业与选矿、农业和农产品加工、能源、中小制造业企业、处理工作矛盾、吸引投资、发展海洋经济和旅游业等领域拉动经济增长"九点计划"，再一次强调了工业化的发展。

（五）政治的不确定性

非洲地区的政治环境不稳定因素较多，轻则党派斗争，重则社会暴乱等政治问题严重阻碍了外国企业的直接投资，造成国内缺乏工业化发展的稳定环境。2011～2014年利比亚由于内战，其石油出口产量大幅降低，也致使其石油出口遭受重创，这四年间其工业化发展水平下降，在2018年仍未恢复至战前水平。先天不足的经济基础、低下的经济管理水平、纷争不断的内部民族矛盾和国内党派斗争使本就工业水平低下的西非国家难以构建自身的工业体系。中部非洲的部分国家受国内战乱以及恐怖袭击的影响，经济发展受阻，生产活动无法正常开展，已有的工业基础遭受严重破坏，最为典型的是中非共和国。中非共和国在2012年发生了自独立以来最为严重的武装冲突，国家行政机构和基础设施严重损毁，经济遭受重创，政府财政极度困难，形势严峻，许多正在实施的经济援助项目中断，国与国之间的经贸往来也受到影响。而这最直接的反映就是中非共和国的国内生产总值急速下挫，外国直接投资也快速减少，已经在该国投资的外国企业也面临撤退与否的两难选择。在这样的背景下，中部非洲工业化需要的资金和资源更加缺乏，甚至破坏脆弱的现有的工业体系，从而导致工业化停滞不前，发展曲折而缓慢。几内亚在2008年前总统孔戴病逝后发生了军事政变，使几内亚一度沦为西非工业化发展最落后的国家，2014年随着埃博拉病毒的蔓延，几内亚的工业体系又遭遇了重创，直到目前几内亚依旧停留在低水平发展的区间；毛里塔尼亚在近10年得益于其政局的稳定，成为西非国家中少有的工业指数逐年上升的国家，但是由于其周边地区安全形势恶化，其经济也难以得到稳定的发展。如表3所示，国别政策和制度评估指标大体反映了东非国家的基本情况。根据非洲开发银行发布的2020年国别政策和制度评估指标可知，国别政策和制度评估指标分值范围在 1~6，分值越大能力越强，说明制度建设越完善，政策制定越科学。中非国家的情况较为严峻，中非、刚果（金）等中非主要国家的指标都在 3.0 及以下。

表3 非洲部分国家国别政策和制度评估指标（2013~2019 年）

国家	2013 年	2014 年	2015 年	2016 年	2017 年	2018 年	2019 年
贝宁	3.5	3.5	3.5	3.4	3.5	3.5	3.6
赞比亚	3.4	3.4	3.3	3.3	3.3	3.3	3.2
莱索托	3.5	3.3	3.3	3.3	3.4	3.3	3.3
中非共和国	2.5	2.4	2.5	2.4	2.5	2.6	2.6
刚果（布）	3.0	3.0	3.0	2.9	2.7	2.7	2.7
刚果（金）	2.9	3.0	3.0	2.9	2.8	2.9	2.9
肯尼亚	3.9	3.8	3.8	3.8	3.7	3.7	3.7
苏丹	2.4	2.4	2.4	2.5	2.4	2.3	2.2
卢旺达	3.9	4.0	4.0	4.0	4.0	4.0	4.0
尼日尔	3.5	3.4	3.5	3.4	3.4	3.4	3.4
利比亚	3.1	3.1	3.1	3.1	3.1	2.9	2.9
利比里亚	3.1	3.1	3.1	3.1	3.1	2.9	2.9

资料来源：世界银行 WGI 数据库。

六　非洲工业化的对策

（一）因地制宜发挥比较优势提高禀赋利用率

首先，重视农业的基础地位。工业发展固然应该置于非洲国家经济战略规划的首要地位，但一国工业并非孤立发展的，农业是工业化的基础。非洲落后、生产力水平低下的农业经济严重拖累工业的发展，发达的农业会加速一国工业化进程，非洲应最大化发挥"农业化"大陆的优势，促进现代农业的建立以及发展水平的提高，为非洲工业化进程奠定坚实的基础。

其次，发挥资源优势和人口红利。非洲矿藏资源丰富，素有"世界原料仓库"之称，资源丰富意味着工业化潜力较大，可以成为非洲工业化的

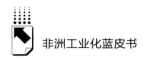

一个很好助力。非洲同时也是世界人口第二大洲，人口自然增长率高且呈年轻化趋势。非洲各国应根据本国国情，合理抓住资源丰富和人口众多且年轻的比较优势来促进工业的发展。

非洲各国可借鉴中国的工业化经验，利用资源优势，并对年轻化的人力资源进行合理投资，使之成为非洲的人口红利，以此促进工业化发展和经济增长。农作物、植物资源丰富的非洲国家，可以采取先进行农业发展作为工业化初期的战略，待工业化发展到成熟阶段再转化为以发展工业为主；矿藏资源丰富的国家，应将矿藏资源与工业结合起来，以资源优势带动加工业、出口加工、采矿业的发展。

（二）制定、落实和实施恰当的工业化发展战略

长期以来，非洲各国内部在制定政策上的失误以及在执行情况上的欠佳制约了非洲工业化的发展。独立后的工业化发展期间，非洲制定了许多政策、计划来促进非洲工业化的发展，但其中大多数指导思想和方针政策并没有从各国国情角度出发。非洲国家应清晰认识到各国发展自身工业所存在的问题，不断总结过去的历史经验，摸索属于自己的工业化道路，并实行具体、可靠、有效的措施来应对这些问题。当前非洲应以非洲统一组织（非洲联盟前身）2001 年提出的"非洲发展新伙伴计划"作为发展战略框架，并朝着实现 2015 年非洲联盟提出的《2063 愿景》的目标迈进，首先要创造可持续增长与发展的条件，在 2020 年实现非洲大陆内部的全面和平，结束国家之间的战争和内部冲突，并在此基础上，确保民主与健全的政治、经济和工商管理以及区域合作一体化，进行政策性改革，通过增加国内储蓄和投资，提高非洲在全球贸易中的份额，并吸引更多的外国直接投资，通过进一步减债和扩大援助来增加资本流动，同时增加对农业、工业、采矿业、制造业以及旅游业等领域的生产和出口的多样化，加速非洲国家之间的贸易，进而帮助更多非洲国家产品进入发达国家市场。除此之外，应遵循《2063 愿景》以人为本的新理念，充分发挥青年人群的潜力和创造力，努力构建并有效实施惠及非洲人民的项目。

（三）推动非洲农业先导的工业化发展战略同中国农业"走出去"战略对接

农业仍是许多非洲国家的基础产业，是大量非洲民众最基本的生活支柱，因此可以充分利用中非合作论坛举措中的农业援助项目、农用机械合作、基于小农户的投资项目等一系列非洲农业先导的工业化战略，推动其与中国农业"走出去"战略对接，调动非洲民众的积极性，让他们首先受益。在农业示范中心的建设上，需与非洲国家本土的示范培训体系更加紧密地结合，如在埃塞俄比亚不只培训小农而是更多地培养中层技术推广员，且与中资农业投资企业保持密切联系，为其提供必要的信息与技术支持；继续加强中方援助非洲国家的农业职业教育；在对非洲国家成套项目援助方面，可适度向农业特别是农田灌溉及农村道路等方面倾斜；帮助非洲国家建立现代化高标准的畜产品检验检疫体系，以助力其充分发挥畜牧资源丰富的优势，促进出口创汇；鼓励中资企业投资非洲国家的农业发展，加大对投资非洲国家的农业企业——特别是具有较高资质的农业产业化龙头企业——在资金与政策上的支持力度。

（四）构建有效的制度体系和施行良好的政府治理

制度体系不完善和政府治理水平低会增加投资的成本，在工业化进程中引入更多风险和不确定性的因素，会影响工业化预期收益率，并且可能导致工业化决策过程的扭曲，对经济产生不利影响。为了提高工业化水平、加快制造业发展，非洲国家政府需要致力于构建有效的制度体系和提高政府治理水平，以营造一个对工业和制造业有效发展的制度环境。这里的制度主要指的是正式规则，包括政治（和司法）规则、经济规则和契约。这些不同层次的规则——从宪法到成文法、普通法，到具体的内部章程，再到个人契约——界定了约束，从一般性规则直到特别的界定。

（五）积极加入国家产业链并参与国际产业转移

毛里求斯工业化指数位居非洲国家前五，发展相对较好。1968 年独立之后毛里求斯经济从最初依赖单一作物，成功转变为制造业、旅游业、金融和商业服务等众多行业并重的经济多样化模式，其中外国直接投资起到了举足轻重的作用。回顾20世纪八九十年代的发展历程，毛里求斯经济取得了突出成就，依托于前瞻性多样化的工业政策和灵活的出口战略。基于这些政策，外国直接投资在毛里求斯经济转型中起到了关键性作用，具体表现在如下几个方面。其一，借助外国直接投资，毛里求斯得以从单一作物经济转型为有广泛产业基础的多元化经济。20世纪70年代，毛里求斯工业发展战略的核心就是利用出口加工区吸引外国直接投资到出口导向的劳动密集型制造业。出口加工区吸引外资的成功给毛里求斯带来的经济结构转型效果非常显著。1970年，农业占毛里求斯国内生产总值的比重大约为16%，绝大多数出口产品是蔗糖，制造业占到国内生产总值的14%，并且主要面向国内市场，服务业占到GDP的62%。到1997年，农业占GDP比重下降到9%，农产品占总出口的比重不足1/4，制造业占GDP比重达到25%，制成品成为出口主导产品，服务业占GDP比重为58%。制造业和旅游业成为经济的主导产业。其二，外国直接投资帮助毛里求斯从高失业率转向充分就业的理想状况。20世纪70年代，毛里求斯失业率高达10%~20%，借助于劳动密集型外国直接投资的发展，到1989年失业率下降到充分就业的3%左右的水平，其中出口加工区内创造的就业数量巨大，主要来自纺织服装业。其三，通过出口加工区的外国直接投资，毛里求斯实现了出口结构多元化和出口竞争力提升。1980年，蔗糖出口额占到总出口额的70%，出口加工区的服装出口额仅占15%左右。到1998年，蔗糖出口额占总出口额的比重下降到22%左右，而服装出口额占到总出口额的一半左右，毛里求斯服装产品的出口竞争力显著增强，毛里求斯成为世界第二大"纯羊毛"标志产品的出口国。其四，外国公司的技术外溢效应明显。毛里求斯当地企业从外国公司那里学到了先进的技术，并且逐渐在出口加工区内占据了领先地位。20世纪80年代，出口加工区的出口主要来自外国公司，到了20世纪90年代则以本土企业为主。毛里求斯企业通过吸收外国公司带来的先进技术，在一定程度上提高了服装产品的质量，并获得服装设计和市场营销能力。通过外国直接投资的技术外溢效应，当地企业掌握了先进的管理技能。外国公司培训当地人员，提升了当地人力资本的素质，特别是在服务业。其五，外国直接投资与毛里求斯当地经济产生多方面的关联效应。外国直接投资聚集的出口加工区对毛里求斯经济的影响是多方面的，特别是外国直接投资创造了许多相关需求，包括包装、咨询、供水、电力、交通、机械厂房等，带动了相关产业和基础设施的完善。

基础设施建设作为工业与经济发展的物质基础与必备条件，建设和完善基础设施是非洲国家利用外资的首要任务。非洲国家应积极利用外资，增加和引导资金投入国内生产总值提升计划（公共和私营部门的基础设施和工业化项目），加强基础设施的建设，以推动工业化的稳定发展。非洲国家应对来非投资的国家和企业提供优惠政策，通过推广活动，包括非洲投资论坛，将非洲企业重大项目与潜在合作伙伴和投资者联系起来，鼓励外国企业参与本国经济活动，放宽对外资进入的限制，如简化投资审批手续、设立出口加工区、减免税收、制定和健全相关投资法律等，以切实保护投资者项目立项，促进和管理与投资者的关系以加大吸引外资进入，从而加快非洲的工业化进程。

（六）加强区域一体化和促进区域价值链升级

非洲国家也逐渐认识到要加强非洲大陆的区域经济合作，建立更易发挥规模经济效应的统一市场，解决非洲内部的经济和产业发展障碍，最大化释放区域市场的潜力，加强区域内的经济合作，促进非洲区域一体化发展。非洲国家经济一体化已取得了一定的进展，并呈现加速的态势，2000年东非共同市场正式启动非洲第一个自由贸易区；东非共同体2001年正式恢复成立；南部非洲发展共同体自由贸易区于2008年正式启动建设，非洲大陆自由贸易区于2020年7月起正式运作（受疫情等影响，推迟至2021年1月正式启动）。非洲区域组织内部正有序推进成员国之间的经济合作，但同时各区域经济合作组织成员国由于存在经济发展水平不平衡、基础设施建设落后、产业同质竞争等一些不利于发展的因素，非洲区域融合的道路任重而道远。许多国家在参与全球价值链过程中，有很大比例是参与区域价值链。当前的全球价值链具有鲜明的地域特色，区域内价值链联系最紧密的是北美和中美洲，其次是欧盟，非洲的区域价值链联系最弱。加强区域一体化，促进区域生产网络的发展，形成更具竞争力的区域价值链，将会吸引到更多的市场驱动型和效率驱动型的外国直接投资，从而有助于非洲国家工业化发展，实现经济转型。当前非洲区域一体化议程包含了一系列目标，包括改善各国生产商进入地区市场的条件，并将其整合到更高效的区域价值链中，整合金融市场，确保资本在国家之间的流动更顺畅；确保商品、服务和劳动力的自由流动等。

加强区域一体化还能够帮助非洲国家将区域价值链升级至全球价值链，延长参与全球价值链的环节及提高获利能力，从而对工业化起到积极的促进作用。有鉴于此，非洲国家应将区域价值链的完善和升级纳入国家发展战略中，并加强区域组织成员国的协调和合作，通过改善区域内的基础设施，提供便利的贸易、金融和投资环境等，促进区域价值链的发展。非洲国家政府应对技术创新和研发予以实质性的支持，为企业提供及时有效的市场信息，鼓励其进入区域价值链，并帮助区域内企业提升到价值链的高端环节。尽管区域一体化和区域价值链的升级具有复杂性和艰巨性，如需要各国政府具有政治上的认同和包容的态度，以及对区域项目设计和实施的操作能力，但是这对非洲经济转型将起到显著的推动作用。

（七）借助已有金砖合作机制对口支援非洲国家工业化

南南合作是发展中国家联合自强的平台，金砖国家领导人会晤是新兴市场国家为谋发展、求合作、促变革而形成的新型国际发展与合作平台，自2009年起每年举行领导人会晤，成员国之间互利合作不断深化，国际影响力日益提升。2013年金砖国家领导人第五次会晤主题为"金砖国家与非洲：实现发展、融合、工业化的伙伴关系"，突出金砖国家与非洲是一个命运共同体，通过推动金砖国家与非洲的合作，助力非洲的工业化建设和可持续发展。2017年金砖国家领导人会晤期间提出了"金砖+"合作模式，对非洲合作成为构建金砖国家更广泛全球伙伴关系网络的重要组成部分，有利于推动构建新型国际关系，推动构建人类命运共同体。在世界处于大发展、大变革、大调整的时期，金砖国家和非洲国家都不同程度地遭遇到一些挑战，双方携手努力推动发展中国家的团结就愈加重要。

首先，尝试建立"金砖＋非洲"工业化合作协调机制。第一，金砖国家要总结各自发展经验和模式，将其提升为有别于"华盛顿共识"的发展经济学理论，以指导非洲国家工业化发展。第二，协调金砖国家对非投资，支持在非洲设立工业园区，根据各国资源禀赋支持制造业的发展，促进技术转移和能力建设。第三，金砖国家共同承诺在非洲的投资遵循绿色标准，利用最新技术尤其是在信息化领域和可再生能源领域，实现非洲工业化的跨越式发展。

其次，实施"金砖＋非洲"工业化合作基金。建议由金砖国家新开发银行与非洲发展银行签署合作备忘录，负责管理和实施"金砖＋非洲"工业化合作基金，促进非洲国家工业化政策制定和能力建设，分享金砖国家工业化的实践和经验；重点支持工业园区建设，建立合理的监管、税收、劳动保护机制，推动金砖国家的国有企业和民营企业到非洲国家投资；帮助非洲国家的工业化产品出口到金砖国家以及其他国际市场。

最后，鼓励金砖国家"对口"支持非洲国家的工业化。"金砖＋非洲"合作机制要尊重金砖各国与非洲国家的特殊历史文化联系，结合各自的优势和非洲国家发展的特点，鼓励金砖国家"对口"支持非洲国家的工业化。例如，巴西结合自身优势优先支持同属葡语系的莫桑比克发展水电、生物质能源的发展，打造可再生能源发展的样板；俄罗斯支持其传统合作伙伴安哥拉、几内亚的初始资源加工增值；印度重点支持濒临印度洋的非洲岛屿国家如毛里求斯、马达加斯加的信息产业；中国支持非洲国家工业园区建设，在能源、矿业、交通基础设施的基础上，发展"制造业＋"，扩大非洲工业品出口国际市场。在金砖国家"对口"支持非洲国家工业化的同时，也要创建更开放的市场，鼓励其他非洲国家以及其他地区的企业前来投资，催生非洲工业化的非洲版新兴"金砖国家"，为其他非洲国家的工业化树立标杆。

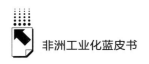
七　制约非洲工业化进程因素的变动趋势

非洲工业化早在被殖民时期就已经开始，那一时期非洲被看成是殖民地宗主国原材料的来源地和廉价制成品的倾销地，宗主国不可能让非洲建立独立的工业体系，与其形成竞争关系，它只需要掠夺非洲的资源，非洲没有能力去推进工业化进程。

非洲独立以后，非洲国家也尝试过不同的工业化战略，包括进口替代战略、出口导向战略、结构改革和调整战略、再工业化战略，直到现在，为什么非洲工业化的水平还在低位徘徊呢？原因是有很多因素制约着非洲工业化进程。展望非洲工业化的未来前景，我们要知道这些制约因素是否已经消除或者减弱？还是在恶化？弄清这些问题之后，才能对非洲工业化前景有一个客观的基本判断。

（一）非洲政局的稳定性

一个国家或一个地区的工业化有赖于一个稳定的政治局势，只有政局稳定，才可能确保工业化进程政策的连续性。非洲，很长一段时间以来，政局动荡，军事政变频发，导致政策朝令夕改，这样的政局迫使非洲工业化进程走走停停，成不了大事。

进入21世纪以来，饱受战乱、流血冲突之苦的非洲国家人心思稳，过去逢选必乱的局面有所改观，非洲政局的稳定性未来会朝更好的方向发展，但也不排除少数国家某一时段出现黑天鹅事件。政局稳定性是最大的营商环境，除此之外，非洲国家政府政策的透明度，行政效率和廉政指数的高低都是拟赴非洲的投资者关注的与营商环境有关的重要因素。

尽管有些非洲国家的贪污腐败行为有所收敛，但政府行政效率低下，腐败行为等仍大面积存在，饱受投资者诟病。这将成为阻止外来投资进入非洲加入其工业化进程的重要因素。

（二）基础设施的改善程度

从某种意义上讲，基础设施是非洲工业化的先导，是否有一个完善的基础设施，直接影响到非洲工业化进程的推进。比如，中国援建的亚吉铁路，打通了埃塞俄比亚对外出口的交通大动脉，极大地提高了其贸易便利化程度，直接引发了埃塞俄比亚出口导向型工业经济的飞速发展。

21世纪以来，尤其是2013年中国"一带一路"倡议提出以来，设施联通成为"一带一路"倡议的重要议题。中国加大了投资非洲基础设施的力度，中国承建了非洲75%左右的基础设施项目，"基建狂魔"蜚声海外。一条条高速公路，一条条现代化铁路，一座座水电站，机场、码头等拔地而起，极大地改善了非洲国家工业化赖以依托的基础设施条件。非洲基础设施得到改善的标志如下。

其一，交通运输基础设施率先改善。"要想富，先修路"的理念深入非洲人心，非洲国家沿高速公路和铁路，布局产业园区，吸引外来投资，将资源优势转换成经济增长的动力，完成原始积累，反哺工业化。

其二，信息技术在非洲大陆经历了革命性变革。华为在非洲建设了当地60%以上的4G基站，将新基建带入非洲，提高了非洲信息通信的效率，促使非洲经济结构发生跳跃式的改变，出现了直接从农业经济跃升至信息经济的现象。

其三，电力供应能力大大提高。电力供应能力决定了非洲从工厂手工业向现代机器大工业实现转变成为可能。非洲有很好的水电资源、太阳能资源，但没有资金和技术对此进行开发，在中非合作框架下，这一问题得到很好的解决。比如，广东世能集团在乌干达投资火电厂，极大地缓解了乌干达电力紧张局面，而且还形成了以火力发电为核心的电力设备产业园，带动了乌干达电力配套产业的发展。

（三）非洲国家单一经济结构的调整

非洲丰富的矿产资源、油气资源、农业资源和劳动力资源是推进工业化

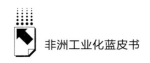

的物质基础和自然禀赋。一个国家和一个地区的工业化要与当地的实际情况相结合，充分发挥资源禀赋的作用。

在非洲，确实有些国家就是依托自身的资源禀赋，在早期的工业化过程中发展起来相关的工业门类，比如埃及的石油冶炼、化工业，尼日利亚的矿产采掘业等。但非洲有不少国家仅仅依靠主导性自然资源，形成单一经济结构，对国际市场的依存度过高，经济稳定性较差。比如安哥拉和苏丹，高度依赖石油的开采和出口，在国际市场石油价格高企的时候，安哥拉和苏丹经济表现不错。当油价大幅下跌的时候，两国财政捉襟见肘，经济衰退。

非洲大部分国家属于农业国，由于缺乏工业加工能力，只能单一依靠出口未加工的农产品换取外汇，比如塞内加尔是全球第二大的花生产地，花生的出油率高，品质好。但塞内加尔更多的是在出口花生原料，而不是深加工过的花生油和花生制品。要想提高非洲国家农产品的附加值，还必须提高加工能力，需要引进相关的机器设备，形成一定的工业能力。

非洲有可能走出一条独特的工业化道路，即以农业现代化和农产品深加工为基础的工业化，这可以为非洲的工业提供原材料，促使相关工业门类的诞生，再如，塞内加尔可依托花生原料发展起榨油厂、花生坚果厂等。再如，非洲的水果资源丰富，亟须引进果汁生产线，发展起非洲自己的果汁工业生产能力。

（四）非洲国家资金短缺状况的缓解程度

资金短缺严重制约着非洲国家工业化，只有少数几个非洲国家依靠石油美元发展起了需要投入巨额资金的重化工业，其他非洲国家不用说重化工业，有的连基本的生活必需品都生产不出来。在资金短缺的背景下，非洲国家更适合发展投资少、见效快的"小而美"的项目，比如能容纳100个机位左右的服装厂，能容纳10个人就业的面包厂，等等。

中国的工业化是以提高农业的储蓄率和工农业产品的"剪刀差"来完成工业化所需要的原始积累的。但这条工业化道路放在非洲可能行不通，因为非洲很多国家的农业发展还无法解决自身的温饱问题，不可能有多余的积累来支撑工业的发展。

所以，非洲国家的工业化在很大程度上还需要借助外力来推动，尤其是引进那些能为其创造外汇的产业，比如埃塞俄比亚目前不再欢迎不能为其创造外汇的产业进入，更欢迎出口导向型企业，期望通过这种方式来完成埃塞俄比亚的原始积累，加速其工业化进程。

（五）非洲劳动力素质的提升程度

非洲是一个人口数量的大洲，目前已经达到 12.7 亿人左右，据预测，到 2050 年，非洲人口将增至 25 亿~30 亿人，届时将成为人口第一大洲。但非洲不是一个人力资源的大洲。

当外资进入非洲以后，员工的本土化是必由之路，因为这些国家之所以向非洲转移产能，正是本土的劳动力成本过高所致，换句话说，正是看中了非洲国家廉价的劳动力。提升非洲本土劳动力的素质是中非职业技术教育合作的重要内容。中非合作论坛北京峰会以后，天津职业技术学院已经在埃及落地了一家鲁班工坊，为埃及工人提供了先进的实训设备，将中国先进的生产技术向埃及转移，让埃及工人迅速提升技术水平和能力。

中国在非洲建立了若干个产业园区，比如埃塞俄比亚的东方工业园，埃及的天津泰达工业区，尼日利亚奥贡广东自由贸易区，肯尼亚的珠江经济特区等。由广东新南方集团负责运营的尼日利亚奥贡广东自由贸易区目前已经有 60 多家企业入驻，如何解决中国产业园区对蓝领工人的巨大需求是摆在运营者面前亟须解决的现实问题。

非洲广东总商会创会会长单位广东新南方集团提出了未来 10 年的总体规划：要在非洲建 10 个产业园区，汇 100 亿元投资，解决 10 万人的就业，这为提升非洲劳动力的素质带来了契机。

中国职业技术院校走在了非洲能力建设的前列。比如，广东机电职业技术学院招收了 38 个非洲国家的学生，来广州学习汽车修理、电子技术、新能源技术等，非常好地发挥了职业教育为产能服务的作用。

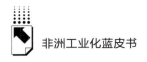

（六）非洲市场碎片化整合程度

全球经济一体化程度最高的是欧洲，从自由贸易区已经进化到经济货币联盟，诞生了欧盟和欧元，为其他大洲的经济一体化树立了典范。

非洲经济一体化起步较晚，直到2020年，在非盟的推动下，覆盖非洲的自由贸易区才正式启动，到2020年底，有46个非洲国家签署了该协议。虽然离全部54个国家签署协议只有一步之遥，但这只是形式上的整合，或者说只是为非洲经济一体化扫清了法律上的障碍。

非洲经济一体化对非洲工业化的意义在于它为非洲工业化提供了一个统一大市场的巨大市场容量，这个市场对于任何一个国家的任何一个产业都不可忽视，尽管目前该市场的消费能力有限，但它的成长性和巨大的人口红利，吸引了无数投资者提前进入非洲进行战略布局。

非洲有很多国家国土面积和人口规模较小，要想在这样的国家建成完整的工业体系那只是天方夜谭。但如果把非洲看成一个整体，在这样一个大洲建成完整的工业体系还是有可能的。但难度也相当大，原因是单一国家市场的分割和碎片化，整合起来需要时间。正如前述，即使全非洲的自由贸易区协定已经在绝大部分非洲国家签署了，但如何在这样一个全新的市场里面按非盟的统一部署在不同国家根据其自然禀赋布局相关工业门类，能否成功还未知，从非盟层面可以进行这样的布局，但非洲主权国家是否愿意接受这样的安排不清楚。非洲自由贸易区协定毕竟不同于标志着欧洲一体化开端的《罗马条约》，没有那么强的约束力。

（七）新冠肺炎疫情冲击的持续时间

新冠肺炎疫情在全球蔓延，直到现在还看不到完全得到控制的迹象，甚至在像印度这样的国家愈演愈烈。非洲的卫生健康体系比其他大洲都要脆弱，面对新冠肺炎疫情的肆虐，非洲经济面临的冲击比其他大洲更为严重，导致经济活动中断，外国在非投资的项目无法完全复工复产，全球物流业受到非常大的影响，运费比疫情前上涨了4~5倍，导致部分供应链中断。非洲国家进出口受阻，形成负向的连锁反应，出口导向型工业化所需要的原材料无法进口，制成品出口受阻，资金回流缓慢，资本积累受到影响，无法在工业领域追加投资，这将严重迟滞非洲工业化的进程。

新冠肺炎疫情百年不遇，未来是否还会有类似的超级病毒威胁人类无法预测，这样巨大的外部冲击将使非洲工业化进程按下暂停键，延缓工业化进程的连续性和稳定性。

八　推动非洲工业化进程力量的变动趋势

上一节我们分析了可能制约非洲工业化进程的诸多因素在未来的发展趋势，负向因素的减弱和正向因素的提升都将在一定程度上有利于非洲工业化。本节我们再来分析推动非洲工业化进程力量的变动趋势。

（一）世界经济向非洲梯度转移的趋势

非洲是一个绝望的大陆还是一个有希望的大陆？这取决于我们用什么样的视角看待非洲，取决于我们对世界经济发展规律性的认识。自第一次工业革命以来，世界经济每一次的梯度转移都给相关国家和地区经济发展带来千载难逢的战略机遇期。

第一次产业革命造就了大英帝国百年辉煌，然后向美国和德国的技术转移，尤其是第二次和第三次科学技术革命的推动，使美国和德国超越英国，尤其是美国，成为新的世界霸主。二战以后，美国为了推行其亚太战略，遏制中国的发展，扶持日本，向日本转移技术，使日本在20世纪60年代末70年代初实现了经济腾飞，创造了"东亚奇迹"。日本经济起飞以后，其产业要向外转移，遵循了"雁行模式"梯度向外转移，先是转移给了"亚洲四小龙"，即韩国、新加坡、中国台湾和中国香港。当"亚洲四小龙"的产业向外转移时，瞄准了具有巨大市场容量和人口红利的中国。随着中国劳动力成本和土地成本的攀升，中国的产业也要向外转移，其转移的目的地就是劳动力成本更为低廉的东南亚的越南、柬埔寨等国和非洲大陆。

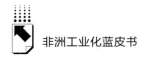

中非合作既是延续传统友谊的政治上的需要，同时也遵循了世界经济大转移的规律。因为，中国产业升级后富余产能和技术的转移不可能向比中国技术梯度高的欧美转移，而只能向比中国技术梯度低的非洲等区域转移。对中国而言是低的技术，但对非洲而言可能是适合其发展的最好的技术。这一轮的产业大转移在21世纪以来形成了加速推进的趋势，目前来看，该趋势虽然由于新冠肺炎疫情的冲击受到一定程度的干扰和影响，但并未逆转。趋势的力量是巨大的，中国各个工业门类几乎都在向非洲寻找发展机遇，可以预见，未来在非洲工业化发展的任何一个机会都会被中国投资填平，非洲也将在中国的助力下逐渐形成大陆层面比较完整的工业体系。

（二）联合国对非洲工业化发展的关注

联合国有专门负责非洲经济发展的专业委员会，即非洲经济委员会（以下简称"非洲经委会"，ECA），1958年由联合国经济及社会理事会（经社理事会）设立，是联合国五个区域委员会之一，非洲经委会的任务是促进非洲经济社会发展，促进区域内一体化，促进国际合作。

非洲经委会的使命是为一个被赋予权力和转型的非洲提供想法和行动；根据《2030年议程》和《2063年议程》，非洲经委会的五个新战略方向，如下。

①提高非洲经委会作为首要知识机构的地位，以其独特的地位和特权为基础，为非洲大陆的问题提供全球解决办法，并为非洲大陆提供当地解决办法。

②制定宏观经济和结构政策，以加速经济多样化和创造就业机会。

③为转型中的非洲设计和实施基础设施、人力、物力和社会资产的创新融资模式。

④协助解决区域和跨界挑战，重点是将和平、安全和社会包容作为重要的发展联系。

⑤倡导非洲在全球的地位，制定区域对策，作为对全球治理问题的贡献。联合国非洲经委会上述战略方向与非洲工业化息息相关。

（三）非洲联合自强的内生力量

非洲饱受殖民地之苦，独立以后，非洲国家联合自强的诉求越来越强烈，其标志性事件是非盟的诞生。

2015年1月，非盟在埃塞俄比亚首都亚的斯亚贝巴召开峰会通过了作为"非洲愿景和行动计划"的《2063年议程》，号召非洲人"在共同价值观和共同命运基础上合力建设繁荣团结的非洲"。

《2063年议程》文件的副标题是《我们想要的非洲》，文件提出了七大愿景，描绘了2063年非洲的宏伟蓝图：一是在包容性增长和可持续发展基础上打造繁荣的非洲；二是在泛非洲和非洲复兴愿景基础上打造政治团结的一体化非洲大陆；三是建设公平、民主、尊重人权、正义和法治的非洲；四是实现非洲的和平安全；五是让非洲拥有强大文化认同、共同传承、共享价值观和道德观；六是以人为本追求发展，充分发挥非洲人特别是女性和青年的潜力，关爱儿童成长；七是让非洲成为国际社会中强大、团结而富有影响力的行为体和合作伙伴。

《2063年议程》的制定过程颇具特点。照非盟自己的总结，该议程的制定采取了由下而上的方法，充分听取非洲大陆人民的呼声。此前非洲大陆有关发展规划受众和关心人群往往仅限于政府官员，而《2063年议程》则以人为本，为非洲大陆人民所主导。

在通过《2063年议程》后，非盟又于2015年6月通过了该议程下的第一个十年实施计划，这也是50年间计划中的5个十年实施计划中的第一个。第一个十年实施计划明确了非洲发展的重点领域及希望实现的成果目标，并特别列出了一些能有效惠及非洲人民的"旗舰项目"。这些项目涉及非洲工业化的方方面面，如下。

①整合高速铁路网。通过高速铁路网络连接非洲各国首都和商业中心；通过增加铁路连接，促进货物、要素服务和人员流动，降低运输成本，缓解当前和未来系统的拥堵。

②商业战略。通过使各国增加价值、从商品中获取更高的租金、融入全

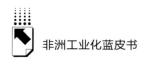

球价值链，非洲从原材料供应商转型，促进以附加值和当地内容开发为基础的多样化。

③非洲大陆自由贸易区（AfCFTA）。通过加强非洲在全球贸易谈判中的共同声音，扩大政策空间，加快非洲内部贸易，提升非洲在全球市场的贸易地位。

④非洲护照和人员自由流动。通过改变限制性法律和促进免签证旅行，加强所有非洲公民在所有非洲国家的流动，取消对非洲人在本大陆旅行、工作和生活能力的限制。

⑤2020年寂静枪声战略。到2020年结束非洲大陆的所有战争、国内冲突、基于性别的暴力、暴力冲突并防止种族灭绝。

⑥刚果英戈大坝项目。发电量估计为432亿W，以支持目前的区域电力池及其联合服务，将非洲从传统能源向现代能源转变，并确保获得清洁和负担得起的电力。

⑦单一非洲航空运输市场。通过在非洲建立一个统一的航空运输市场，促进非洲各首都之间的区域内互联互通，以此推动非洲大陆的经济一体化和增长议程。

⑧非洲经济论坛。多方利益攸关者会议汇集了非洲的决策者、私营部门、学术界和民间社会，以思考如何利用非洲的巨大资源加快非洲的社会经济发展和转型。

⑨非洲金融机构。通过建立在调动资源和管理非洲金融部门方面发挥关键作用的组织，加速一体化和经济发展。

⑩泛非电子网络。通过实施政策和战略，将非洲转变为一个电子社会，这些政策和战略将导致非洲的变革性电子应用和服务，如宽带地面基础设施、网络安全以及革命性的生物和纳米技术产业。

⑪非洲外层空间战略。加强非洲利用外层空间，以促进农业、灾害管理、遥感、气候预报、银行和金融、国防和安全等关键部门的发展。

⑫非洲虚拟和电子大学。利用基于信息和通信技术的方案，通过同时接触多个地点的大量学生和专业人员，增加非洲接受高等教育和继续教育的

机会。

⑬网络安全。将新兴技术纳入非洲发展计划，通过确保数据保护和在线安全，确保这些技术用于造福非洲个人、机构和国家。

⑭大非洲博物馆。保护非洲文化遗产，使人们认识到非洲巨大、充满活力和多样的文化艺术品，以及非洲在艺术、音乐、语言、科学等方面对世界文化的持续影响。

从上述内容可以看出，《2063年议程》旗舰项目涉及非洲工业化的诸多领域，从基础设施到互联网，从贸易到金融，从人力资本素质提升到人文交流，从和平环境的打造到网络空间和国防安全。可见，这是一个宏大的议程，是对非洲联合自强的长远规划，如能实现，将极大地改善非洲工业化的物质技术基础和条件，将推动非洲工业化上升到一个新的台阶。

（四）非洲国家的民族自觉

非洲工业化的内因在于非洲各民族国家自己，它们是非洲工业化的内生动力。自民族独立以后，非洲各国结合自身国情就开始了对工业化独立自主的探索，先后选择过进口替代战略、出口导向战略、结构调整战略和再工业化战略。尽管这些战略并未让非洲工业化有大的起色，但非洲国家的民族自觉意识是难能可贵的。如果没有外力作用，非洲工业化也会内生成长，只是这个过程可能需要相当长的时间。

（五）原殖民地宗主国的援助

传统殖民地宗主国与非洲国家之间存在千丝万缕的联系，有些非洲国家表面上看起来是一个独立的国家，但其经济命脉仍然掌握在原殖民地宗主国手上，殖民地宗主国与原殖民地国家之间的分工是典型的世界工厂与世界农村垂直分工，宗主国的援助是为了保障其工业对原材料源源不断的需求，在此基础上，非洲国家也先后建立起了以资源禀赋为导向的工业门类，比如采掘业、石油开采与冶炼业、农产品加工业、纺织业等。与此同时，非洲国家的工业被固化在资源出口导向型工业这一单一经济结构上。

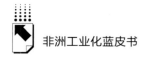

（六）中非合作论坛机制的助力

进入 21 世纪以来，中非合作启动了常态化机制，即中非合作论坛部长级会议，从第六届开始升格为元首级别的峰会，习近平主席以中国国家元首的身份参加了第六届中非合作论坛约翰内斯堡峰会和第七届中非合作论坛北京峰会。

2015 年 12 月 4 日，在中非合作论坛约翰内斯堡峰会上，习近平主席发表了主旨演讲，提出了中非"十大合作计划"，即中非工业化合作计划、中非农业现代化合作计划、中非基础设施合作计划、中非金融合作计划、中非绿色发展合作计划、中非贸易和投资便利化合作计划、中非减贫惠民合作计划、中非公共卫生合作计划、中非人文合作计划、中非和平与安全合作计划。

非洲联盟（非盟）委员会主席恩科萨扎娜·德拉米尼 - 祖马高度评价习主席在峰会开幕式上的致辞。她说，习主席在致辞中提出了中非"十大合作计划"，该计划将极大地帮助非洲实现非盟制定的《2063 年议程》。她说，与中国的合作对非洲国家实施其雄心勃勃的基础设施项目"至为关键"，特别是在帮助非洲建设高速铁路、高速公路和区域航空三大网络等方面。她表示："非洲国家将与中国加强合作，以加速非洲的经济发展和社会变革。"祖马说："不管是在实现非洲农业现代化、加快基础设施建设和开发能源，还是在年轻人培训和文化交流等方面，我们都将和中国加强合作。"

2018 年 9 月，中非合作论坛北京峰会暨第七届部长级会议在北京成功召开。习近平主席宣布，中国将同非洲共同实施产业促进、设施联通、贸易便利、绿色发展、能力建设、健康卫生、人文交流、和平安全"八大行动"，绘就了新时代中非关系的发展蓝图，开启了新时代中非合作的宏伟篇章。论坛还发布了《关于构建更加紧密的中非命运共同体的北京宣言》和《中非合作论坛——北京行动计划（2019～2021 年）》。

无论是"十大合作计划"还是"八大行动"，中非合作都指向非洲工业化和产能合作，两届峰会中国都承诺出资 600 亿美元支持非洲发展。可以预见，有中国的持续助力，非洲工业化进程将稳步推进。

九　非洲工业化前景预测

对非洲工业化前景预测至少有三个不同的视角，视角不同，折射出来的问题也不同，对非洲工业化前景的预测结果也会有所差别。

（一）非洲视角

非洲整体层面和非洲国别层面对非洲实现工业化都有比较高的热情和期待，但非洲工业化能否依托自身力量来实现，这对非盟和非洲各国的执行力是一个严峻挑战。非洲不缺好的规划，《2063 年议程》就是一个不错的规划，但要真正落地对非洲国家和非盟而言几乎是一个无法企及的系统工程。因此，从这个视角，笔者并不十分看好非洲工业化进程，过去 100 年非洲工业化历史也已经证明了这一点。

（二）大国视角

21 世纪以来，非洲已经变成大国的角力场。不仅中国关注与非洲的合作，日本和印度也都开发出类似中非合作论坛的日非东京论坛和印非论坛，美国也推出了新的对非战略。未来大国在非洲的博弈会更加激烈。

（三）中国视角

中国视角是预测非洲工业化最乐观的一个视角。党的十九届五中全会提出了双循环理论。该理论是在百年未有之大变局、新冠肺炎疫情的蔓延、新一轮科技革命和产业革命将重塑全球经济格局、多极化深入发展、贸易投资保护主义思潮泛起、经济全球化遭遇暂时性挫折等大背景下提出来的。

中非关系在中国对外关系中非常重要。以国内循环为主体强调的是中国现在的经济体量和市场规模完全有能力实现经济的内生增长。国际国内循环相互促进，说明国际市场仍然是我们不能忽视的重要市场。双循环理论涉及两个市场和两种资源。中国经济未来可持续发展可以依托中国和非洲的市场

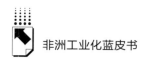

和资源。中国这个市场是潜力巨大的生产市场和消费市场，非洲这个市场是潜力巨大的资源供给市场、产能合作市场和消费市场。

双循环理论既符合世界经济产业转移大趋势，也符合非洲国家对中国制造业产能和技术的迫切需求。中国人均 GDP 已经连续两年突破 1 万美元，中国企业走进非洲、投资非洲将成为驱动非洲工业化的重要力量。

十 结论

（一）非洲融入全球价值链为非洲工业化带来了新的希望

中国改革开放 40 多年的经验表明，中国经济发展走了一条依附发展到独立发展再到引领发展的路径。当年跨国公司进入中国，中国依托这些技术在中国的发展而发展，通过引进国外先进技术，干中学，消化吸收后研发具有中国自主知识产权的技术，再与世界分享。比如最典型的高铁技术就是如此。

中国的今天就是非洲的明天。跨国公司面向全球进行产业链布局，一定不会忽视非洲巨大的潜在市场和人口红利。同时，非洲也在主动融入全球价值链，加大招商引资力度，出台了比中国当年更加优惠的政策吸引外资，非洲政策洼地效应明显。21 世纪经济发展的问题已经在非洲这片热土上显现。

（二）中非合作论坛机制20多年来的厚实基础

21 世纪以来，中非合作提质增效，尤其是中非合作论坛机制的启动，中非经贸关系对于非洲大陆工业化发挥了重要的作用。2015 年，中国提出了与非洲国家重点实施的"十大合作计划"；2018 年，中国又提出了与非洲国家重点推进"八项行动"。这些旨在支持非洲加快工业化和农业现代化进程、提升非洲国家的自主可持续发展能力。该计划中最为令人瞩目的就是中非产能合作计划。实际上，中国经过 40 多年的改革开放，已步入工业化中后期发展阶段，产生了大量的优质富余产能；而大多数非洲国家从工业化发展阶段看，仍处在工业化起步期，希望能引进与分享这些产能，以期加快工业化步伐。另外，从生产要素的互补性来看，非洲拥有丰富的自然和人力资源，中国则在资金、设备、技术、管理经验等方面具有优势。因此，中非产能合作历史性对接的条件已经成熟。

（三）未来中非合作的持续投入

中国在促成自贸协议的达成上起到了重要作用。中非在基础设施领域的合作正在继续推进，在整个非洲大陆的能源、电信和交通领域的合作也处于领先地位。中国的需求与非洲国家需求优势互补。由于缺乏互联互通，非洲国家间贸易非常薄弱，不少非洲国家与欧盟的贸易量远远超过与非洲国家间的贸易量。中非合作论坛约翰内斯堡峰会和北京峰会，连续两次600亿美元的投入，极大地促进了非洲内部的互联互通，而自贸协议将进一步提升相关基础设施的需要，这将带来非洲人口从农业劳动力向工业劳动力的转变，进一步促进非洲的工业化进程。

从投资领域上看，中国对非投资的领域十分广泛，涉及基础设施建设、能源、医药和技术、教育、人力资源培训等多个领域。从投资对象上看，中国投资几乎遍布了非洲的每一个国家。

非洲工业化站在了一个新的历史起点上，只要非洲顺应世界经济产业转移大趋势，抓住新一轮产业革命的战略机遇期，夯实中非合作的基础，中非团结合作，共同抗击新冠肺炎疫情，早日走出疫情的阴霾，主动融入全球产业链和价值链，非洲工业化必将迎来一个加速发展的新阶段。

指 标 篇

B.2
工业化指标体系

陈玮冰 *

摘　要：　根据以往针对非洲工业化进程的研究可以发现，对于非洲工业化进程的研究多为单一指标，或注重工业化的单一产业进行分析，本文结合联合国工业发展组织（UNIDO）制造业竞争发展指数与中国新型工业化进程指标，采用多维度分析指标体系，创造性地建立了非洲工业化进程指标。在结构上，本报告介绍了工业化指标体系演化的进程，并结合非洲工业化进程的特殊性，构建了符合非洲工业化情况的指标体系，并对非洲五个地区54个国家的工业化指数的情况进行了详细呈现。

关键词：　新型工业化　工业化指标　非洲工业化

---

* 陈玮冰，经济学博士，广东外语外贸大学非洲研究院讲师，研究方向为国际发展。

一 工业化指标体系演化进程

所谓工业化，是指传统的农业社会向现代工业社会转变的过程。工业化当中制造业的竞争力是衡量一个国家工业发展长期可持续增长的基本决定因素之一。工业化国家和新兴工业化国家在制造业增值和工业出口方面的相对地位的变化，在很大程度上可归因于个别国家工业竞争力的变化。因此，为了衡量一个国家工业化水平的程度，各种工业化水平指标被创造出来用于衡量不同国家之间工业化水平的差异。非洲国家由于工业化发展水平参差不齐，且多为贫困国家，因此针对非洲国家工业化水平的测量在方法上并未得到统一的界定，目前大致分为单一指标测度和多维指标测度，本部分将着重介绍这两种测度方法。

（一）单一指标测度方法

目前，对于非洲国家单一指标的测度主要为，工业增加值占 GDP 的比重[1]、工业增长率[2]、制造业增加值[3]等。通过工业增加值及工业增长率来衡量非洲工业化水平的方法，与非洲的实际情况形成较大的背离，其主要原因为，工业增加值所涵盖的范围涉及能源开采、制造业和建筑业等，而非洲许多国家主要通过能源开采或基础设施建设获得工业增加值，但本国工业水平依旧低的情况。这是由于工业化的发展离不开制造业的发展，制造业会带来大量的工业岗位，集约化的生产高附加值的工业产品，从而带动商品经济的发展。而以制造业增加值为唯一测度的方法，又忽视了其他工业部门所带来的丰富内涵。

---

[1] 王圳、岳鸿飞、周静：《非洲包容与可持续工业发展测度与援助方式选择》，《全球化》2018 年第 11 期。

[2] 徐丽鹤、吴万吉、孙楚仁：《谁的援助更有利于非洲工业发展：中国还是美国》，《世界经济》2020 年第 11 期。

[3] 郑燕霞、朱丹丹、黄梅波：《中国对外直接投资对非洲资源依赖国制造业发展的影响研究》，《经济纬》2019 年第 6 期。

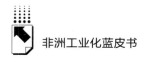
（二）多维指标测度方法

多维指标测度方法，更多地适用于国家间工业化发展的比较当中。如联合国工业发展组织（United Nation Industry Development Organization，UNIDO）的工业竞争表现指数（Competitive Industrial Performance index，CIP指数）。CIP指数是由四个指标（生产能力、出口能力、工业强度、出口质量），共6个子指标（人均制造业增加值、人均制造业出口额、制造业占GDP的比例、高端制造业占制造业比例、制造业制品占出口的比例、高端制造业产品占出口的比例）构成的复合评价指数。这种复合评价指数通常用于国际统计实践层面，评价各个国家在社会和经济发展方面的贡献。因此，相对以往研究采用单一指标进行国家工业发展分析，CIP指标更加全面地对以制造业为主的工业化发展进行测评，并且应用于世界范围内各国工业化程度的比较层面[1]。

我国新型工业化进程指标体系同样属于多维指标体系的一种，对于发展中国家更具有指导意义，在评估指标上不仅涵盖了传统工业化的相关进程指标，也提供了反映新型工业化对于科技、经济效益、环保等内涵的评价指标，更加贴合非洲国家的工业化发展情况，指标体系共涵盖如下大类[2]。

1. 反映工业化阶段的指标

这一系列指标主要体现国家总体工业化的发展要求，反映地区工业化的进程及其所处的发展阶段，包括：人均国内生产总值、人均制造业净产值、人均制造产品出口额、农业总产值占GDP的比重和农业就业人数占总就业人数的比重、城市化率。

---

① UNIDO，Industrial Statistics：Guidelines and Methodology，Vienna，2010.

② 王亚玲：《工业化阶段和"新兴化"质量分析——以陕西为例》，《经济问题探索》2008年第11期；郭庆：《工业化进程测度统计指标体系初探》，《统计与决策》2007年第5期；陈元江：《工业化进程统计测度与质量分析指标体系研究》，《武汉大学学报》（哲学社会科学版）2005年第6期。

指标 1.1　人均国内生产总值（GDP per capital，GDP pc）

人均国内生产总值是衡量一个经济体宏观运行状况最重要的指标，也是划分世界各国工业化水平最初级的一个指标。

指标 1.2　人均制造业净产值（Manufacturing Value Added per capital，MVApc）

人均制造业净产值表示一个国家的工业化水平，并根据国家规模进行调整。MVApc 是总净制造业产出与人口规模的相对值。与总产出不同，MVA 不需要重复计算，因为中间消耗的成本被排除在外。此外，它是以基本价格来衡量的，以避免税收扭曲，其具体的运算公式为：

$$MVApc = MVA/population$$

指标 1.3　人均制造产品出口额（Manufacturing Export per capital，MXpc）

人均制造产品出口额是指一个国家有竞争力的产品及其技术竞争力。与 MVApc 一样，MXpc 表示为人均，以根据国家人口规模进行调整。制造业出口数据显示了初步的国际效率，并揭示了结构趋势。然而，关于大型经济体的 MXpc 的数据由于存在巨大的内部需求和对国内市场的激励而有所偏颇。此外，并不是每隔一段时间就能得到所有国家的出口数据，根据现有的数据库，这一指标需要根据总商品出口值（Merchandise Exports）与制造产品出口占总出口的比例（Manufacturing Export share in Merchandise Exports）与人口规模的相对值来表示，其具体的运算公式为：

$$MXpc = ME \times MXsh/population$$

指标 1.4　农业总产值占 GDP 的比重（Agriculture, Forestry and Fishing, Value Added share in total GDP，AVAsh）

该指标主要用来测度农业领域对于国内生产总值的贡献度，通常以国际标准来衡量，农业总产值占 GDP 比重越低的国家，工业化程度越高。

指标 1.5　农业就业人数占总就业人数的比重（Employment in Agriculture share in total employment，EAsh）

该指标主要用来测度农业领域就业人数，通常工业化程度越低的国家在

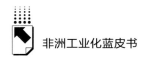
农业领域工作的就业人数便越高。

指标1.6　城市化率（Urban Population share in total population，UPsh）

城市化率通常运用城镇人口占总人口的数量来表示，由于工业化通常在城市中率先进行，因此城市化率越高的国家工业化水平相对也会越高。

2. 反映制造业科技水平的指标

反映工业化当中科技水平可以通过制造业科技水平的情况来探索一个国家工业化的技术深化和升级水平来体现。为了代表这一复杂的维度，本报告运用两个复合的子指标——工业化强度和出口质量。其中，工业化强度的计算方法为高新技术产业增加值在总产业增加值中所占比重和制造业增加值在国内生产总值（GDP）中所占比重（MVAsh）。国家出口质量是高技术制成品出口占总制成品出口份额（HMXsh）和制成品出口占总出口份额（MXsh）的比重。

指标2.1　高新技术产业增加值在总产业增加值中所占比重（High tech MVA share in total MVA，HMVAsh）

高新技术产业增加值在总产业增加值中所占比重这一指标体现了制造业技术的复杂性。高新技术制造业增加值在制造业增加值总额中所占比例越高，说明一个国家的产业结构和整体产业竞争力在技术上越复杂。经验分析表明，发展一般需要从低技术活动向中、高技术活动结构过渡。一个国家的生产结构越复杂，在部门和部门间学习和技术革新的机会就越大。

$$HMVAsh = HMV/MVA$$

指标2.2　制造业增加值占国内生产总值的比重（MVA share in total GDP，MVAsh）

制造业增加值占国内生产总值的比重衡量了制造业在一个经济体中的权重，是一个经济体工业化程度最直接的指标之一。

指标2.3　高新技术制造业出口占总制造业出口的比重（High-tech Manufactured Export share in total Manufactured Exports，HMXsh）

高新技术制造业出口产品的技术含量和复杂性是工业化进程一个较高标准的指标。由于MHXsh在某些情况下可能与MHVAsh有本质上的差异，因此，在制成品出口中，中高技术产品所占的份额将与前面的指标一并考虑。

指标2.4 制造业出口占总商品出口的比重（Manufactured Export share in total exports，MXsh）

该指标反映了制造业在出口活动中的权重，可以体现一个国家制造业在其国民经济当中的权重。

3. 反映制造业在国际上的竞争能力

反映国家工业化发展的第三个维度是国家对世界制造业的影响，包括世界制造业增加值份额和世界制造业贸易增加值份额。

指标3.1 世界制造业增加值影响力（Impact on value-added share in World MVA，ImWMVA）

该指标以一国在世界制造业增加值中所占的份额，反映了一国在世界整体制造业中的相对表现和影响。

指标3.2 世界制造业出口影响力份额（Impact on share in World Manufacturing Trade，ImWMT）

世界制造业出口影响力份额是通过一个国家在世界制造业出口中的份额来进行衡的指标。它显示了一个国家在国际市场上相对于其他国家在制造业出口方面的竞争地位：市场份额的增加反映了其全球竞争力的增强，而市场份额的减少则是竞争力下降的信号。该指标与世界制造业增加值影响力份额共同构成国家国际工业化竞争力的指标。

4. 反映资源利用水平

新型工业化对于资源的使用较传统工业化提出了更高的要求，这也是我国进行新型工业化的主要目标。改革开放40多年来，随着我国工业化进程的不断加快，工业化带给自然资源的压力随之增加。该系列指标通常选择反映一国新型工业化进程中，如资源消耗节约、对生态环境污染方面的情况和工业可持续发展能力的相关指标，包括：单位能耗、单位电耗。与此同时，反映资源消耗的指标也通常可以反映一个国家基础设施水平。

指标4.1 单位能耗〔Energy use（kg of oil equivalent per capital），EUpc〕

单位能耗是指单位产量或单位产值所消耗的等同于每千克石油的消耗

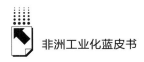
量，是反映能源消费水平和节能降耗状况的主要指标。通常认为工业化进程越高的国家，单位能耗越高。

指标4.2　单位电耗［Electric Power comsumption（kwh per capital），EPpc］

单位电耗是指每单位消耗电的能力，是反映国家工业化进程、经济发展水平的重要指标，通常认为工业化进程越高的国家，单位电耗越高。

（三）指标权重确定

工业化评价指标体系当中最关键的一环是对每个指标的重要程度进行权数的确定，这将影响到最终的综合评价结果。本文采用层次分析法（AHP）对各个指标进行权重的确定。

想要运用层次分析法构建工业化测度的评价指标体系，需要按照以下的步骤。

首先也是最基本的：建立出新的判断矩阵。具体的方法就是先把需要采用的指标的重要程度进行逐一比对，此时，需要采纳 AHP 方法。具体而言，需要借助九分位的相对重要的比例尺度，来判断陈列的指标项目的重要程度，经过这样的比较之后，可以得到预期的判断矩阵。而所得到的矩阵的功能就是呈现重要性的大小，即在相同层次以内的不同指标的重要性可以凭借评分的形式展示出来。而关于判断矩阵中所涉及的判断值，则是由此领域的专家来判断。

表1　评分规则

赋值（x_i/x_j）	说明
1	表示指标 x_i 与 x_j 相比,具有同等重要性
3	表示指标 x_i 与 x_j 相比,指标 x_i 比 x_j 稍微重要
5	表示指标 x_i 与 x_j 相比,指标 x_i 比 x_j 明显重要
7	表示指标 x_i 与 x_j 相比,指标 x_i 比 x_j 强烈重要
9	表示指标 x_i 与 x_j 相比,指标 x_i 比 x_j 极端重要
2、4、6、8	对应以上两相邻判断的中间情况
以上的倒数	若指标 x_i 与 x_j 比较判断为 a_{ij},则指标 x_i 与 x_j 比较判断为 $1/a_{ij}$

其次，对各指标的相对权重进行计算。第一步需要先得出之前所构建的判断矩阵的几何平均数；第二步再计算出各个采纳的评价指标的重要性权数；在这样的计算基础上，可以得到之前构建的判断矩阵的特征向量。具体的计算方法所参照的公式如下：

$$\bar{a}_i = \sqrt[n]{a_{i1} \, a_{i2} \cdots a_{in}} \tag{1}$$

$\bar{a}_i$ 表示每行的平均数，n 表示指标数，

$$其中, \omega_i = \frac{\bar{a}_i}{\sum_{i-1}^{n} \bar{a}_k} \tag{2}$$

$W = (\omega_1, \omega_2, \cdots, \omega_n)$ 就是上文所提到的判断矩阵的特征向量。

最后还需要对判断矩阵进行一致性检验。在检验之前，需要先通过公式（3）来求出判断矩阵的最大特征值：

$$\lambda_{max} = \frac{1}{n} \sum_{i-1}^{n} \frac{(AW)_i}{W_i} \tag{3}$$

同时，还需要利用公式（4）来求出判断矩阵的一致性指标。

$$C.I. = \frac{\lambda_{max} - n}{n - 1} \tag{4}$$

在得出最大特征根和一致性指标 C.I. 之后，再次利用构建的判断矩阵来计算出随机一致性比率，参见公式（5）

$$C.R. = \frac{C.I.}{R.I.} < 0.10 \tag{5}$$

此外，在进行一致性检验的过程中，当出现一致性比率不低于0.10的情况时，可视为不理想的判断矩阵，就需要重新赋值，再次进行一致性检验，直到通过为止。本次研究构建出14阶判断矩阵，对应着上式可以得到随机一致性 RI 值为1.594，RI 值用于下述一致性检验计算使用。

通常情况下 CR 值越小，则说明判断矩阵一致性越好，一般情况下 CR

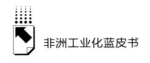
值小于0.1，则判断矩阵满足一致性检验；如果 CR 值大于0.1，则说明不具有一致性，应该对判断矩阵进行适当调整之后再次进行分析。

二　非洲工业化进程研究的特殊性

自2015年以来，有关非洲大陆工业化进程的方案和设想逐步面世，并引起了非洲大陆各国政府决策和学术界的密切关注。其中，2015年9月非洲联盟委员会公布的《2063年议程：我们想要的非洲——框架文件》（以下简称"非盟的《2063议程》"）和《2063年议程：我们想要的非洲——第一个10年实施计划（2014—2023）》（以下简称"非盟的《实施计划》"）最具政策指导性。从两份文件的具体目标可以发现，大力发展非洲工业化，是推动非洲经济发展的唯一动力。然而，实际上几乎每个非洲国家、每个次区域一体化组织都有自己的工业化战略方案或构想。但事实证明，有一个好的方案还仅是工业化的第一步，能否根据构想进行实践，并满足非洲工业化的现实需求还有待进一步的检验。就现状而言，非洲工业化存在如下一些现实难题。

（一）非洲工业化的困境与挑战

1. 非洲工业化的产业布局难题

现有的各种针对非洲的战略方案大多强调发展劳动密集型或出口导向型制造业，缺乏对整个大陆层次和次区域层面工业化战略的整体规划，尤其缺乏对产业布局的谋划。而诸多非洲国家的政策决策层往往将围绕农业生产、加工、运输等方面的机械化称为工业化，这也体现出非洲十分现实的问题，也即缺乏对于工业化整体发展的意识，过分强调以农业发展为主的政策制定方针。

造成这一问题的主要原因在于，非洲20%的 GDP 都是由农业领域创造的，并且有46%的劳动力是从事农业领域的工作，因此如何大力发展好以农业为主的"工业化"是非洲领导人主要进行考量的问题。而这也导致农业问题是非洲工业化不可回避的话题。如果抛开农业问题，只谈工业化发展，无疑是站不住脚的。因此，在制定非洲工业化指标的过程中，一定要着重考虑农业对于非洲工业化发展的作用。

2. 经济多元化的困境难题

长期以来，非洲国家经济发展一直受到经济结构单一的制约，因此，非洲国家在寻求工业化战略上是以实现经济多元化为主要目标的。然而非洲工业化、经济发展多元化的口号已提出多年，实践表明，经历时间变迁，非洲各国国民经济已被深深卷入由西方发达国家所控制的全球产业链下，任何企图改变单一经济结构、实现经济多元化的努力都会面临异常困难的挑战。

其中主要的难点在于：其一，作为非洲各国支柱产业的单一经济常常也是各国外汇收入乃至经济发展资金甚至财政收入的主要来源，相关国家的发展、社会发展乃至政治发展和对外交往都会不同程度上被这种畸形的经济结构所左右，对其进行改革或调整极易引发财政危机或经济危机，进而危及政权稳定；其二，非洲国家的各种单一经济主要是采掘业或经济作物种植业，而此类产业大多被西方跨国公司或直接或间接地操控，绝大多数非洲国家很难对这类产业进行真正的改造。

3. 生产规模化与市场碎片化

非洲国家的工业化大多处于起步阶段，起步阶段的工业化主要实现从传统工业向现代工业、从手工业向机械化大工业的转型，包括从手工生产向机械化、电气化和自动化生产，从手工产品向标准化产品，从传统工艺向现代技术的转型。加上非洲市场对标准化工业产品有巨大需求，因而规模化、标准化的工业生产模式预计将在较长时间主导非洲的工业化进程。然而，非洲严重缺乏现代工业规模化生产的环境和条件，主要原因有两点。

其一，非洲大陆并不致力于实现一个统一的国家，12亿人口，约3000万平方公里的土地，54个国家各自为政，与一体化程度较高的欧洲相比，非洲大陆基础设施落后，且存在各种非关税壁垒和技术壁垒，严重影响了国与国之间的货物、资本和人员的自由流动，因此也失去了进行大规模生产的

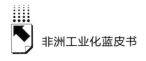
条件。

其二，发展中国家都希望外国投资者带来资金、技术以及先进的管理经验，但是西方国家投资者并不对投资适合工业化快速发展的基础设施建设感兴趣。因此，非洲多年来承接大量西方投资与援助，但对于基础设施的建设十分缓慢，在很大程度上阻碍了非洲工业化的发展进程。

4. 工业化模式与路径选择难题

进口替代工业化战略和出口导向工业化战略是工业落后国家在推进工业化进程中惯常采用的两种工业化模式，这两种工业化模式各有利弊。

进口替代战略主要是利用高关税和外汇管制手段限制基本消费品的进口，鼓励本国民族工业的发展，实现基本消费品的进口替代。这种模式的优点是可以充分发挥本国在资源等方面的优势，更有效地利用紧缺外汇资源；缺点是排斥竞争，忽视非本国替代工业部门的发展，阻碍进口发展。出口导向战略主要是利用出口补贴和引进外资等手段鼓励本国工业生产面向全世界，以制成品出口替代初级产品出口，从中获得贸易利益并推动本国经济发展。这种模式优点是引入竞争机制，大力促进出口，有利于积累发展资金；缺点是国内经济易受外部经济波动的影响，同类国家之间有可能出现恶性竞争。

（二）对于传统工业化指标的影响

本文所采用的工业化指标是基于中国新型工业化指标以及联合国工业发展组织对于制造业指标联合完成的指标体系，权重的选择源自国内部分权威期刊发表的针对中国工业化的相关论文。通过将该指标体系进行对于非洲地区的实际套用，发现该指标并不能很好地将非洲国家工业化的实际面貌表达完整，这其中的主要原因如下。

第一，指标过多地强调人均国内生产总值对于工业化程度的决定性作用。非洲各国人均 GDP 虽然差异很大，有部分国家由于石油出口的原因在人均 GDP 的表现上远高于其他地区的非洲国家，而其余国家的人均 GDP 差异并不大，这也导致过多地追求人均 GDP 使目前非洲国家工业化的真实情况得以掩盖。相反，应该着重提高对于工业化生产的权重，即人均制造业生产的比重。因此，针对非洲工业化进程的指标当中，指标1.1的权重应占整个指标体系的15%左右，应与指标1.2人均制造业净产值和指标1.3人均制造产品出口额具有同等地位。

第二，农业化程度对于工业化的影响应提升。前文分析得出，非洲工业化在现阶段更加应该与其国家更为关注的农业领域进行配合，也即增加与农业生产、加工、运输、市场等领域的工业化，因此，农业市场、农业就业人员的比重就为非洲工业化进程提供了足够坚实的发展启动机，应该增加相关指标的权重。因此，针对非洲工业化进程的指标当中，指标1.4农业总产值占GDP的比重以及指标1.5农业就业人数占总就业人数的比重应提高权重至8%。指标1.6城市化率与农业就业人口的权重相一致，降低至8%左右。

第三，提高世界市场对于工业化的促进作用。出口导向战略是非洲国家工业化道路的首选，但是从实际情况来看，非洲国家的出口多为初级农产品、矿产及能源，那么少量可以做到制造高新技术产品的国家可以认为其工业化水平是相对较高的。因此，在非洲工业化进程指标体系当中，应增加高新技术工业产品生产及出口的相对比重。具体为，指标体系当中指标2.1高新技术产业增加值在总产业增加值中所占比重，指标2.3高新技术制造业出口占总制造业出口的比重至8%，其余维持不变。

第四，对于能源利用方面系数的提高。一方面，在工业化初期对于能源利用仍然处在低效率运用的初级阶段，必不可少地要增加二氧化碳、废水等资源的排放，导致环境污染，但是，如果过早地将环境保护的指标增加到工业化指标体系当中，会被质疑站在上帝视角来看待后来者的问题；另一方面，相关环境保护的数据实难获得，数据不完善导致很难起到实际的作用。因此，在指标体系能源使用和环境保护这两个指标大类当中，针对非洲工业化应该删减掉针对环境保护的部分，提高能源使用的相关指标。具体为，指标4.1单位能耗，指标4.2单位电耗提高比例至4%。

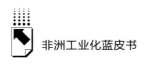

三　非洲工业化指标体系构建

（一）根据非洲各国数据可得性调整指标数量

根据本文第二部分所述，传统的工业化指标在以非洲为样本进行分析的时候，需要根据非洲大陆的实际情况进行权重的测算，权重的测算方法依旧采用层次分析法来进行，具体赋值过程如表 2 所示。

表 2　非洲工业化指标体系权重赋值过程

指标	GDP pc	MVA pc	MX pc	AVA sh	EA sh	UP sh	HMVA sh	MVA sh	HMX sh	MX sh	ImWM VA	ImW MT	EU pc	EP Pc
GDP pc	1	1/2	1/2	3/2	3/2	1	1	1	1	1	3/2	3/2	3/2	3/2
MVApc	2	1	1	3	3	2	2	2	2	2	3	3	3	3
MXpc	2	1	1	3	3	2	2	2	2	2	3	3	3	3
AVAsh	2/3	1/3	1/3	1	1	2/3	2/3	2/3	2/3	2/3	1	1	1	1
EAsh	2/3	1/3	1/3	1	1	2/3	2/3	2/3	2/3	2/3	1	1	1	1
UPsh	1	1/2	1/2	3/2	3/2	1	1	1	1	1	3/2	3/2	3/2	3/2
HMVAsh	1	1/2	1/2	3/2	3/2	1	1	1	1	1	3/2	3/2	3/2	3/2
MVAsh	1	1/2	1/2	3/2	3/2	1	1	1	1	1	3/2	3/2	3/2	3/2
HMXsh	1	1/2	1/2	3/2	3/2	1	1	1	1	1	3/2	3/2	3/2	3/2
MXsh	1	1/2	1/2	3/2	3/2	1	1	1	1	1	3/2	3/2	3/2	3/2
ImWMVA	2/3	1/3	1/3	1	1	2/3	2/3	2/3	2/3	2/3	1	1	1	1
ImWMT	2/3	1/3	1/3	1	1	2/3	2/3	2/3	2/3	2/3	1	1	1	1
EUpc	2/3	1/3	1/3	1	1	2/3	2/3	2/3	2/3	2/3	1	1	1	1
EPpc	2/3	1/3	1/3	1	1	2/3	2/3	2/3	2/3	2/3	1	1	1	1

（二）根据非洲各国经济发展的实际调整赋权

本部分对各工业化指标基于对非洲工业的基本认识以及现有数据可获得性得出相对应的赋值比，本指标体系做了以下五个方面的调整。

第一，本指标降低了人均国内生产总值对于工业化程度的决定性作用。在传统的工业化指标当中，人均 GDP 在工业化指标当中的权重通常占据

25% 以上，因此在世界上较为常见的工业化排名当中，经常会发现其工业化排名与其人均 GDP 排名名次大体一致。在非洲国家不乏因为石油资源开采而获得超高人均 GDP 的国家，然而其工业化水平依旧很低。因此，本文在设计工业化指标的过程中有意降低了人均 GDP 在工业化指标当中的权重。

第二，本指标加强了农业对于工业化的影响。根据中国工业化的经验，农业现代化对于工业具有十分显著的促进作用。首先，农业可以为工业提供生产所需的资料，如棉花、酒精等；其次，农业的发达可以为轻工业提供市场，如农业机械等；再次，农业人口可以转化为城市工业从业者；最后，农村可以为工业化提供广袤的市场。因此，本文增加了农业从业者及第一产业占总 GDP 比重的权重。

第三，本指标提高了制造业出口的比重。对于大多数非洲国家来说，其出口品多为农产品及初级加工农产品，少数能出口工业品的国家可以认为是工业化程度比较高的国家。因此，本指标着重提高了制造业出口占总商品出口的比重。

第四，删除了环境保护方面的指标。目前中国的新型工业化指标十分注重工业发展对于环境的作用，一方面中国工业化已经发展到了较高的阶段，可以注重工业化所带来的负外部性，另一方面是基于中国对于环境的数据是较容易获取的。但是对于目前所收集的非洲方面的数据来说，环境保护相关的数据十分缺乏，而非洲由于缺乏工业化，连最基本的工业体系还没有达成，目前谈工业化对环境的破坏还为时尚早。为此，本指标体系删除了环境保护方面的指标。

第五，删除了对创新相关的指标。目前中国的新型工业化指标将创新、人工智能等列入工业化的指标当中，一是中国工业化的整体方针是将工业化与信息化、现代化相结合发展，二是中国整体科技水平较高。但是非洲目前教育依旧薄弱，对于创新过多要求恐有揠苗助长之嫌。现阶段的非洲工业化指标体系的构建应多参考中国工业化 20 世纪 80 年代中后期到 2000 年初之间的阶段，当时中国多以工业制造品的生产和出口为主要发展脉络，符合非洲的实际情况，也更具指导性意见。

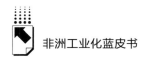

（三）构建工业化各指标权重

由此，根据本部分的专家打分，进行测算得到了各工业指标的相对应的权重值。本指标体系的特点如前文所述，更加贴和非洲目前工业化的现状，以期对非洲大陆发展工业化提供更多的指导。具体数值见表3。

表3　非洲工业化指标体系权重

目标层	指标层	标准值	权重
工业化阶段（6）	1.1 人均国内生产总值	11374.84（USD）	0.076
	1.2 人均制造业净产值	1840.88（USD）	0.145
	1.3 人均制造产品出口额	1767.83（USD）	0.145
	1.4 农业总产值占 GDP 的比重	4.00%	0.045
	1.5 农业就业人数占总就业人数的比重	27.27%	0.045
	1.6 城市化率	55.27%	0.072
制造业科技水平（4）	2.1 高新技术产业增加值在总产业增加值中所占比重（2017）	20.55%	0.072
	2.2 制造业增加值占国内生产总值的比重	16.82%	0.072
	2.3 高新技术制造业出口占总制造业出口的比重	20.78%	0.072
	2.4 制造业出口占总商品出口的比重	68.49%	0.072
制造业国际竞争力（2）	3.1 世界制造业增加值影响力	—	0.046
	3.2 世界制造业出口影响力份额	—	0.046
资源利用水平（2）	4.1 单位能耗（2014）	1922.074（kg）	0.046
	4.2 单位电耗（2014）	3131.35（kwh）	0.046

四　非洲工业化进程评价

（一）数据处理及指标建立

本报告所采用的数据来自 2000～2019 年世界银行数据库，共涉及农业、工业、社会等多个门类的 16 种数据，所获取的原始数据由于缺少部分年度的数据，因此采用了空缺数据填补的方法对原始数据进行处理。所采用的基本原则如下。①临近年份填补法：如 2018 年数据缺失，寻找临近年份的数据进行填充。②均值填充法：若 i 国在变量 x 上均无数据，则采用均值填充。③0 值填充法：涉及高端制造业的变量，无数据则为 0。为了更进一步地测算各指标的相对排位，本文对各指标进行标准化，采用的标准化方法为归一化的方法，使各指标在 0～1 变动。具体的测算公式如下：

$$X_{ij}^{'} = (X_{ij} - X_{ij\min})/(X_{ij\max} - X_{ij\min}),(i = 1,2,\cdots,54),(j = 1,2,\cdots,19)$$

经过测算得到目前工业化体系的 14 个指标。通过 14 个指标的加权平均可得到对应年份各个国家的工业化指数。具体的运算如下：

$$\text{工业化指数 } I_{jt} = \sum_{i=1}^{n} X_{ijt} \times \pi_i$$

i 为变量，j 为国家，t 为年份，n 为变量数，π_i 为权重。公式表示为，t 年 j 国的各变量与其权重（不随时间、国家改变）相乘后之和为 j 国 t 年的工业化指数。该指数代表了一个国家工业化的相对进程，可以进行以国家为单位的横向比较和以年份为单位的纵向比较。

为了更进一步地比较非洲各地区之间工业化水平，本文将非洲 54 个国家所在地区分为北非、东非、中非、西非、南非，每个地区所涵盖的国家如表 4 所示。

表 4　非洲各地区所涵盖国家一览

地区名称	国家数量(个)	国家名称
北非	5	摩洛哥、突尼斯、阿尔及利亚、埃及、利比亚
东非	12	塞舌尔、吉布提、坦桑尼亚、乌干达、布隆迪、肯尼亚、索马里、卢旺达、苏丹、埃塞俄比亚、厄立特里亚、南苏丹
中非	8	赤道几内亚、加蓬、圣多美与普林西比、中非共和国、喀麦隆、刚果(金)、刚果(布)、乍得
西非	16	科特迪瓦、尼日利亚、塞内加尔、加纳、几内亚比绍、多哥、冈比亚、毛里塔尼亚、塞拉利昂、几内亚、贝宁、马里、佛得角、布基纳法索、利比里亚、尼日尔
南非	13	南非、博茨瓦纳、毛里求斯、科摩罗、斯瓦帝尼、纳米比亚、安哥拉、马达加斯加、莫桑比克、津巴布韦、赞比亚、莱索托、马拉维

资料来源：中华人民共和国外交部网站。

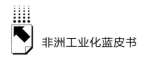
为了对非洲五个地区进行比较，本文采用以人口归一化指数为权重进行加权平均的方法，对各个地区总体工业化水平进行测算，具体的测算方式如下：

$$地区工业化指数\ I'_{rt} = (\sum\nolimits_{j=1}^{m} I_{jt} \times P_{jt})/m$$

j 为国家，t 为年份，r 为某地区，m 为 r 地区的国家数，P_{jt} 为人口归一化指数。公式表示为：r 地区 m 个国家，各国家在 t 年的工业化指数与其在 t 年的人口归一化指数相乘之和除以 r 地区的国家数 m。

（二）非洲大陆工业化整体面貌

本文主要分析 2000 年以后非洲大陆的工业化水平的发展。2000 年是中非合作论坛成立的元年，因此本文以 2000 年为时间节点，不仅意味着中非合作迈向了新纪元，也可以进一步地探索中非合作给非洲工业化发展所带来的生机。

为了从整体上分析非洲工业化的发展水平，本文通过以人口归一化系数作为权重对非洲各国的工业化指数进行加权平均，得到非洲大陆历年的工业化水平指数。由图 1 所示，非洲大陆除 2009 年外，其余年份从整体上呈现平稳向上的趋势。2000 ~ 2006 年为平稳期，2006 ~ 2009 年为增长期，2009 ~ 2011 年为下滑期，2011 ~ 2019 年为平稳期。因此，可以得出阶段性结论，非洲工业化在 2000 年之后发展进程较慢，并没有出现快速爆发式的增长，而是以年均 0.93% 的速度缓慢增长。

（三）非洲五个地区的工业化发展

根据表 4 的划分方法，本文统计了非洲五个地区的工业化水平加权指数，并以年度为单位将不同年份各地区的工业化水平进行了统计，具体详见表 5。由表 5 可见，北非的工业化水平要远高于其余四个地区，其工业化指数保持在 0.05 左右；第二梯队为东非、南非和西非三个地区，其工业化指

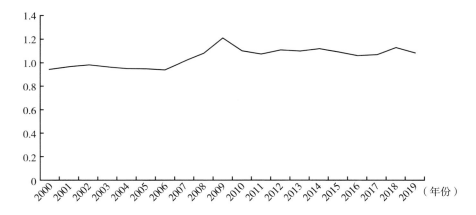

图 1 非洲大陆工业化指数历年变化

表 5 2000～2019 年非洲五地区历年工业化水平一览

年份	中非	东非	北非	南非	西非
2000	0.0093	0.0140	0.0511	0.0175	0.0135
2001	0.0102	0.0143	0.0510	0.0174	0.0143
2002	0.0103	0.0143	0.0504	0.0177	0.0151
2003	0.0099	0.0143	0.0488	0.0182	0.0145
2004	0.0096	0.0143	0.0471	0.0183	0.0141
2005	0.0096	0.0146	0.0457	0.0178	0.0145
2006	0.0096	0.0150	0.0457	0.0173	0.0143
2007	0.0098	0.0162	0.0463	0.0211	0.0145
2008	0.0099	0.0188	0.0508	0.0200	0.0160
2009	0.0127	0.0217	0.0573	0.0201	0.0188
2010	0.0109	0.0198	0.0529	0.0189	0.0165
2011	0.0107	0.0193	0.0506	0.0187	0.0159
2012	0.0107	0.0204	0.0509	0.0195	0.0166
2013	0.0112	0.0190	0.0513	0.0181	0.0178
2014	0.0118	0.0182	0.0524	0.0179	0.0189
2015	0.0122	0.0177	0.0531	0.0181	0.0171
2016	0.0124	0.0173	0.0525	0.0180	0.0159
2017	0.0127	0.0193	0.0506	0.0169	0.0161
2018	0.0123	0.0206	0.0524	0.0187	0.0170
2019	0.0124	0.0165	0.0510	0.0162	0.0203

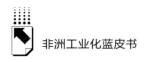

数在0.017附近，南非稍好于东非；第三梯队为中非，其工业化指数在0.01附近，并多次低于0.01。

从年份上来看各地区的最高点出现在2009年附近，其中北非的最高点为2009年的0.0573，南非最高点为2007年的0.0211，东非最高点为2009年的0.0217，西非最高点为2019年的0.0203，中非的最高点为2009年和2017年的0.0127。其余年份，数据变化不是十分明显，各地区没有出现显著的增长或者降低趋势。各地区的工业化水平均较平稳。

（四）非洲各国工业化指数一览

表6详细地展示了非洲各国的工业化指数情况，工业化指数总量排名前五位的国家分别为南非（南非）、博茨瓦纳（南非）、突尼斯（北非）、毛里求斯（南非）、阿尔及利亚（北非），总量排名后五位的国家分别为埃塞俄比亚（东非）、马拉维（南非）、苏丹（东非）、厄立特里亚（东非）、南苏丹（东非）。各地区工业化指数总量排名第一的国家分别为南非（南非，总第1）、突尼斯（北非，总第3）、塞舌尔（东非，总第6）、赤道几内亚（中非，总第10）、利比亚（北非，总第13）。

首先，在排名前三的国家中南非是金砖五国之一，是非洲国家中相对比较发达的国家，但是其人均GDP并不高，以2008年为例，其人均GDP刚刚超过6000美元，位列非洲国家第7，但是由于其在工业品出口和耗电量方面均排第一位，其余各项也均位居前列，南非常年稳居非洲工业化水平最高的国家。

其次，博茨瓦纳，是非洲较为发达的国家之一，其人均GDP高达8259美元，但令其工业化水平保持在前三位的重要因素是其制造业出口方面，多数非洲国家的出口产品为农产品，而博茨瓦纳所出口的多为工业制造品，由此可以推断博茨瓦纳工业化的发展水平在非洲国家之中是比较高的。

最后，突尼斯在近些年相对比较没落，但其在2009年超越南非成为非洲工业化程度最高的国家。这主要归功于突尼斯的工业产品出口，其生产的工业产品多为机械和电子工业品，属于高端制造业，是非洲国家为数不多可

表6 非洲各国工业化指标一览

国家名称	地区	2000	2001	2002	2003	2004	2005	2006	2007	2008	2009	2010	2011	2012	2013	2014	2015	2016	2017	2018	2019
喀麦隆	中非	0.1272	0.1322	0.1346	0.1338	0.1280	0.1224	0.1195	0.1216	0.1361	0.1559	0.1282	0.1381	0.1271	0.1392	0.1452	0.1411	0.1431	0.1428	0.1441	0.1318
中非共和国	中非	0.1949	0.1828	0.1831	0.1742	0.1573	0.1743	0.1861	0.1640	0.1512	0.1724	0.2260	0.1562	0.1727	0.1649	0.1557	0.2322	0.2222	0.2375	0.1558	0.1563
乍得	中非	0.1037	0.1065	0.1047	0.1003	0.0914	0.1078	0.1106	0.1090	0.1080	0.1230	0.1139	0.1130	0.1161	0.1180	0.1184	0.1120	0.1086	0.1089	0.1071	0.1197
刚果（金）	中非	0.1061	0.1232	0.1242	0.1162	0.1135	0.1078	0.1060	0.1098	0.1061	0.1426	0.1170	0.1140	0.1159	0.1208	0.1240	0.1273	0.1313	0.1395	0.1388	0.1400
刚果（布）	中非	0.0968	0.0969	0.0999	0.1031	0.1014	0.1033	0.1065	0.1135	0.1261	0.1802	0.1781	0.1482	0.1412	0.1400	0.2349	0.2883	0.2854	0.1983	0.1272	0.1715
赤道几内亚	中非	0.1552	0.1648	0.1673	0.1663	0.1741	0.2101	0.2122	0.2596	0.3055	0.3060	0.2966	0.3208	0.2910	0.3004	0.3079	0.2573	0.2452	0.2859	0.2854	0.2308
加蓬	中非	0.1720	0.1703	0.1729	0.1864	0.1998	0.2347	0.2284	0.2415	0.2395	0.2846	0.2615	0.2643	0.2412	0.2564	0.2609	0.2530	0.2529	0.2582	0.2701	0.2953
圣普	中非	0.0899	0.0914	0.0934	0.0947	0.0935	0.0939	0.0937	0.0936	0.0984	0.1230	0.1067	0.1109	0.1560	0.1366	0.1091	0.1870	0.2010	0.1466	0.2594	0.1723
布隆迪	东非	0.1014	0.1037	0.1045	0.1092	0.1108	0.1124	0.1066	0.1341	0.1197	0.1253	0.1166	0.1194	0.1184	0.1338	0.1390	0.1313	0.1277	0.1176	0.1526	0.1117
吉布提	东非	0.1097	0.1099	0.1097	0.1086	0.1062	0.1074	0.1072	0.1060	0.1052	0.2236	0.1074	0.1032	0.1040	0.1054	0.1083	0.1128	0.1841	0.2541	0.2547	0.2612
厄立特里亚	东非	0.0976	0.1174	0.0798	0.1027	0.0772	0.0835	0.0835	0.0829	0.0791	0.0971	0.0800	0.0813	0.0808	0.0817	0.0828	0.0816	0.0803	0.0809	0.0807	0.0403
埃塞俄比亚	东非	0.0908	0.0933	0.0917	0.0904	0.0921	0.0909	0.0924	0.1108	0.1369	0.1374	0.1266	0.1121	0.1148	0.1155	0.1209	0.1134	0.1064	0.1422	0.0946	0.1045
肯尼亚	东非	0.0950	0.0994	0.1008	0.1033	0.1052	0.1154	0.1239	0.1304	0.1622	0.1781	0.1688	0.1018	0.1017	0.1504	0.1086	0.1089	0.1100	0.1354	0.1479	0.1617
卢旺达	东非	0.1043	0.1075	0.1249	0.1101	0.1109	0.1107	0.1035	0.1010	0.0977	0.2252	0.1309	0.1526	0.1169	0.1148	0.1274	0.1326	0.1181	0.1126	0.1080	0.1441
塞舌尔	东非	0.2925	0.2977	0.3015	0.2698	0.2300	0.2685	0.2252	0.2178	0.1898	0.2105	0.2310	0.3193	0.2082	0.2237	0.2184	0.2527	0.2488	0.4229	0.3698	0.2839
索马里	东非	0.1235	0.1250	0.1252	0.1251	0.1250	0.1257	0.1254	0.1231	0.1235	0.1490	0.1319	0.1323	0.1332	0.1372	0.1397	0.1372	0.1373	0.1396	0.1407	0.1104
南苏丹	东非	0.0556	0.0550	0.0535	0.0527	0.0499	0.0509	0.0485	0.0466	0.0440	0.0643	0.0475	0.0437	0.0450	0.0550	0.0479	0.0516	0.0517	0.0516	0.0517	0.0501
苏丹	东非	0.1003	0.0947	0.0963	0.0913	0.0886	0.0880	0.0853	0.0836	0.0809	0.1034	0.1024	0.1042	0.1280	0.0934	0.0997	0.0959	0.0958	0.0885	0.0994	0.0693
坦桑尼亚	东非	0.1109	0.1090	0.1069	0.1072	0.1074	0.1047	0.1070	0.1140	0.1375	0.1496	0.1410	0.1479	0.1756	0.1491	0.1323	0.1292	0.1299	0.1293	0.2406	0.0848

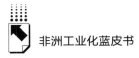

续表

国家名称	地区	2000	2001	2002	2003	2004	2005	2006	2007	2008	2009	2010	2011	2012	2013	2014	2015	2016	2017	2018	2019
乌干达	东非	0.0838	0.0872	0.0854	0.0914	0.0891	0.0958	0.1053	0.1079	0.1224	0.1670	0.1541	0.2347	0.2365	0.1507	0.1539	0.1549	0.1503	0.1463	0.1588	0.1338
阿尔及利亚	北非	0.2521	0.2526	0.2530	0.2549	0.2604	0.2688	0.2709	0.2813	0.2774	0.2801	0.2688	0.2760	0.2787	0.2744	0.2785	0.2361	0.2280	0.2563	0.2627	0.2305
埃及	北非	0.1926	0.1921	0.1900	0.1739	0.1644	0.1564	0.1557	0.1573	0.1909	0.2419	0.2212	0.2144	0.2192	0.2304	0.2407	0.2558	0.2587	0.2417	0.2403	0.2460
摩洛哥	北非	0.2220	0.2246	0.2304	0.2391	0.2343	0.2253	0.2335	0.2374	0.2378	0.2655	0.2481	0.2359	0.2353	0.2412	0.2510	0.2841	0.2759	0.2727	0.3373	0.3062
突尼斯	北非	0.2691	0.2945	0.2995	0.3044	0.2921	0.2800	0.2890	0.3064	0.4269	0.4519	0.4289	0.3924	0.3820	0.3610	0.3635	0.3748	0.3548	0.3051	0.2777	0.3694
利比亚	北非	0.2332	0.2255	0.2011	0.2222	0.2247	0.2437	0.2496	0.2538	0.2470	0.2558	0.2444	0.1809	0.2188	0.2087	0.1863	0.1835	0.1814	0.1911	0.1995	0.1925
安哥拉	南非	0.0753	0.0795	0.0824	0.0854	0.0888	0.0948	0.0996	0.1036	0.1035	0.1148	0.1152	0.1170	0.1199	0.1261	0.1306	0.1675	0.1587	0.1555	0.1645	0.1286
博茨瓦纳	南非	0.3480	0.3488	0.3469	0.3559	0.3518	0.3588	0.3537	0.3545	0.3442	0.3631	0.3590	0.3583	0.3617	0.3906	0.3870	0.4066	0.3974	0.3651	0.4186	0.3457
科摩罗	南非	0.2455	0.2444	0.2437	0.2448	0.2452	0.2523	0.2526	0.2455	0.2666	0.2861	0.2775	0.2617	0.2560	0.2736	0.2824	0.2744	0.2598	0.2871	0.2794	0.2919
史瓦帝尼	南非	0.2201	0.2245	0.2770	0.3252	0.2620	0.2757	0.2655	0.2839	0.2438	0.3099	0.2904	0.2679	0.2437	0.2321	0.2450	0.2641	0.2442	0.2580	0.2609	0.2440
莱索托	南非	0.1320	0.1411	0.1596	0.1667	0.1741	0.0868	0.0922	0.0954	0.1589	0.1848	0.1353	0.1440	0.1400	0.1223	0.0991	0.1246	0.0823	0.1604	0.0981	0.0959
马达加斯加	南非	0.1582	0.1544	0.1424	0.1465	0.1590	0.1631	0.1597	0.1937	0.1883	0.1985	0.1775	0.1991	0.1573	0.1580	0.1562	0.1500	0.1510	0.1528	0.1546	0.1364
马拉维	南非	0.0889	0.0914	0.1012	0.1018	0.1005	0.0994	0.0992	0.0981	0.1077	0.1258	0.1060	0.1664	0.0986	0.1249	0.1223	0.1072	0.1401	0.1023	0.0861	0.1077
毛里求斯	南非	0.3326	0.3374	0.3470	0.3478	0.3109	0.2701	0.2940	0.2875	0.3613	0.3452	0.2960	0.2832	0.2838	0.2690	0.2785	0.3027	0.2744	0.2746	0.3023	0.2826
莫桑比克	南非	0.1065	0.1129	0.1108	0.1175	0.1157	0.1136	0.1137	0.1143	0.1118	0.1393	0.1115	0.1146	0.2341	0.1772	0.1487	0.1122	0.1308	0.1233	0.1538	0.1167
纳米比亚	南非	0.1881	0.1798	0.1703	0.1764	0.1970	0.2052	0.2140	0.3448	0.2286	0.2919	0.2649	0.2447	0.2721	0.2524	0.2809	0.2117	0.2109	0.2155	0.2101	0.1935
南非	南非	0.3728	0.3724	0.3823	0.4017	0.4050	0.3923	0.3793	0.5066	0.4397	0.4433	0.4454	0.4187	0.4217	0.3918	0.4008	0.4172	0.3866	0.3846	0.4481	0.3888
赞比亚	南非	0.1011	0.1029	0.1187	0.1204	0.1152	0.1148	0.1144	0.1145	0.1276	0.1405	0.1153	0.1208	0.1459	0.1348	0.1207	0.1389	0.2156	0.1168	0.1330	0.1270

续表

国家名称	地区	2000	2001	2002	2003	2004	2005	2006	2007	2008	2009	2010	2011	2012	2013	2014	2015	2016	2017	2018	2019
津巴布韦	南非	0.1384	0.1257	0.1411	0.1339	0.1388	0.1474	0.1344	0.1627	0.2762	0.1496	0.1323	0.1222	0.1433	0.1384	0.1442	0.1341	0.1303	0.1304	0.1352	0.1214
贝宁	西非	0.1024	0.1079	0.1116	0.1123	0.1131	0.1137	0.1186	0.1136	0.1303	0.1432	0.1107	0.1214	0.1107	0.1197	0.1342	0.1316	0.1223	0.1240	0.1180	0.1272
布基纳法索	西非	0.1172	0.1213	0.1207	0.1143	0.1089	0.1089	0.1011	0.1061	0.1073	0.1322	0.1341	0.1262	0.1384	0.1265	0.1236	0.1148	0.1098	0.1031	0.1110	0.1835
佛得角	西非	0.1669	0.1679	0.1694	0.1697	0.1660	0.1441	0.1285	0.1527	0.0935	0.1381	0.1146	0.1106	0.1058	0.1101	0.1132	0.1141	0.1135	0.1184	0.1155	0.1215
科特迪瓦	西非	0.1329	0.1406	0.1425	0.1399	0.1357	0.1370	0.1320	0.1327	0.2410	0.2253	0.1667	0.2130	0.1742	0.1855	0.1955	0.1584	0.1435	0.1485	0.1645	0.1851
冈比亚	西非	0.0974	0.0928	0.0899	0.0907	0.0960	0.1001	0.0966	0.0969	0.1022	0.1193	0.1062	0.1188	0.1321	0.1158	0.1393	0.1597	0.1161	0.1087	0.1256	0.1112
加纳	西非	0.1168	0.1200	0.1085	0.1120	0.1106	0.1422	0.1442	0.1320	0.1267	0.1562	0.1456	0.1280	0.1590	0.1586	0.1370	0.1326	0.1405	0.1365	0.1488	0.1316
几内亚	西非	0.1153	0.1145	0.1120	0.0970	0.1116	0.1085	0.1046	0.1170	0.1386	0.1305	0.1092	0.1061	0.1080	0.1227	0.1320	0.1446	0.1164	0.1190	0.1186	0.1285
几内亚比绍	西非	0.1159	0.1160	0.1188	0.1230	0.1217	0.1223	0.1202	0.1188	0.1228	0.1469	0.1312	0.1283	0.1324	0.1384	0.1360	0.1317	0.1339	0.1341	0.1341	0.1250
利比里亚	西非	0.1222	0.1226	0.1214	0.1226	0.1259	0.1282	0.1277	0.1282	0.1256	0.1429	0.1179	0.1153	0.1100	0.1115	0.1112	0.1060	0.1079	0.1060	0.1065	0.1203
马里	西非	0.0961	0.1111	0.1055	0.1000	0.1051	0.1120	0.1089	0.1148	0.1501	0.1242	0.1502	0.1630	0.1485	0.1168	0.1182	0.1129	0.1529	0.1446	0.1172	0.1368
毛里塔尼亚	西非	0.1092	0.1117	0.1153	0.1143	0.1146	0.1122	0.1094	0.1087	0.1045	0.1337	0.1119	0.1077	0.1109	0.1143	0.1204	0.1208	0.1186	0.1233	0.1233	0.1196
尼日尔	西非	0.0863	0.0867	0.0885	0.0885	0.0925	0.1015	0.1022	0.0923	0.0861	0.1460	0.1306	0.1077	0.1280	0.2167	0.2280	0.1255	0.0971	0.0848	0.0866	0.0998
尼日利亚	西非	0.1161	0.1249	0.1387	0.1311	0.1239	0.1223	0.1216	0.1238	0.1284	0.1592	0.1410	0.1317	0.1407	0.1540	0.1728	0.1592	0.1433	0.1501	0.1610	0.1936
塞内加尔	西非	0.1352	0.1412	0.1614	0.1443	0.1431	0.1468	0.1464	0.1408	0.1805	0.2221	0.1586	0.1508	0.1527	0.1467	0.1477	0.1528	0.1499	0.1448	0.1583	0.1394
塞拉利昂	西非	0.1180	0.1069	0.1117	0.1076	0.1117	0.1144	0.1162	0.1168	0.1170	0.1393	0.1238	0.1234	0.1195	0.1207	0.1305	0.1309	0.1377	0.1237	0.1216	0.1312
多哥	西非	0.1081	0.1278	0.1237	0.1372	0.1271	0.1462	0.0957	0.1530	0.1487	0.1692	0.1622	0.1588	0.1539	0.1501	0.1383	0.1318	0.1354	0.1289	0.1259	0.1390

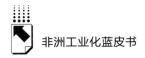

以生产高端制造品的国家之一，因此突尼斯成为非洲国家工业化发展最好的国家之一。

本部分篇幅有限，不对 54 个国家进行一一点评，但从表 6 可以发现，各个国家具体的发展路径不同，导致整个非洲大陆工业化发展水平参差不齐。针对各个地区具体的点评，将在接下来的报告中体现。

分 报 告

B.3
北非区域的工业化进程

陈玮冰*

摘　要：　北非五国整体工业化水平要高于非洲其他四个地区，无论是在经济发展还是在工业化的整体水平上均有较为突出的表现。北非五国的工业发展模式是以油气资源出口为主，并采取均衡工业化的发展模式，重点扶植汽车产业并采取以农产品加工为导向的工业化发展模式，为各国工业化发展奠定了十分坚实的基础。但北非五国工业化进程所面临的挑战巨大，首先"阿拉伯之春"后，西方国家加大了对北非国家的渗透，极大地阻碍了北非国家民族工业的发展；其次，石油出口所引起的高通胀为经济结构单一的国家带来了不稳定因素；最后，油气资源市场面临较大的竞争与挑战。

关键词：　北非地区　工业化　油气资源

＊　陈玮冰，经济学博士，广东外语外贸大学非洲研究院讲师，研究方向为国际发展。

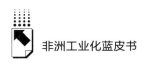
一 北非区域基本情况

北非（North Africa）主要是指位于非洲北部地中海沿岸的国家，包括埃及、利比亚、突尼斯、阿尔及利亚、摩洛哥 5 个国家，该地区不同于撒哈拉沙漠以南的非洲地区，北非地区受阿拉伯文化和伊斯兰教文化影响，和西亚地区合起来被统称为阿拉伯世界。①

与撒哈拉沙漠以南非洲情况不同的是，北非的主要人种是白人，大部分是阿拉伯人，还有北非土著柏柏尔人。大多数阿拉伯人是穆斯林，但也存在一定比例信仰基督教。他们在世界舞台具有举足轻重的位置。接下来简单介绍下北非五个国家及其工业化水平。

（一）埃及国情及工业化状况

阿拉伯埃及共和国（The Arab Republic of Egypt，简称埃及），自然资源方面，主要是石油、天然气、磷酸盐、铁等，是非洲最重要的石油和天然气生产国。农业方面，由于埃及是自古以来的农业国，棉花是埃及最重要的经济作物，主要为中长绒棉（35mm 以下）和超长绒棉（36mm 以上），被称为"国宝"。经过近几年的改革，农业生产实现了稳定增长，是经济开放见效最快的产业。但随着人口增长，埃及仍需进口粮食，是世界上最大的粮食进口国之一。基础设施方面，埃及交通运输便利，近几年海、陆、空运输能力增长较快。其中铁路共 28 条线路，总长 10008 公里。苏伊士运河是连接亚非欧三大洲的国际航道，每年可为埃及带来 50 亿美元以上的外汇收入。空运方面，埃及共有民航飞机 55 架，全国共有 30 个机场，其中国际机场 11 个，位于首都的开罗机场是十分重要的国际航空站。

埃及秉承开放型市场经济，拥有相对完整的工业、农业和服务业体系。

① 需要注明的是，不同分类方法有着不同的标准，苏丹由于处于东北非，在本研究中归入东非区域，在此章不进行详细的探讨。

其中，服务业产值约占国内生产总值的 50%。工业部门则以纺织、食品加工等轻工业为主。石油天然气、旅游、侨汇和苏伊士运河是四大外汇收入来源。

2011 年初以来，埃及国民经济遭受动荡局势的影响，大幅下挫，埃及政府通过恢复生产、增收节支、吸引外资、改善民生等多种措施，期望得以渡过经济困难，但收效甚微。2013 年 7 月临时政府上台后，经济面临较大困难，在海湾阿拉伯国家的大量财政支持下，经济情况得到一定的好转。2014 年 6 月埃及新政府成立后，大力发展经济，改善民生，并获得显著的效果。

埃及目前已与 120 多个国家和地区建有贸易关系，主要贸易伙伴为美国、法国、德国、意大利、英国、日本、沙特、阿联酋等。2020 年对外贸易为 888.8 亿美元，进口 635.87 亿美元，出口 252.95 亿美元。埃及主要进口机械设备、谷物、电器设备、矿物燃料、塑料及其制品、钢铁及其制品、木及木制品、车辆、动物饲料等。主要出口矿物燃料（原油及其制品）、棉花、陶瓷、纺织服装、铝及其制品、钢铁、谷物和蔬菜等资源产品和初级工业品，因此造成了巨大的贸易逆差。为了减少贸易逆差，扩大对外出口，埃及政府采取了以下措施来弥补贸易逆差：发展民族工业，以争取生产更多的进口替代商品；限制进口，特别是消费性制成品的进口；争取扩大出口，特别是原油、原棉以外的非传统性制造业商品的出口。

在吸引对外直接投资方面，1974 年 6 月，埃及政府颁布第一部投资法。自 20 世纪 90 年代中期以来，埃及吸引外国直接投资的速度加快。2014 年下半年以来，埃及局势逐步趋稳，投资环境得以改善，2014 年外国对埃及直接投资总额约 180 亿美元，位居非洲国家第一。2017 年 6 月，埃及颁布新《投资法》，有利于吸引外国投资，在土地出让模式、所得税减免、投资保障、本地雇员数量等方面提供优惠政策。

（二）利比亚国情及工业化状况

利比亚国（State of Libya，简称利比亚），资源以石油和天然气为主，其中，石油是利比亚的经济支柱，绝大部分出口收入来自石油。20 世纪 50 年

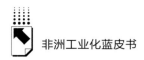
代发现石油后，利比亚石油开采及炼油工业发展迅速。农业产值约占国民生产总值的 2.6%，但利比亚农业非常落后，且食品自给能力不足，近一半的粮食和畜牧产品依赖进口。基础设施以公路为主，拥有少量的港口和机场，无铁路。

利比亚长期实行单一国营经济，依靠丰富的石油资源，曾一度富甲非洲。2016 年出口石油创汇 81 亿美元，主要出口至意大利、德国、西班牙、法国等国。其他有石化、建材、电力、采矿、纺织业、食品加工等。从 1992 年开始，因洛克比空难问题遭受国际制裁，经济下滑。1999 年联合国中止对利比亚制裁后，随着国际油价上升，利比亚石油收入大幅增加，经济曾出现较好的发展势头。自 2003 年起，利比亚开始实行经济改革，尝试建立股票市场，加快部分国营企业和银行的私有化进程。2011 年内战爆发前，利比亚原油日产量约 160 万桶。局势动荡使利比亚石油生产受到严重影响。内战结束后，利比亚石油生产一度恢复至战前水平。2014 年 5 月后，利比亚局势再度动荡，石油日产量大幅波动。2018 年，利比亚石油生产趋向稳定，日产量约 95 万桶，达到近三年最高水平。2019 年 4 月利比亚再次爆发武装冲突后，石油生产再次面临波动威胁。2020 年 1 月，利比亚国民军宣布关闭中部、东部油田油港后，利比亚原油日产量一度大幅下降至不足 10 万桶。截至 2020 年 4 月底，原油日产量已降至约 9.5 万桶。9 月，国民军宣布恢复石油生产和出口。目前利比亚原油日产量约 50 万桶。

（三）突尼斯国情及工业化状况

突尼斯共和国（The Republic of Tunisia，简称突尼斯），自然资源主要有磷酸盐、石油、天然气、铁、铝、锌等。2015 年突尼斯实现粮食生产自给自足，并有盈余用于出口。农业资源方面，突尼斯是橄榄油主要生产国之一。橄榄油产量占世界橄榄油总产量的 4%～9%。橄榄油是突尼斯主要的出口创汇农产品。在基础设施方面，突尼斯交通运输比较发达。铁路总长 2190 多公里，其中轨距 1 米的窄轨铁路占 1713 公里，其余为轨距 1.44 米的铁路；公路总长约 2 万公里，陆路运输目前占突尼斯货运总量的 50%、客运总量的90%。突尼斯海岸线1300多公里，共具有30个港口，其中8个为大型商业港口，一个为石油转运港。突尼斯共有两个国营航空公司，主要是突尼斯航空公司，目前突尼斯与国内外44个城市通航，年客运量约为1200万人次。

突尼斯经济结构十分健康，工业、农业、服务业并重。工业方面，以磷酸盐开采、加工及纺织业为主。农业方面，橄榄油是其主要出口创汇农产品。服务业方面，突尼斯旅游业十分发达，在国民经济中占有重要地位。1986年，突尼斯经济实行"结构调整计划"，由计划经济向市场经济过渡。自1995年突尼斯与欧盟签署联系国协议，突尼斯与欧盟的关系日益升温，2008年突尼斯与欧盟启动自贸区，此后一段时间，突尼斯经济稳步发展，GDP年均增长5%左右。其中，法国和意大利分别为突尼斯第一、第二大贸易伙伴国。2012年，突尼斯获得欧盟给予的优先伙伴地位。在政治过渡期间，突尼斯经济增长缓慢，高失业、高赤字、高通胀症状明显，旅游、磷酸盐等支柱产业受到较大冲击。为了缓解这一问题，突尼斯政府曾制定2016～2020年五年发展规划，重点规划港口、铁路、高速公路等大型基础设施项目建设，意在拉动经济增长、创造就业、吸引投资，进而推行政治、经济改革，实现国家可持续发展。但2011年以来，突尼斯依旧面临高赤字、高通胀症状明显，外汇储备短缺等问题。2020年突尼斯公共债务占国内生产总值比重达86.9%，国内经济问题并没有得到有效的缓解。

欧盟是突尼斯的主要贸易伙伴，其中法国、意大利、德国是突尼斯前三大出口市场，意大利、法国、中国是突尼斯前三大进口来源国。突尼斯主要出口电子机械产品、纺织品等，主要进口能源、机电设备、汽车、棉花、农业产品和食品加工产品等。突尼斯外国直接投资主要来自欧盟、美国和阿拉伯国家。

（四）阿尔及利亚国情及工业化状况

阿尔及利亚民主人民共和国（The People's Democratic Republic of Algeria，简称阿尔及利亚），具有丰富的自然资源，境内石油探明储量约17亿吨，

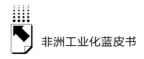

占世界总储量的 1%，居世界第 15 位，主要是撒哈拉轻质油，油质较高；天然气探明可采储量 4.58 万亿立方米，占世界总储量的 2.37%，居世界第 10 位，油气产品多数用于出口，为阿尔及利亚带来大量外汇储备。

工业方面以油气产业为主，钢铁、冶金、机械、电力等其他工业部门并不发达。油气产业产值占国内生产总值的 45.1%，制造业仅占 5.2%。农业方面，农业产值约占国内生产总值的 12%，主要农产品有粮食（小麦、大麦、燕麦和豆类）、蔬菜、葡萄、柑橘和椰枣等。基础设施方面，阿尔及利亚陆地运输以公路为主，公路运载量占 83%，铁路占 17%。铁路则集中在北部地区，全线共有 200 余座车站，日客运能力约 3.2 万人次。公路总长约 10.7 万公里，阿拥有非洲密度最大的公路网。水运方面，阿尔及利亚共有 45 个港口，其中渔港 31 座，多功能港 11 座，休闲港 1 座，水利设施专用港 2 座。空运方面，现有 2 家国营航空公司和 6 家私营航空公司，目前已开通 20 个国家的 50 多条国际航线。管道运输方面，阿尔及利亚共有 9 条输气管道，总长 4699 公里，年输送能力 820 亿立方米。

阿尔及利亚经济规模在非洲位居前列。石油与天然气产业是阿尔及利亚国民经济的支柱，多年来其产值一直占阿尔及利亚 GDP 的 30%，税收占国家财政收入的 60%，出口占国家出口总额的 97% 以上。粮食与日用品主要依赖进口。1989 年阿尔及利亚开始市场经济改革，1995 年通过私有化法案，加快经济结构调整。2005 年以来，国际油价走高，阿尔及利亚油气收入大增，经济稳步增长。政府对内实施财政扩张政策，全面开展经济重建，在"五年经济社会振兴规划"（2005～2009 年）和南部、高原省份发展计划框架下，斥资近 2000 亿美元用于国企改造和基础设施建设，推动国有企业和金融体系改革，加大对中小企业的扶持；对外扩大经济开放，出台"新碳化氢法"，鼓励外企参与阿尔及利亚油气开发，密切与欧、美的经贸合作，加紧开展"入世"谈判。2009 年爆发的国际金融危机未对阿尔及利亚的金融体系造成较大冲击，但随着危机蔓延，其石油收入锐减。因此，为减弱金融危机影响，阿尔及利亚加强对金融机构的监督和引导，加大对油气领域的投资力度，加快实施能源多元化战略。

对外贸易方面，1991 年 3 月阿尔及利亚宣布放开原由国家控制、国营公司垄断经营对外贸易。主要出口产品为石油和天然气，主要进口工农业设备、食品、生产原料、非食品消费品等。主要贸易伙伴是西方工业国。政府鼓励非碳化氢产品出口，主张贸易多元化。阿尔及利亚的外国投资主要集中在能源、基础设施和消费品生产等领域。主要投资国家是法国、西班牙、美国、科威特等。阿尔及利亚对外国投资限制条件较多，根据世界银行公布的《2015 年全球营商环境报告》，阿尔及利亚营商环境在 189 个国家和地区中排名第 163 位。

（五）摩洛哥国情及工业化状况

摩洛哥王国（The Kingdom of Morocco，简称摩洛哥），主要资源为磷酸盐，估计储量约为 1100 亿吨，占世界储量的 75%，为世界磷酸盐出口第一大国，是其经济的重要支柱，2016 年摩洛哥磷酸盐贸易额约达 43 亿美元。摩洛哥工业主要有农业食品加工、采矿、纺织服装、皮革加工、化工医药和机电冶金工业等。其中，纺织企业约 1700 家，从业人口超过 20 万，纺织服装产值约占国内生产总值的 16%，出口额占总出口额的 30%，主要出口法国、西班牙、英国、德国、意大利等。手工业在国民经济中占重要位置，主要产品有毛毯、皮革制品、金属加工品、陶瓷和木制家具。摩洛哥能源资源贫乏，目前超过 95% 的基础能源依赖进口，18% 的电力从西班牙进口，每年能源需求增速达 6.5%。近年来，摩洛哥积极发展可再生能源，并制定可再生能源发展战略，计划到 2020 年前投资 217 亿美元用于风能发电等，将可再生能源总装机量提高到 800 万千瓦，占其全部电力生产的 42%，到 2030 年进一步提高到 52%。目前在建的努奥光热电站项目是摩洛哥境内最大的工程项目，也是全球装机容量最大的在建光热电站。

农业在摩洛哥国民经济中占有重要地位。农业产量起伏较大，粮食不能自给，农业人口约占全国总劳动力的 42%，产值约占国内生产总值的 11.6%（2016 年），出口（主要为柑橘、橄榄油）占总出口收入的 30%；

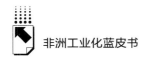

基础设施方面，摩洛哥陆路交通较发达，在国内运输业中占主导地位，90%的客运和75%的货运通过陆路交通完成。在铁路基础设施建设方面，摩洛哥位居非洲前列，投入运营线路1907公里，其中复线483公里，电气化铁路1014公里。另有765公里磷酸盐运输线。

摩洛哥经济总量在非洲排名第五（在尼日利亚、埃及、南非、阿尔及利亚之后）、北非排名第三。磷酸盐出口、旅游业、侨汇是摩洛哥经济主要支柱。农业有一定基础，但粮食不能自给。渔业资源丰富，产量居非洲首位。工业发展势头良好，特别是汽车产业发展迅速且初具规模。2016年和2017年汽车销售量连续两年实现两位数增长，前五大销售品牌为达西亚、雷诺、大众、现代和标致。纺织服装业是重要产业之一，2016年出口总额约35亿美元。摩洛哥1983年开始实行经济改革，推行企业私有化和贸易自由化，1996年同欧盟签署联系国协议后，进一步优化经济结构，改善投资环境，加强基础设施建设，2010年同欧盟建立自由贸易区。摩洛哥政府致力于扩大内需，加强基础设施建设，扶持纺织、旅游等传统产业，发展信息、清洁能源等新兴产业，积极吸引外资，经济继续保持增长。2014年启动"2020工业加速发展计划"。

摩洛哥同90多个国家和地区有贸易往来，主要贸易伙伴为欧洲国家，约占摩洛哥进出口总额的70%。西班牙和法国是摩洛哥最重要的贸易伙伴国。2004年，摩洛哥与突尼斯、埃及、约旦签署了"阿加迪尔协定"，宣布成立四国自由贸易区。同年，摩洛哥分别与美国和土耳其签署双边自由贸易协议。2006年1月，摩美自贸协定正式生效。2008年，摩洛哥获得欧盟给予的优先地位（介于成员国与联系国之间），2010年摩洛哥与欧盟建立自由贸易区。近年来外贸情况如下。

摩洛哥十分鼓励外国投资，尤其是20世纪80年代以后，把鼓励和促进外国投资作为优先政策之一，颁布了"投资法"和"投资指南"，放宽外汇管理，简化投资手续，保障外国投资者的利益。法国、阿联酋、西班牙、沙特阿拉伯、美国、德国等在摩洛哥均有投资。摩洛哥外来直接投资主要集中在工业、房地产、能矿和金融等领域。2016年，摩洛哥吸收外资流量为

23.2 亿美元；摩洛哥在非洲最具投资吸引力国家中排名第二，仅次于南非。2019 年 1~6 月，摩洛哥吸引外国直接投资 83 亿迪拉姆，同比下降 19.6%；摩洛哥对外直接投资 42 亿迪拉姆，同比增长 68.1%。

二 北非工业化进程分析

本节将各国的工业化进程指标分为工业化阶段指标、制造业科技水平指标、制造业国际竞争力指标以及资源利用水平指标四大类，通过为各类指标选取二级指标数据，并赋予权重，得以构架工业化进程指标体系，具体参照前章。

北非所包含的五个国家均属于阿拉伯文化圈，在工业化水平上在非洲五个区域中属于第一梯队。图 1 显示了 2000~2019 年北非地区工业化指数的变化，可以发现北非地区的工业化水平相对比较稳定，近年来有再创新高的趋势。一方面，北部非洲的五个国家均属于能源出口型国家，其中利比亚、阿尔及利亚以石油出口为主，摩洛哥以磷酸盐出口为主，埃及和突尼斯石油出口也占据国民经济的相当比重，但各产业相对较为均衡。

由图 1 可见，突尼斯在 2000~2017 年一直保持北非五国工业化第一的水平，于 2018 年被摩洛哥反超，并于 2019 年再次获得第一的位置。阿尔及利亚在 2000~2015 年保持北非五国第二的水平，于 2015 年被摩洛哥反超。埃及与利比亚常年保持在第四与第五位。这是由于突尼斯的工业发展中，制造业占据了 20% 的水平，这一比例在世界范围内都是相对领先的水平。相较于其他非洲国家的制造业偏重于以农产品加工的制造业，突尼斯的制造业为技术含量更高的机械电子制造业，全国共有 1020 家企业。摩洛哥的工业则是以磷酸盐为基础的化工产业，以及以农产品和海产品为基础的农产品加工为基础的制造业，稳扎稳打保持着工业化水平持续上升的势头。

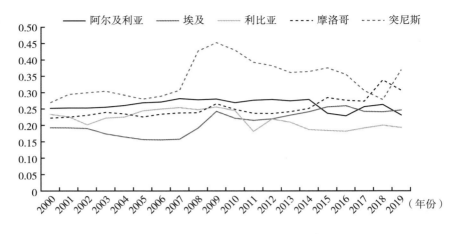

图1　北非五国2000～2019年工业化指数

（一）工业化阶段指数分析

工业化阶段指数分别涵盖了人均国内生产总值（GDPpc）、人均制造业净产值（MVApc）、人均制造产品出口额（MXpc）、农业总产值占GDP的比重（AVAsh）、农业就业人数占总就业人数的比重（EAsh）、城市化率（UPsh）。这一系列指标展示了非洲各国在国家总体经济实力上的表现力。其中利比亚在GDPpc和UPsh方面表现最佳，一方面，利比亚依靠石油出口获取了大量外汇收入，另一方面，利比亚15岁以上接受过教育的人口占总人口的82.6%，为北非地区最高，因此利比亚在工业化的基础方面具有较为明显的优势。在人均制造业生产值方面，阿尔及利亚表现最佳，天然气是其出口的主要来源，产值占据其国民生产总值的45.1%，以天然气为主的工业成为阿尔及利亚工业发展的重要基石；人均制造业出口方面突尼斯保持最佳，而且突尼斯的工业是以机电产品制造业和纺织业为主，突尼斯每年工业领域新增就业岗位的25%来自机械电子业，出口额约占突尼斯工业品出口额总量的37.5%，主要产品为电线、电缆、汽车零配件等。

AVAsh这一指标，北非五国均在较低的水平，且相对比较均衡，其中埃及和摩洛哥在这一指标上具有较高的比例。一方面，埃及作为传统农业国，非常重视扩大自身的耕地面积，鼓励青年务农；另一方面，中长绒棉和超长绒棉在埃及具有稳定的增长态势，是埃及的"国宝"，为埃及出口带来大量的外汇收入。农业就业人数占总就业人数的比重方面，摩洛哥表现最佳，其农业人口约占总劳动力的 42%，农业产值约占 11.5%，其中渔业是摩洛哥最为重要的产业，摩洛哥是非洲最大的渔业产品生产国，以及世界第一大沙丁鱼出口国。

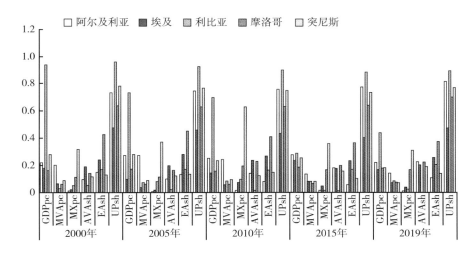

图 2　北非五国 2000～2019 年工业化阶段指标

（二）制造业科技水平指数分析

制造业科技水平指数共涵盖四个指标，分别为高新技术产业增加值在总产业增加值中所占比重（HMVAsh）、制造业增加值占国内生产总值的比重（MVAsh）、高新技术制造业出口占总制造业出口的比重（HMXsh）、制造业出口占总商品出口的比重（MXsh）。北非五国在整体制造业水平上稳居非洲地区第一，并有多项指标排名第一。高端制造业占制造业的比重、高端制造业出口占总制造业出口的比重、制造业出口占总出口的比重三个指标，突尼斯常年位于非洲第一位，其主要出口品为机械电子，目前共有约 1020 家相关企业，外国投资者主要来自欧盟，其中知名企业有阿尔卡特、贝纳通、英国燃气、飞利浦、西门子、通用汽车、通用电气、汤普森等；其次为纺织业，主要出口成衣及织物，突尼斯全国共有 1789 家纺织服装企业，其中 1503 家是纯出口企业，纺织企业占制造业企业的 33%。突尼斯纺织品最主要的市场是法国、意大利、比利时和德国，分别为法国和欧盟纺织品的第二和第五大供应国。摩洛哥的化工产业也属于高端制造业领域，目前摩洛哥化工企业约有 1627 家，占工业企业总数的 23.2%，产值占工业总产值的 16.1%，是北非地区仅次于突尼斯的制造业生产及出口国。

阿尔及利亚的制造业比例是非洲最高的，但是普遍集中于碳氢化合物工业，其国内能源消费占总产量的 30%，其余 70% 全部用于出口，其中天然气出口量位居世界第三，仅次于俄罗斯和加拿大，原油出口量为世界第 12 位，欧洲 30% 的能源来自阿尔及利亚，特别是法国和西班牙的比例更高。2015～2017 年欧洲对阿尔及利亚的能源依存度高达 60%。埃及在制造业比例及制造业出口方面仅次于阿尔及利亚，与摩洛哥大体相当，这是由于埃及的主要制造业来源于纺织品，因此在高端制造业方面相对较为欠缺。

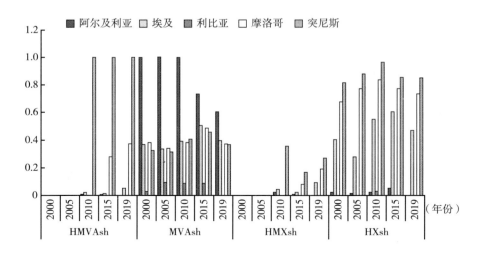

图 3　北非五国 2000～2019 年制造业科技水平指数

（三）制造业国际竞争力与能源消耗指数分析

制造业国际竞争力与能源消耗指数各涵盖两个指标，分别为世界制造业增加值影响力（ImWMVA）、世界制造业出口影响力份额（ImWMT），单位能耗（EUpc）、单位电耗（EPpc）。

首先，制造业国际竞争力方面，阿尔及利亚和埃及在非洲地区均具有最好的表现。阿尔及利亚是以碳氢化合物为基础的工业，多为化工企业，相对比纯能源出口的利比亚等国，具有更高的附加值；埃及同样是以油气行业为基础的工业，且涉及石油石化的全产业链，包括勘探开发、石油工程服务、装备制造、物资贸易和炼化工程等。摩洛哥在 ImWMT 指标当中，在北非五国当中表现最优，一方面，化工及其相关产业依旧是摩洛哥的支柱行业，占工业总产值的 16.1%；另一方面，汽车行业已经逐步成为摩洛哥政府的重点发展对象，已经连续 6 年成为摩洛哥的第一大出口行业。

其次，从能源消耗方面的指标来看，利比亚不论从单位能耗还是单位电耗来说均处于非洲地区前列。一方面，利比亚富含油气资源，电力方面主要由天然气、轻油和重油发电，因此能源和电能消耗较高；另一方面，利比亚

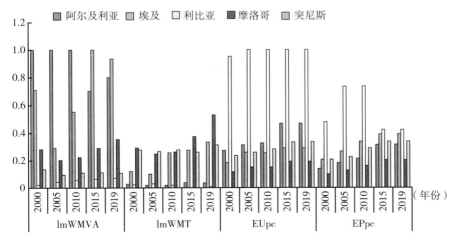

图 4　北非五国 2000～2019 年制造业国际竞争力与能源消耗指数

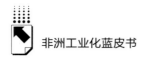

用电浪费严重、输电设备陈旧、线路老化，用电高峰跳闸、拉闸限电时有发生，也导致单位能耗和电耗增加。同样的问题也出现在阿尔及利亚，阿尔及利亚电力输送线路老化、偷漏电现象严重，导致单位能耗、电耗增加。值得一提的是摩洛哥，在这两个指标当中均排在后位，这得益于摩洛哥的发电绝大部分来源于水力发电和新能源发电，中国公司在这一领域具有较大的优势。目前中国电力建设集团下属山东电建三公司承建的摩洛哥努奥二期200兆瓦和努奥三期150兆瓦光电热站项目均已顺利完成，分别是目前全球单机容量最大的槽式和塔式光电热站，采用全球最先进的清洁能源技术，实现发电过程"零污染"。

三　北非工业化综合评价

综观整个北非的工业化指数，以及各指标的详细分析，我们可以了解到北非5个国家的工业化发展整体情况，可以发现北非五国整体工业化水平要高于非洲其他四个地区，不论是在经济发展还是在工业化的整体水平上均有较为突出的表现。根据指数情况的分析，可以将北非的工业化水平归纳为以下四点。

第一，工业部门发展均衡。北非五国十分注重工业部门的建设，并且资源型国家政府将油气资源所带来的巨额外汇收入用于本国的工业化发展，这使北非五国相对比其他地区的非洲国家具有更高质量的工业化。如突尼斯是非洲地区工业化发展水平最高的国家，这是由于突尼斯工业化发展并不过度依靠能源出口或以能源加工为导向的工业化发展，也并不是以农产品加工为主的低端制造业工业化，突尼斯的工业化发展道路是以机械电子制造为主的中高端工业化发展道路。一方面，这种技术密集型而非劳动密集型的制造业具有更高的利润；另一方面，通过集约化生产达成技术迭代，可以使国家拥有更多的技术专利，在全球价值链体系中可以占据更高的位置。

第二，农产品加工导向的工业化发展。非洲工业化发展有一个普遍现象：由于国家经济水平和技术条件的限制，多数非洲国家以初级农产品或未经加工的农产品出口获得外汇收入，但北非五国已经脱离这一经济发展的舒适圈，而是以加工或精加工后的农产品出口。如埃及的棉花，并非直接进行出口而是以成衣的形式对欧洲地区出口，如摩洛哥是非洲最大的产鱼国，但其出口更多的是加工后的海产品，如鱼罐头，且摩洛哥生产的沙丁鱼罐头一半以上出口到欧盟，约占欧盟市场供应的 25%，对欧盟出口没有上限而且零关税。此外，在以棉花加工为主的成衣产业链在北非已初具产业规模，埃及在棉花生产及成衣制造方面较强，摩洛哥以进口原材料和半成品为主进行来料加工，而突尼斯在成衣制造方面具有一定的规模。

第三，汽车产业成为北非各国的重点发展对象。汽车制造在制造业领域属于中高等技术难度的，是具有高附加值的工业领域，目前北非五国当中摩洛哥和埃及已将汽车产业划为政府重点发展的产业。其中摩洛哥的汽车产业目前已经是其第一大出口行业，近年来，大量国际知名汽车零部件生产商来摩洛哥投资，每年新建 10 余家相关工厂，如德国莱尼、美国李尔、日本电装、法国佛吉亚等均在摩洛哥有投资。埃及则是以车辆本地组装为主，车辆组装业是埃及发展十分迅速的产业，目前有轿车组装厂 12 家（14 条生产线）、客车组装厂 8 家（8 条生产线）、货车组装厂 5 家（9 条生产线）。

第四，能源出口依旧是发展的主线。利比亚和阿尔及利亚两国的能源出口主导了两国的经济，却有一定的差异。利比亚以原油出口为主，赚取大量外汇，因此其人均 GDP 曾多年成为非洲最高的之一，由于其原油品质特别优秀也导致其并没有进行原油精炼的动力，因此在以原油加工为基础的化工领域并不突出。阿尔及利亚除了原油出口外，还具有相当比例的油气精炼产业，而油气精炼产业则属于制造业范畴，目前阿尔及利亚拥有 5 家炼油厂、4 个液化天然气厂、2 个液化石油气分离厂、2 个烯醇石化厂，因此阿尔及利亚的工业化发展更加完善。

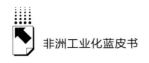

四　北非国家工业化发展所面临的问题和前景分析

（一）北非国家工业化发展所面临的问题

北非地区工业化发展的特点是，具有较为显著的有利因素，但同时也具有较为明显的制约因素，依据前文针对非洲工业化指数的分析，概括其工业化发展目前所面临的主要问题如下。

第一，世界主要大国加紧渗透，地区热点频发。随着北非地区石油产量逐年增多，北非地区在世界能源供给体系中的地位也日益凸显，从而成为世界主要大国竞相争夺的重点地区。各主要大国均采用双边或多边的方式扩大与北非国家的交流与合作，努力提高北非事务的参与度和影响力。大国的干预介入使北非地区成为矛盾冲突的集中地。自 2013 年以来，北非多国仍旧深陷"阿拉伯之春"后的乱局，突尼斯政局仍在摸索前行，利比亚国家分裂倾向进一步加剧，埃及能否重振制造业仍待观察。由此可见，北非地区的政治稳定性将会是影响北非工业化发展的一个重要因素。

第二，经济总体向好，但依旧存在严峻的经济问题。近年来，北非经济总体快速增长，但是高通胀和高失业率问题依旧是制约北非经济健康稳定发展的重要因素。北非国家石油工业的快速发展给其经济带来了丰厚的动力，特别是利比亚，2012 年 GDP 增长率高达 121.9%。但这种仅依靠石油出口所带来的单一经济结构会使利比亚经济增速随着国际油价的下跌而降低。此外，北非地区高通胀和高失业率问题短期内也难以有效缓解，几乎所有北非国家的失业率均超过 10%，持续的高失业率不仅会成为国内社会的不稳定因素，也成为北非区域局势紧张问题的主要根源。因此，北非地区若想获得可持续的、均衡的经济发展，依旧要通过发展以制造业为主的工业化来实现经济的多元化，创造更多的就业机会，同时稳定宏观政治局势。

第三，北非油气多元市场主体全面竞争的格局基本形成并长期存在。北非地区是以美国为首的西方国家的传统势力范围，西方国家的大石油公司在北非石油工业发展中一直处于优势地位。一方面，埃克森－美孚、道达尔、壳牌、埃尼、雪佛龙和英国石油（BP）等大石油公司目前仍持有北非约1/3的油气储量，在市场竞争中处于十分明显的优势地位。另一方面，北非本土石油公司正在快速崛起，阿尔及利亚、利比亚和埃及的国家石油公司都位于世界石油公司前30强，在国家及非洲石油工业中扮演着越来越重要的角色。但这种以西方为主导的南北经济体系近年来出现了新变化，以中国为主的发展中国家更多地参与到北非地区的石油工业的经济合作当中，如中国、马来西亚等亚洲国家石油公司正在积极参与到与北非国家石油的合作中，在该地区油气竞合格局中发挥着自身的影响力和作用，成为北非地区油气市场当中不可或缺的竞争力量。

（二）北非国家工业化发展前景

北非国家在工业化发展过程中面临着诸多的问题与挑战，但是凭借其地理优势和工业基础优势，加之一定的政策条件，北非国家的工业化大有可为，本部分从以下三点进行探讨。

1. 逐步摆脱经济发展对单一产业的依赖

近年来，北非国家逐步认识到单一经济结构的弊端。早在1977年，联合国非洲经济委员会在《关于非洲长期发展趋势以及前景的初步评估》报告中指出，非洲"首先要在国家层面上建立以独立自主和自力更生为基础的新经济秩序，这需要对自己的能力具有一定的自信心，相信我们能把本国经济从过分依赖外国的束缚中解放出来"。遗憾的是，由于外国干预及长期的政治动荡，北非国家出现了经济危机，使理想化的工业化发展策略更加无法付诸实践。如利比亚，自2011年开始便深陷内战的泥潭，随处可见的是世界大国的身影，美国和土耳其支持利比亚民族团结政府，而阿联酋、埃及和俄罗斯则支持哈夫塔尔领导下的武装力量。利比亚成为世界大国博弈的舞台，使得利比亚的工业发展停滞不前，目前依旧以原油出口这一单一经济结

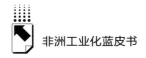

构运行，无法摆脱经济结构单一的束缚。因此，北非国家如果想摆脱经济结构单一的束缚，一方面要获得国际上的一致性支持，另一方面也需要摆脱国内长期政治动荡的局面，从而获得改造经济单一结构、实现经济多元化的目标。

2. 加速经济一体化的进程

北非五国均为阿拉伯文化圈的国家，与其他地区相比均有较为明显的民族认同优势，因此在发展经济一体化的过程中具有较好的文化基础。这与传统的泛非主义既有共同点也有差异，传统的泛非主义是将非洲大陆看作一个整体，建立非洲合众国是其最终的目标。但是北非五国无论是工业化发展还是文化上均与其他非洲国家有着较大的差异，非洲次区域的整合更加符合北非五国的发展前景。如西非国家所建立的西非经济共同体（简称"西共体"），经过30多年的发展，取得了一定的成就，现在西共体公民可享受免签证自由出入境的待遇，一些免加工产品、传统手工业品和工业品也可以享受免税待遇，此外，天然气管道、公路、电力基础设施等均逐步完善，在维护区域和平与稳定等方面，西共体也做出了较大的贡献。此外，北非国家在工业优势互补方面已经初具成效，特别是在以棉花加工为基础的成衣制造业和以石油为基础的石油精炼工业方面，建立完善的互补型工业体系指日可待。

3. 加强南南合作，尤其是与中国的合作

北非国家若想改变目前动荡的局势，依靠西方国家是不可行的，因此加强南南合作将是北非国家经济发展过程中的一个必然趋势。自2008年经济危机之后，西方国家受到了强烈的打击，以西方国家为市场的购买力和对外援助、投资等均出现了明显的下降。目前，非洲许多国家已经把注意力转向东方，强化南南合作。目前，非洲30%的出口是到亚洲，而2000年这个比例仅有14%。中国早在2010年已成为非洲第一大贸易伙伴国，目前这一优势正在逐步扩大。而中国成为非洲国家最受欢迎的伙伴，一方面，由于双方建立的新型战略伙伴关系，在互利双赢的基础上，成为互相信赖的朋友；另一方面，中国与非洲的合作不附加任何政治条件，中国不干预他国内政，并将加快经济发展及改善人民生活作为主要目标。毫无疑问，在今后相当长的时间里，中非经贸关系将继续以较快速度发展。而北非，凭借其得天独厚的自然资源和地理条件，将在工业化发展上与中国有更多深层次的合作，如绿色经济、高端制造业以及以抗疫为主的医疗物资制造等领域。

B.4
东非区域的工业化进程*

韦晓慧**

摘　要：　近十几年来，东非地区创造了经济增长奇迹，本报告着重探讨东非区域的工业化进程。首先从要素禀赋、经济发展情况和制度环境等分析了东部非洲的工业化基础；其次从发展战略和发展情况具体分析了东部非洲的工业化进程，相比其他地区，东非工业化整体水平属于第二梯度，同时从东非具体国家来看，该地区工业化水平发展不均衡；再次从贫困和不平等、制造业发展落后和失业问题严重等探究了东非工业化进程缓慢的原因；最后提出优化制造业发展环境、制度合理的产业引导政策、完善基础设施、推动一体化建设、形成产业集聚等对策建议以加快东非工业化进程。

关键词：　东非　工业化进程　产业聚集

一　东非（东部非洲）工业化基础

东非地处非洲东部地区，北起厄立特里亚，南起鲁伍马河，东临印度洋，西至坦噶尼喀湖。2008年世界金融危机之后，东非地区保持了较高经

　　* 本文系广东省自然科学基金面上项目（编号：2020A1515010355）和广州市哲学社科规划2021年度课题（编号：2021GZGJ05）的阶段性成果。
　　** 韦晓慧，经济学博士，广东外语外贸大学国际经济贸易研究中心讲师，研究方向为国际贸易与投资。

济增速，已然成为非洲大陆乃至世界范围内最具经济增长活力的次区域。由联合国贸易和发展会议（UNCTAD）数据库统计数据可知，2010～2015年、2014～2019年，东非地区国内生产总值年均增长率分别为7.5%和5.58%，远高于非洲平均增速和非洲其他地区增速，同期东南亚地区国内生产总值年均增长率分别为5.06%和4.86%，近十几年来东非地区创造了经济增长奇迹，跃升为世界各次区域经济增速之首。埃塞俄比亚和卢旺达成为东非地区乃至整个非洲经济增速最高的国家，2019年增速分别为8.50%和9.40%。仅有少数几个国家由于国内缺乏和平与稳定的发展环境，经济低速增长或者短期陷入衰退。例如，2017年南苏丹经济增长率为-0.69%，2018年布隆迪经济增长率为0.15%。

东非国家是三个重要区域经济组织的成员，即东部和南部非洲共同市场（COMESA）、东非政府间发展组织（IGAD）和东非共同体（EAC）。这三个区域经济组织的一体化进展不同，EAC正在接近最高阶段，已经批准了货币联盟议定书，IGAD落后很多，COMESA也在为到2025年建立一个货币联盟而努力，但进展缓慢。本报告选取布隆迪、吉布提、厄立特里亚、埃塞俄比亚、肯尼亚、卢旺达、塞舌尔、索马里、南苏丹、苏丹、坦桑尼亚、乌干达等12个国家研究东部非洲。接下来首先对东部非洲区域的要素禀赋、经济发展和制度环境情况进行概述，探索东部非洲工业化进程的发展基础。

（一）东非地区要素禀赋

一国或一地区要想加快工业化发展，必须在生产要素的某些方面具备比较优势乃至绝对优势，比如资源优势、劳动力优势、资本优势、技术或信息优势。就资本和技术两项生产要素而言，非洲国家不具备比较优势，甚至可以说处于劣势；但如果把非洲视为一个整体，那么这个由50多个国家组成的大陆在自然资源和劳动力资源方面具有绝对优势。因此本节从自然资源和劳动力资源探寻东部非洲国家工业化发展的要素禀赋情况。

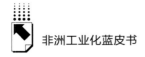
1. 自然资源

12 个国家中南苏丹是石油输出国①，坦桑尼亚是资源密集型国家②。南苏丹自然资源十分丰富，主要有石油、铁、铜、锌、铬、钨、云母、金、银等，水利资源也很丰富。南苏丹探明石油储量约 47 亿桶，可采储量为 22.6 亿桶，剩余可采储量约 9.3 亿桶。坦桑尼亚矿产资源丰富，主要矿产包括黄金、金刚石、铁、镍、铀、磷酸盐、煤以及各类宝石等，天然气资源储量也非常大，目前已探明天然气储量达 57 万亿立方英尺，预计总储量 200 万亿立方英尺。此外，坦桑尼亚还有铀、铅、锌、石墨、铂、铬、锰、水银、银、钼、钒、铝土矿、石灰石、石膏、云母等矿藏。

其他国家是非资源密集型国家，其中布隆迪、厄立特里亚、埃塞俄比亚、肯尼亚、苏丹和乌干达六个国家矿产资源相对丰富，而吉布提、卢旺达、塞舌尔、索马里四个国家资源相对贫乏。

布隆迪矿藏主要有镍、稀土、黄金、泥炭等，其中镍矿探明储量 2.61 亿吨，品位为 1.6%，居世界第六位。2020 年，布隆迪出产稀土 687 吨，出口黄金约 1.6 吨，成为重要的外汇收入来源。厄立特里亚矿产资源品种丰富，蕴藏有铜、锌、金、银等矿产资源，其资源品种符合国际和国内市场需求。埃塞俄比亚资源较为丰富，已探明的矿藏有黄金、铂、镍等十几种。其中，黄金探明储量在 900 吨以上；钽铌矿储量在 1.7 万吨以上；天然气储量约 249 亿立方米。肯尼亚矿藏主要有纯碱、盐、萤石等，同时近年肯尼亚西部和东部地区探明金、煤、稀土和钛等资源。苏丹资源丰富，拥有金、银、铁等矿产资源，目前已发现金矿矿床 150 多个，探明黄金储量 970 吨，探明铁矿储量 12.5 亿吨，铬矿储量 1 亿多吨。同时苏丹畜牧业资源在非洲国家中位列第二。乌干达矿产资源较丰富，已探明矿产种类超过 50 种，包括石油、云母、长石等，其中已探明石油储量 65 亿桶、石灰石 2300 万吨、磷酸盐 2.5 亿吨、铁矿石 1 亿吨等。

---

① 石油出口国是净石油出口占总出口的 30% 或更多的国家。

② 其他资源（除石油外）密集型国家是非可再生自然资源占总出口的 25% 或更多的国家。

吉布提资源贫乏，主要有盐、石灰岩、珍珠岩和地热资源。盐矿储量约为 20 亿吨，珍珠岩估算储量达 4800 万吨。卢旺达自然资源贫乏，已开采的矿藏有锡、钨、铌、钽、绿柱石、黄金等，锡储藏量约 10 万吨，铌钽蕴藏量估计为 3000 万吨。塞舌尔自然资源匮乏，主要资源是旅游资源和渔业资源，尤其是金枪鱼资源丰富。索马里自然资源贫乏，主要矿产资源有铁矿石、锡、锰、钨、镍等，但储量较少。

同时应注意到，虽然部分国家矿产资源相对丰富，但勘探开发技术落后，如埃塞俄比亚矿业开发尚待起步，肯尼亚除纯碱和萤石外，多数矿藏尚未开发，坦桑尼亚目前除天然气、钻石、宝石、黄金等有一些国际矿业公司开采外，其他均未得到开发利用。2018 年布隆迪开始开采稀土，因技术落后和高端设备短缺，只能为最初级开采，之后运至其他国家再加工。

2. 劳动力资源

（1）东非人口总数大

非洲国家自独立以来人口快速增长，由图 1 可知，非洲和东非人口增长率一直保持在高于世界人口增长率的水平，两者之间的差距并没有缩小的趋势，东非人口增长率同时高于非洲平均水平，东非人口总量迅速增加。由世界劳工组织统计数据可知，2020 年东部非洲人口总数为 4.44 亿人，相比于2010 年的 3.38 亿人增加了 31.4%，同期世界人口总数仅增加了 12%，东非人口增长速度远高于世界平均水平。

（2）劳动力供应充足

人口基数庞大带来了充足的劳动力供应，据世界劳工组织统计数据，2019 年东部非洲 15 岁以上劳动力总数为 1.93 亿人，东部非洲 15 岁以上劳动力占世界的比重已由 2010 年的 4.60% 上升到 2019 年的 5.52%，预计2020 年及之后会进一步上升。非洲 15 岁以上劳动力增长速度也高于非洲整体水平和世界水平，2011～2019 年东部非洲 15 岁以上劳动力增长速度均在3.1% 以上，而同期世界 15 岁以上劳动力增长速度均在 1.2% 以下，非洲整体15 岁以上劳动力增长速度均在 3% 以下。可以预测，在未来一段时间东部非洲地区仍将是世界人口和劳动力增长速度较快的地区，劳动力资源十分丰富。

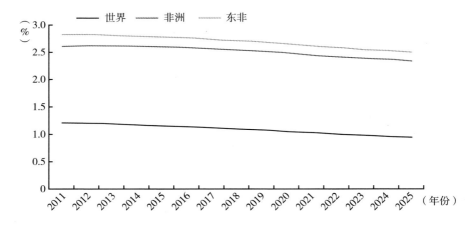

图1　人口增长率及预测值对比（2011～2025年）

资料来源：世界劳工组织。

劳动力后备力量充足。由图2可知，2010～2025年非洲和东部非洲0～14岁人口占总人口的比重远高于世界平均水平，同时差距也没有明显缩小的趋势。2019年东部非洲0～14岁人口占总人口的比重高达42.23%，同期世界水平仅为25.61%。东部非洲人口具有明显的年轻化特点，使其具有转化为

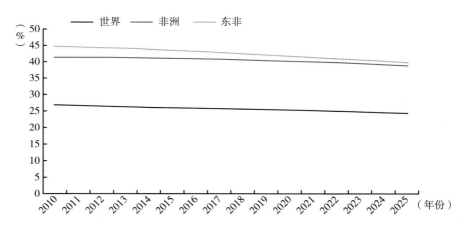

图2　14岁以下人口占总人口的比重及预测值情况（2010～2025年）

资料来源：世界劳工组织。

丰富劳动力资源的条件及潜力，东部非洲劳动力储备良好，未来劳动力供给良好。

（二）东非经济发展情况

1. 东非经济增长情况

进入 2000 年以后非洲经济整体呈现增长态势，以 2014 年为分水岭，2000～2013 年呈现较好的增长态势，2014 年之后由于国际大宗商品价格下滑、国际融资收紧等原因，非洲经济增速放缓。由 UNCTAD 数据库统计数据可知（见图 3），2005～2010 年、2010～2015 年和 2014～2019 年东非人均 GDP 增长率分别为 3.92%、3.88% 和 2.76%，均高于同期北非、中非、南非和西非人均 GDP 增长率，同时也高于同期世界和非洲平均水平。从东非具体国家来看，2010 年以后吉布提、埃塞俄比亚、卢旺达和塞舌尔经济增长态势较好，2010～2015 年和 2014～2019 年人均 GDP 增长率较高，均在 4% 以上。东非经济的增长得益于私人消费和投资的拉动，2010～2019 年东

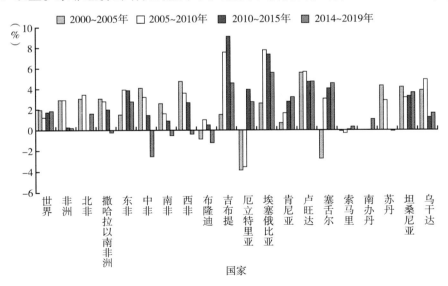

图 3　非洲各地区及东非各国人均 GDP 增长率（2000～2019 年）

资料来源：联合国贸易和发展会议数据库。

非地区家庭消费支出占 GDP 的比重均在 70% 以上，同期固定资本形成总额占 GDP 的比重均在 24% 以上，高于同期非洲其他地区水平。东非国内消费者需求的增加和中产阶层的不断扩大促进了私人消费增长，同时基础设施和商业环境的改善降低了投资成本，增大了对投资的吸引力。由非洲开发银行数据可知，2018 年肯尼亚私人消费贡献了 GDP 增长的 74% 以上，投资贡献了 24%。2019 年塞舌尔家庭消费支出占 GDP 的比重为 56%，投资约占 GDP 的 30%。2019 年苏丹负增长也归因于燃料、货币短缺以及不利投资环境导致的私人消费和投资下降。

2. 东非产业结构情况

相比于世界其他地区，除南部非洲外，非洲其他地区的产业结构明显特征是农业占比过高，而工业集中于采掘业，制造业和服务业所占比重较低；2000 年和 2019 年东部非洲三次产业结构占比分别为 29.09：19.35：51.55 和 27.71：24.39：47.90，同期世界平均水平分别为 3.46：28.98：67.56 和 4.21：27.90：67.89；东部非洲地区农业占 GDP 的比重不仅远高于世界平均水平，也高于北非、中非、南非和西非地区；2000 年以来，东部非洲农业、工业和服务业三个产业以及制造业在国民生产总值中的比重没有明显的变化（见图 4）。相比而言，亚洲以农村和农业为主的经济体自 20 世纪 60 年代后都发生了很大的结构调整，农业生产率不断提高，这些亚洲国家，要么走向工业化生产，要么发展了农产品加工业。然而非洲地区在很长时间内都忽视农业，但却又不得不依靠农业来维持生计。传统农业继续吸收着非洲国家的大多数劳动力，20 世纪末将近 3/4 的非洲人仍依靠农业部门来维持生计，这一比例甚至高于 20 世纪 60 年代末其他发展中国家的水平。与此同时，虽然东部非洲重视工业的发展，但东非的制造业一直处于较低的发展阶段。2019 年东部非洲制造业占 GDP 的比重仅为 8.33%，低于世界平均水平和非洲其他地区水平。东非制造业和服务业发展缓慢，经济结构较为单一，现有产业结构在某种程度上制约了新的产业结构升级。

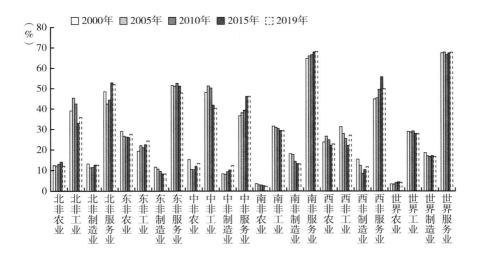

图 4 非洲各区和世界产业结构情况（2000～2019 年）

资料来源：联合国贸易和发展会议数据库。

3. 东非制造业发展情况

根据 UNCTAD 的统计数据可知，东部非洲制造业对国民生产总值的贡献不高，且呈现略微下降的趋势，远低于同期世界平均水平。从东非具体国家来看，2010 年后，12 个国家中仅布隆迪、肯尼亚、坦桑尼亚和乌干达制造业产值占 GDP 的比重高于 8%，同期世界制造业占 GDP 的份额均在 16% 以上（见表 1）。2019 年，布隆迪、埃塞俄比亚、肯尼亚、卢旺达、索马里、坦桑尼亚 6 国农业在 GDP 中所占比例较高，均在 30% 以上，苏丹和乌干达两国占比也在 22% 以上。东非国家中厄立特里亚、埃塞俄比亚、坦桑尼亚和乌干达 4 国近年工业产值占 GDP 的比重接近世界平均水平，南苏丹甚至远高于世界平均水平，但工业都以采掘业或建筑业为主，制造业明显落后，2019 年埃塞俄比亚和坦桑尼亚建筑业产值占 GDP 的比重分别为 19.23% 和 15.34%，明显高于两国制造业所占比重；南苏丹采掘业产值占 GDP 的比重将近 50%。这说明虽然经过了长期的经济发展，东非国家的经济依然没有摆脱单一产业为主的结构，依然依赖农业或采掘业，单一产业结构更容易受到外部环境的影响，一旦国际大宗商品市场出现价格波动，东部非洲国家的经济发展将受到严重冲击。

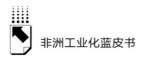
表1　世界与东部非洲各国工业和制造业产值占GDP的比重（2000～2019年）

单位：%

地区	产业	2000年	2005年	2010年	2015年	2016年	2017年	2018年	2019年
世界	工业	28.98	28.74	29.21	28.02	27.53	28.03	28.43	27.9
	制造业	18.55	17.05	16.70	17.11	16.92	16.94	17.07	16.70
东非	工业	19.35	22.11	21.07	22.59	23.63	24.16	25.01	24.39
	制造业	11.61	10.68	9.53	8.31	8.67	8.39	8.17	8.33
布隆迪	工业	18.8	17.84	16.3	16.39	18.24	17.63	17.41	17.76
	制造业	13.15	12.52	10.85	11.61	13.24	12.56	12.47	12.76
吉布提	工业	15.18	16.21	16.13	12.12	11.8	12.42	11.77	11.77
	制造业	2.86	2.62	2.49	2.89	3.05	3.29	2.88	3.02
厄立特里亚	工业	22.97	21.92	23.13	23.45	23.53	23.54	23.51	31.32
	制造业	11.16	7.31	6.04	6.01	6.03	6.03	6.03	6.03
埃塞俄比亚	工业	12.44	13.08	10.38	17.52	23.49	25.09	28.7	25.93
	制造业	5.83	5.12	4.19	4.74	6.1	6.58	6.13	5.84
肯尼亚	工业	20.58	22.29	20.28	18.46	18.99	17.99	17.58	17.27
	制造业	14.1	14.43	12.3	10	9.89	8.59	8.3	8.06
卢旺达	工业	15.08	13.85	15.85	18.29	17.6	16.94	17.44	20.65
	制造业	7.11	6.75	6.62	6.35	6.26	6.36	6.32	9.17
塞舌尔	工业	19.16	19.38	16.54	14	13.46	14.07	13.41	13.02
	制造业	12.62	10.33	9.48	7.09	6.82	7.25	7.68	7.22
索马里	工业	7.32	7.35	7.36	7.36	7.36	7.36	7.36	7.36
	制造业	2.47	2.48	2.48	2.49	2.48	2.48	2.48	2.48
南苏丹	工业	－	－	－	44.99	45.75	50.03	55.33	51.87
	制造业	－	－	－	2.16	2.23	2.58	1.77	1.97
苏丹	工业	17.33	21.74	22.93	12.96	14.63	17.09	14.05	21.89
	制造业	5.68	7.76	8.23	6.75	7.77	10.53	7.37	8.34
坦桑尼亚	工业	20.79	24.63	25.44	26.55	26.95	27.14	28.87	30.82
	制造业	10.64	9.91	9.39	8.57	8.5	8.32	8.67	9.18
乌干达	工业	20.96	22.21	20.5	22.16	22.69	21.74	22.92	23.83
	制造业	10.09	9.89	10.19	9.81	9.78	9.46	9.93	9.72

资料来源：联合国贸易和发展会议数据库。

（三）制度环境

制度环境是产业发展的保障，但大多数非洲国家的制度并不完善。制度缺失的国家腐败问题一般较为严重，而腐败又进一步加剧了制度的不完善性。国别政策和制度评估（Country Policy and Institutional Assessment，CPIA）指标是世界银行基于良治原则而构建的评估发展中国家国内制度发展水平和决策科学水平的重要指标。它评估了非洲国家的政策质量和体制框架绩效，每个国家根据一份包含18项标准的调查问卷进行评分，这些标准分为五类：一是经济管理的一致性，二是结构性政策的一致性，三是政策和机构促进公平和社会包容的程度，四是治理和公共部门管理质量，五是促进基础设施发展和区域一体化的监管框架质量。国别政策和制度评估指标衡量一国支持可持续增长、减贫和有效利用发展援助的能力。

根据非洲开发银行发布的国别政策和制度评估指标可知，2018年有5个东非国家高于4（见表2），2019年仅有卢旺达为4。国别政策和制度评估指标分值范围在1~6，分值越大能力越强，说明制度建设越完善，政策制定越科学。2019年在可获得数据的39个撒哈拉以南非洲国家中，东非地区既有连续三年国别政策和制度评估指标排名第一的卢旺达，又有排名第五、第六的肯尼亚和乌干达，还有排名第十、第十一的坦桑尼亚和埃塞俄比亚，但同时也存在排在最后四位的苏丹、索马里、厄立特里亚和南苏丹。除部分国家外，东部非洲整体还是一个市场不发达、法制不健全、政府干预经济力度较大的地区，国别政策和制度评估指标大体反映了东非国家的基本情况。东部非洲国家在国内制度发展和科学决策上的能力欠佳，这毫无疑问已经影响了东非的发展，影响了东非在制造业发展战略、发展目标和发展方向上的政策持续性，不利于东非工业化进程。

表 2 东非各国国别政策和制度评估指标（2005~2019 年）

国家	2005 年	2010 年	2015 年	2016 年	2018 年	2019 年
布隆迪	3.11	2.97	3.3	3.21	3.09	2.9
吉布提	3.32	3.38	3.32	3.28	3.26	-
厄立特里亚	2.54	2.33	2.1	2.13	2.21	1.9
埃塞俄比亚	3.46	3.7	4.22	4.22	4.31	3.5
肯尼亚	3.73	4.05	4.31	4.35	4.2	3.7
卢旺达	3.57	4.18	4.85	4.87	4.89	4.0
索马里	1	1.22	1.09	1.16	1.59	2.0
南苏丹	0	0	1.96	1.89	1.92	1.4
苏丹	2.62	2.61	2.54	2.55	2.54	2.2
坦桑尼亚	3.93	3.98	4.24	4.26	4.24	3.5
乌干达	3.88	4.11	4.16	4.24	4.09	3.7

注：塞舌尔数据缺失。
资料来源：非洲开发银行。

二 东部非洲工业化进程分析

（一）东非工业化发展战略

近年来，东非次区域组织和东非各国不断推出非洲工业化和制造业发展战略。由表 3 可知，东非共同体、布隆迪、埃塞俄比亚、肯尼亚、卢旺达、乌干达和坦桑尼亚等推出了一系列的战略或政策来促进次区域或本国制造业的发展。以东非共同体为例，2012 年该组织推出"2012—2032 东非共同体工业化政策"和"2012—2032 东非共同体工业化战略"，旨在促进区域内工业化发展，到 2032 年实现：制造业多元化，制成品出口中本地增加值提高到 40% 以上，加强国家和区域机构设计和管理产业政策的能力，加强制造业部门的研发、技术和创新能力，制造业出口与进口的比值提升到 25%，制造业出口占总出口的份额提升至 60% 等目标（见表 3）。

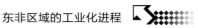

表3　部分东非国家的制造业发展战略

国家	年份	战略规划	主题/制造业目标
东非共同体	2012	2012—2032 东非共同体工业化政策	促进区域内工业化发展,到2032年实现:制造业多元化,制成品出口中本地增加值提高到40%以上,加强国家和区域机构设计和管理产业政策的能力,加强制造业部门的研发、技术和创新能力,制造业出口与进口的比值提升到25%,制造业出口占总出口的份额提升至60%
	2012	2012—2032 东非共同体工业化战略	
布隆迪	2006	减贫战略框架2(CSLP Ⅱ),布隆迪2025展望	农产品加工主导的工业化;对出口部门给予优先支持;改善边境基础设施
埃塞俄比亚	2001	工业发展战略	制造业成为经济的主导部门,对纺织及服装业、皮革及皮革制品行业、农产品加工业等行业给予特别支持;打造工业园区、产业园区;加强联通吉布提的基础设施项目建设,面向全球市场
	2010	2010/2011—2014/2015 增长与转型计划	
	2015	2015/2016—2019/2020 增长与转型计划	
肯尼亚	2008	肯尼亚2030展望	提高原材料本地增加值;将制造业产值占GDP的比重提升至15%;维持制造业产值10%的增长率;改善边境基础设施;打造出口加工区和经济特区;增加自由贸易协议的签订
	2008	工业发展总体规划	
	2012	国家工业政策框架	
	2013	2013—2017 中期计划Ⅲ	
卢旺达	2000	卢旺达2020展望	从农业经济体转型为知识型经济体;将工业产值占GDP的比重提升至20%;增加自由贸易协议的签订;打造产业集群
	2011	国家工业政策	
	2013	2013—2018 经济发展和减贫战略Ⅱ	
乌干达	2008	国家工业政策	提高原材料和农产品加工的本地增加值;到2040年实现:工业产值占GDP的比重提升至31%,制成品出口份额提升至50%,工业部门劳动力份额提升至26%,工业部门劳动生产率提升至24820美元,提高吸收技术转移和溢出的能力,研发支出占GDP的比重提升至2.5%
	2010	5年国家工业部门战略计划	
	2013	乌干达2040展望	
坦桑尼亚	1996	可持续工业发展政策	将制造业增速提升至12.1%;以经济发展特区和出口加工区加快制造业发展
	1999	2025 坦桑尼亚展望	
	2011	2011/2012—2015/2016 五年发展规划	

资料来源:非洲开发银行。

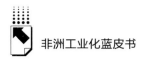

东非各国也陆续制定推进其本国工业化和制造业发展的战略。由表3可知，布隆迪、埃塞俄比亚、肯尼亚、卢旺达、乌干达、坦桑尼亚等国均推出了一系列的战略或政策来促进本国制造业的发展。以埃塞俄比亚为例，该国于2001年、2010年和2015年分别通过"工业发展战略"、"2010/2011—2014/2015增长与转型计划"和"2015/2016—2019/2020增长与转型计划"，计划对纺织及服装业、皮革及皮革制品行业、农产品加工业等行业给予特别支持，打造工业园区、产业园区，加强联通吉布提的基础设施项目建设，面向全球市场，旨在实现制造业成为本国经济主导部门的目标；以肯尼亚为例，该国于2008年、2012年和2013年陆续推出"肯尼亚2030展望"、"工业发展总体规划"、"国家工业政策框架"和"2013—2017中期计划Ⅱ"，旨在实现提高原材料本地增加值，将制造业产值占GDP的比重提升至15%，维持制造业产值10%的增长率，改善边境基础设施，打造出口加工区和经济特区，增加自由贸易协议的签订等目标。

（二）东部非洲工业化发展情况

本节将各国的工业化进程指标分为工业化阶段指标、制造业科技水平指标、制造业国际竞争力指标以及资源利用水平指标四大类，通过为各类指标选取二级指标数据，并赋予权重，得以构架工业化进程指标体系，具体参见B2。

由前文分析可知，非洲五个地区中，东非工业化整体水平属于第二梯度，其中北非和南非工业化水平高于东非。整体来看，2000年以后东非工业化发展以2009年为分水岭，2009年达到最高值后受全球金融危机影响开始下降，2016年又呈现上升态势，但至2019年又出现下降，未恢复到危机前的水平（见图5）。分指标来看，由图6可知，2000年以后工业化阶段指标、制造业科技水平指标、制造业国际竞争力指标以及资源利用水平指标四类一级指标也呈现上升的态势，尤其是制造业科技水平指标，由2000年的0.032上升到2019年的0.093。

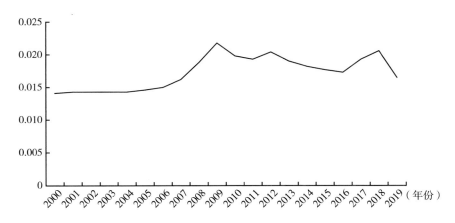

图 5 东非工业化指数（2000～2019 年）

资料来源：世界银行。

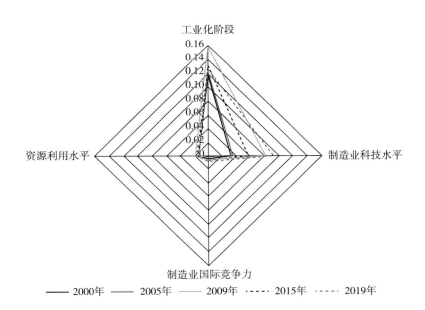

图 6 工业化指数分指标雷达图（2000～2019 年）

资料来源：世界银行。

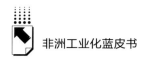
（三）东非各国工业化发展情况

从东非具体国家来看，该地区工业化水平发展不均衡（见图7）。因其较高的人均制造业值，塞舌尔一直是该地区工业化指数最高的国家，2019年在非洲54个国家中排名第六；但同期该地区埃塞俄比亚、苏丹、南苏丹和厄立特里亚四国工业化指数排在非洲54个国家中的最后五位中。2019年12个东非国家中工业化指数最高为塞舌尔（0.2839），最低的为厄立特里亚（0.0403）。

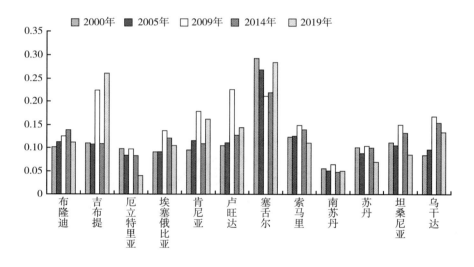

图7　东非各国工业化指数（2000～2019年）

资料来源：世界银行。

三　东非工业化进程缓慢的原因

东非经济结构和增长方式的特点是工业化程度不高，其原因包括贫困和不平等问题严重，制造业发展落后，失业问题严重等。

（一）贫困和不平等

贫穷遍及东非各国，按照 2011 年国际购买力平价（PPP）每人每天 1.90 美元的极端贫困标准估算，该地区贫困人口比例为 33.3%；按照 2011 年国际购买力平价每人每天 3.10 美元的贫困标准估算，东非贫困人口比例为 55.3%（见表 4）。塞舌尔贫困率最低，其次是苏丹，布隆迪和卢旺达的贫困率很高，极端贫困人口超过 60%。按照 2011 年国际购买力平价每人每天 3.10 美元的标准来看，贫困人口比例更为明显，从吉布提和苏丹的 40% 左右到布隆迪的 89.2%，解决贫困问题极具挑战性。这种情况同样也反映在联合国开发计划署发布的人类发展指数（取值 0 ~ 1，越靠近 0 越低，越靠近 1 越高）数值中，十个国家中，除塞舌尔（0.780）外，其余九国人类发展指数范围均在 0.400 ~ 0.550。较高的极端贫困人口比例意味着虽然东非近年经济增长强劲，但该地区经济体并未创造高质量的工作。

同时东非还面临严重的不平等问题。由表 4 可知，平均来看，该地区 48.4% 的收入流向最富裕的 20% 人群，30% 的收入流向最富裕的 10% 人群。相比之下，只有 6% 的收入流向最贫困的 20% 人群，只有 2.3% 的收入流向最贫困的 10% 人群。具体来看，各国之间的差异巨大，南苏丹和吉布提的不平等程度较高，布隆迪、坦桑尼亚和苏丹的不平等程度较低。不平等应成为决策者主要关切的问题，因为其不利于减贫，并导致社会缺乏凝聚力甚至可能爆发冲突。

2018 年埃塞俄比亚政府承诺将其预算的 60% 用于以解决贫困为目标的部门如教育、卫生、农业、水资源和路政等。坦桑尼亚和苏丹也以提高农业生产力和追求由农业工业化主导的增长为重点进行减贫。尽管东非各国为解决贫困和不平等做出了巨大努力，但结果却不甚满意。持续的贫困和不平等又要求东非各国进一步研究和重新审视所推行政策，在诸如索马里和南苏丹等国家，和平与安全是这些国家的优先事项，国家支出重点是国防和安全，而不是制造业和相关的减贫部门。

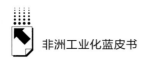

表4　东非各国贫困和不平等情况（2005～2019年）

单位：%

国家	贫困			不平等				
	年份	贫困人口比例[1.90美元(2011 PPP)]	贫困人口比例[3.10美元(2011 PPP)]	年份	最富裕10%人口收入占比	最富裕20%人口收入占比	最贫困10%人口收入占比	最贫困20%人口收入占比
布隆迪	2006	71.7	89.2	2013	31.0	46.3	2.8	6.9
吉布提	2013	22.5	44.6	2013	34.1	50.0	1.7	4.9
埃塞俄比亚	2010	33.6	71.3	2015	31.4	46.7	2.6	6.6
肯尼亚	2005	33.6	58.9	2015	31.6	47.5	2.4	6.2
卢旺达	2013	60.4	80.6	2012	37.9	52.2	2.4	6.0
塞舌尔	2014	1.1	2.5	2013	39.9	53.0	1.9	5.4
南苏丹	2009	42.7	63.5	2010	33.2	50.6	1.3	3.9
苏丹	2009	14.9	38.9	2009	26.7	42.4	2.6	6.8
坦桑尼亚	—	—	—	2011	31.0	45.8	3.1	7.4
乌干达	2012	34.6	65	2016	34.2	49.8	2.5	6.1
东非平均值		33.3	55.3		30	48.4	2.3	6.0

注：厄立特里亚和索马里数据缺失。
资料来源：非洲开发银行。

（二）制造业发展落后

过去40年来，中国和韩国等东亚经济体取得了令人瞩目的经济增长，目前中国已经建成了比较完善的工业体系，基础设施齐备，生产能力得到较大的提升，成为世界制造业大国，表明制造业是一国经济发展及国家竞争力的基石。以加快制造业发展为基础结构转型可以大大加快非洲工业化进程，但即便进入21世纪，非洲仍未实现结构转型和包容性增长，工业化进程仍相对缓慢。

非洲国家 2000~2009 年经济的快速增长主要是大宗商品出口和资本流入加快的结果，提高的中产阶级的消费能力带来这一增长阶段过去后 49 个非洲国家中有 38 个进口增长超过出口的现象。大多数非洲国家都经历了"去工业化"，这种增长方式不能为年轻人创造足够的工作岗位，同时还建立了一种脆弱的经济结构，即整个经济取决于单一或少量商品出口，这种模式主要是由非洲工业化程度低和经济增值较低造成的。

加快以制造业为主工业化通常被认为是打破经济增长依赖初级商品出口的有效方式。非洲工业化过程有助于缓解经济依赖农业和采掘业，加快制造业发展和提高生产率相对较高的服务业产值。在过去的几十年中，农业一直是东非经济体的支柱，但由于该地区 12 个国家中有 10 个国家是非资源密集型国家，由联合国贸易和发展会议数据库数据可知，东非农业对 GDP 的平均贡献率从 2000 年的 29.09% 缓慢降到 2018 年的 26.43%，同期工业占GDP 的比重从 19.35% 上升到 25.01%，但工业中的制造业对 GDP 的贡献由11.61% 下降到 8.17%，制造业部门仍相对落后；同时从具体国家来看，厄立特里亚制造业对 GDP 的贡献从 2000 年的 11.16% 下降到 2018 年的6.03%，同期肯尼亚从 14.1% 下降到 8.3%，塞舌尔从 12.62% 下降到7.68%。近些年东非经济体并未有效进行经济多样化和结构转型，因此无法从技术驱动的全球化中受益良多，同时经济还容易受到外部冲击。

长期依赖农业导致至今大多数就业机会仍在农业中，由表 5 可知，东非农业部分吸纳了大量劳动力，2019 年农业就业占比为 65.4%，高于非洲整体水平（48.9%）。从具体国家来看，除吉布提和苏丹外，其余 9 国农业就业占比都很高，2019 年布隆迪和索马里农业就业占比高达 80% 以上。2019年东非各国工业就业占比均在 17% 以下，且大多数国家均在 10% 以下。这意味着，尽管近年来东非农业对经济的贡献在缓慢下降，但期望从农业过渡到工业甚至是以制造业为主的经济发展模式，还得经历一段长期的过程；同时也在一定程度上说明东非劳动工人可能缺乏在工业和服务部门工作所需的必要技能，即使经济转向以制造业为主，仍然会有很大一部分工人被困在农业中。

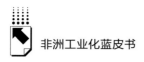
表5 2019年非洲及东非三次产业就业占比

单位：%

国家/地区	农业	工业	服务业
非洲	48.9	12.7	38.4
东非	65.4	7.9	26.8
布隆迪	86.2	3.4	10.5
吉布提	24.6	13.4	62.0
厄立特里亚	63.1	7.3	29.6
埃塞俄比亚	66.6	9.3	24.1
肯尼亚	54.3	6.2	39.4
卢旺达	62.3	8.6	29.1
索马里	80.3	2.4	17.3
南苏丹	60.4	16.4	23.2
苏丹	38.4	16.8	44.8
坦桑尼亚	65.1	6.5	28.4
乌干达	72.1	6.5	21.4

注：塞舌尔数据缺失。
资料来源：世界劳工组织。

（三）失业问题严重

尽管东非地区近年来经济增长强劲，但高失业率也同样存在，经济增长未能有效吸收增长的劳动人口，不利于工业化的发展。由表6可知，2019年吉布提、索马里、南苏丹和苏丹的15岁以上失业率均在10%以上。青年失业率尤为严重，吉布提和苏丹15~24岁失业率分别为21.6%和32.1%。东非经济体未能从低生产率的农业结构转变为高生产率的非农业结构，正式工作机会的缺乏迫使年轻人只能在农业和非正式家庭企业中寻找工作，限制了就业结构的变化，再加上高生育率，部分国家劳动力失业率居高不下，进一步扩大了贫富差距。

表 6　2019 年东非各国劳动力失业率情况

单位：%

国家/地区	15 岁以上失业率	15～24 岁失业率	25 岁以上失业率
布隆迪	1.4	2.6	1.1
吉布提	11.0	21.6	8.8
厄立特里亚	6.3	10.9	4.7
埃塞俄比亚	2.0	3.2	1.5
肯尼亚	2.6	7.2	1.5
卢旺达	1.0	1.7	0.8
索马里	12.8	19.8	10.0
南苏丹	12.0	18.6	9.3
苏丹	16.8	32.1	13.2
坦桑尼亚	2.0	3.5	1.3
乌干达	1.7	2.5	1.4

注：塞舌尔数据缺失。
资料来源：世界劳工组织。

四　加快东非工业化的对策建议

（一）优化制造业发展的政策环境

首先，最重要的是要保持稳定的政治经济环境，在此基础上，确保引资政策的可延续性和可靠性，稳定外国投资的市场预期。从近年来大的跨国集团投资决策的案例来看，政局稳定、经济快速发展、不确定因素较少，这是国际资本投资目的地选择的必要条件。其次，完善国际贸易政策也是扩大吸收外资和促进制造业发展的一个重要渠道，一些国家在建立打造"经济特区"等方面做出的有益探索，开始显现积极成效。最后，因地制宜打造特色，突出比较优势，应成为政策设计的核心要义。比如，近年来，埃塞俄比亚着手打造工业园区，将自身打造成为东非国家的物流大动脉与集聚点，这些都是打造政策软环境、加快工业化进程的有益探索。

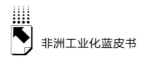
（二）通过合理的产业政策引导工业化方向和领域

非洲多数国家拥有丰富的初级产品资源，受益于 20 世纪 90 年代矿制品和能源价格的快速上涨，部分非洲国家采矿业一度吸引了大量的外国投资，然而，大多数非洲国家政府却未能充分利用这种发展机遇来实现经济结构转型，构建适度多元化的制造业体系。这对于东非国家的政策启示意义在于，东非各国要通过合理的产业政策引导工业化和制造业发展的方向和领域。因此可以结合非洲"经济特区"尤其是中非经贸合作区的实践探索，营造良好的投资条件，完善配套服务体系，促进制造业产业集群发展壮大。

（三）完善基础设施建设

基础设施薄弱是制约非洲产业发展和经济增长的关键问题，据测算，非洲大陆每年基础设施缺口约 350 亿美元，改善基础设施薄弱局面对于推进东部非洲工业化进程具有重要意义，完善基础设施建设是推进东非工业化和一体化进展的重要因素，直接影响东非各国贸易和投资的吸引力。具体而言，非洲各国有以下四种方式集中优势资金进行基础设施建设：第一，直接使用国内财政收入对国有企业注资，进行基础建设投资；第二，鼓励国内有能力有资金实力的公司进行基础建设投资，政府给予相应的税费减免等优惠政策；第三，吸引外资企业到当地进行基础建设投资，政府给予相应的优惠措施；第四，争取世界银行、欧洲投资银行等国际组织的资金援助，并考虑将这些资金优先用于基础设施建设。这四种方式，并不是独立的，几种方式之间可以进行相互组合，合作的方式会优于上述四种独立的方式，因为通过合作可以实现优势互补，例如，本国公司更熟悉当地的经济环境，国有公司在当地更具有影响力和号召力，而外资企业拥有先进的管理经验和生产技术。

（四）推动东非一体化建设

在积极融入全球经济的同时，推动东非区域融合也尤为紧迫。东部非洲国家也逐渐认识到加强非洲大陆的区域经济合作，建立更易发挥规模经济效应的统一市场，解决非洲内部的经济和产业发展障碍，最大化释放区域市场的潜力，加强区域内的经济合作，促进非洲区域一体化发展。非洲国家经济一体化已取得了一定的进展，并呈现加速的态势，2000年东非共同市场正式启动非洲第一个自由贸易区，东非共同体继2001年正式恢复成立，南部非洲发展共同体自由贸易区于2008年正式启动建设，2015年东南非共同市场、南部非洲发展共同体和东非共同体成员国签署协议整合这三大区域组织，启动非洲大陆自由贸易区谈判，2019年7月非洲大陆自由贸易区正式建立，非洲区域经济一体化迈入新阶段。这些区域经济组织的建立有利于扩大非洲市场的潜力，便于非洲各国分享统一市场，有助于提高东部非洲制造业和工业品的竞争优势，构建更强大和可持续的东非经济增长路径。

（五）形成产业集聚，获得规模效应

东非国家要在防止垄断的基础上，鼓励企业适度做大规模，同时引导制造业发展产业集群，形成制造业地理上的相对集中。产业集群发展不仅可以降低企业中间产品的运输成本，也可以使产业链上下游企业和配套产业间形成相互的支撑，形成规模经济和范围经济效应。可以探索经贸合作区等"经济特区"发展模式，促进产业集群发展，这有利于培育制造业的国际竞争力，进而更好地加快工业化进程。此外，加强非洲本土企业与跨国公司之间的前向与后向联系，促进FDI技术溢出效应的释放，也是提高本土制造业竞争力的可行路径。

B.5
西非区域的工业化进程

陈玮冰*

摘　要：　西非地区共有16个主权国家，具有非常丰富的自然资源及较大的海岸线优势，是工业化禀赋条件较好的非洲地区之一。但与此同时，西非地区工业化也具有较为明显的制约因素。如西非国家多为资源出口型经济，导致其经济结构十分单一。过度依赖国际市场导致外部风险极高、西非各国产业高度重合、缺乏行业内的整合，使西非各国在产业领域的合作遭遇极大的局限。此外虽然西非地区具有非洲最大的共同体组织，但其合作力度明显不足。为此，西非地区应加大产业合作，并进行适度的产业结构调整，需要不断完善市场机制，以求达到市场一体化的最终目标。

关键词：　西非　工业化问题　工业化前景

一　西非区域基本情况

西非（Western Africa）是指非洲西部地区。西非通常是指非洲大陆南北分界线和向西凸起部分的大片地区，为地理、人种和文化过渡地带。非洲大陆南大西洋海岸线在这一地区呈东西走向的部分曾以象牙海岸、黄金海岸而闻名。西非通常包括毛里塔尼亚、塞内加尔、冈比亚、马里、布基纳法

---

* 陈玮冰，经济学博士，广东外语外贸大学非洲研究院讲师，研究方向为国际发展。

索、几内亚、几内亚比绍、佛得角、塞拉利昂、利比里亚、科特迪瓦、加纳、多哥、贝宁、尼日尔、尼日利亚16个国家。1974年和1975年，西非经济共同体和西非国家经济共同体先后成立，习惯上称为"小共同体"和"大共同体"。小共同体由7个法语国家（塞内加尔、科特迪瓦、毛里塔尼亚、尼日尔、布基纳法索、马里和贝宁）组成。大共同体由该7个国家及几内亚、尼日利亚、冈比亚、利比里亚、加纳、塞拉利昂、多哥、几内亚比绍和佛得角组成。在1997年的第14届西非国家经济共同体首脑会议上，确立了西非国家经济共同体为西部非洲唯一的经济共同体。西部非洲工业化、经济一体化的进程从此正式开始。接下来简单介绍下西非16国及其工业化水平。

（一）贝宁国情及工业化状况

贝宁是联合国公布的最不发达国家之一和重债穷国。农业和转口贸易是国民经济两大支柱。主要经济作物有棉花、腰果、油棕榈等，其中棉花是主要出口创汇产品。贝宁是西非重要转口贸易国，到港货物多转口销往尼日利亚等周边国家。工业基础薄弱，设备陈旧，生产能力较低。2017年，其产值占国内生产总值的比重为24%。贝宁主要有食品加工业、纺织业和建材业。工业人口约占全国劳动人口的10.6%。实行结构调整以来，已有部分企业实行了私有化，剩下的大型国有企业也将陆续私有化。资源较贫乏，已探明矿藏有石油、黄金等，但储量有限。塔隆执政后，将农业、旅游业、服务业确定为优先发展领域，制定《2016～2021政府行动计划》。重点发展新科技产业，计划建设技术与创新园区，大力发展数字经济。重视棉花生产，加快私有化进程。重视能源领域发展，拟定"人人享有能源"计划。改善投资环境，鼓励外国企业在贝宁投资，取得了一定成效，经济保持增长。2019年7月，贝宁加入亚洲基础设施投资银行。

（二）布基纳法索国情及工业化状况

布基纳法索是联合国公布的最不发达国家之一。经济以农牧业为主。棉花是布主要经济作物和出口创汇产品。工业基础薄弱，资源较为贫乏，全国

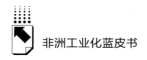

仅5%的劳动力从事工业生产。2019年工业产值约占国内生产总值的31%。其工业主要为农牧产品加工业和轻工业，包括纺织业、屠宰业、制糖业、皮革制品业、啤酒生产业、塑料制品及少量电力工业、机械工业等。2018年黄金产量52.6吨。现有矿业公司24家，其中外资公司11家，合资公司8家，本国独资公司5家。建筑业发展迅速。自1991起，44家国有企业实现私有化。

（三）科特迪瓦国情及工业化状况

科特迪瓦实行以"自由资本主义"和"科特迪瓦化"为中心内容的自由经济体制。20世纪六七十年代经济发展迅速，国内生产总值年均增长8%，创造了"经济奇迹"。进入80年代后，受西方经济危机的影响，经济状况恶化。90年代中期曾一度复苏。1999年科发生军事政变后，经济急剧恶化。2007年内战结束后，经济低速回升。2011年4月科大选危机结束后，新政府积极开展恢复重建，大力扶持港口、石油等重点部门，振兴咖啡、可可等支柱产业，整顿金融市场，开展基础设施建设，改善投资环境，积极争取外援和外资，取得一定成效。2012~2015年科经济年均增长率约为9.2%。瓦塔拉连任总统后，提出经济结构转型，制定了2016~2020国家发展规划。

科特迪瓦工业产值约占国内生产总值的21.3%。农产品加工业是其主要工业部门。其次是棉纺织、炼油、化工、建材和木材加工工业。1996年新油田开采后，矿产能源业在工业领域所占比重逐年增加。2015年科石油产量为1073万桶，同比增加55.6%。科曾是西非电力大国，多余电力向贝宁、多哥等国出口。受战乱影响，电力行业一度发展缓慢，2010年甚至从周边国家进口电力。2012年起发电量逐步增加，2015年发电量约为85.27亿千瓦时，同比增加3.79%，并为科创造约1.65亿美元外汇收入。2017年发电量为2200兆瓦时。

（四）佛得角国情及工业化状况

佛得角经济以服务业为主，产值占国内生产总值的70%以上。粮食不能自给，工业基础薄弱。20 世纪 90 年代初开始改革经济体制，调整经济结构，推行经济自由化。独立党重新执政后，提出以发展私营经济为核心的国家发展战略，重点发展旅游业、农业、教育、卫生及基础设施建设。2007年 12 月，佛加入世界贸易组织。2008 年，佛正式脱离最不发达国家，进入中等收入国家行列。2009 年，受国际金融危机和国内自然灾害影响，经济增长放缓。2010 年以来，政府大幅增加公共投资，刺激经济发展。2012 年下半年以来，国际金融危机和欧洲主权债务危机对佛经济的滞后影响逐步显现，佛经济发展速度再度趋缓。2016 年佛政府推出一系列经济改革措施，受改革措施拉动和欧元区回暖影响，经济总体向好。

佛得角工业基础十分薄弱。其工业产值占国内生产总值的 19.2%，工人约占劳动总人口的 29%，并以建筑业为主。中小建筑公司主要从事商业和民用住宅建筑，几家大公司主要从事基础设施和公共工程建设。制造业不发达，近年来在国内生产总值中的比重不断下降，目前不足 1%。有中小工厂 150 余家，主要从事制衣、制鞋、水产加工、酿酒、饮料装瓶等。

（五）加纳国情及工业化状况

加纳以初级资源品出口为主，矿产品、可可产品和木材产品是加纳三大支柱产品。1983 年开始推行以建立市场经济为核心的经济结构调整，并取得明显成效。1994 年被联合国取消最不发达国家称谓。20 世纪 90 年代末期，由于国际市场黄金、可可价格下跌等外部因素的冲击，加经济陷入困境，财政赤字剧增，货币塞地大幅贬值。2002 年加入"重债穷国倡议"。2004 年经国际货币基金组织确认达到重债穷国经济完成点，开始获西方国家大幅减债。2007 年，加发现石油资源，探明储量约 15 亿桶，2010 年底实现商业开采。按世界银行标准，加自 2010 年起从低收入国家进入中等偏低收入国家行列。

在经济方面，加纳宏观经济基本保持稳定。2008 年以来，受国际金融危机等不利因素影响，经济发展陷入困境，米尔斯政府上台后采取一系列稳定经济政策，加之加创汇支柱产品黄金和可可产销两旺，油气资源实现商业开采等利好因素，国际金融机构和投资者对加信心回暖，直接投资呈较快增

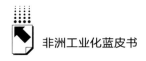

长趋势。2011年，加GDP增长率达15%，成为非洲乃至世界经济增长最快的国家之一。

2013年以来，加经济增速放缓，2016年经济增速降至3.6%。加财政赤字占国内生产总值比值已超过国际警戒线，货币加速贬值，通胀一路攀升，国际货币基金组织警告称加经济面临崩溃的风险。为应对经济困局，加政府采取一系列开源节流措施，加强外汇交易管制，增加税收，抑制通胀，改善财政状况，努力遏制经济下滑势头。

加纳的工业基础薄弱，原料依赖进口。主要产业为采矿、木材、食品加工、水泥、冶金等。2017年工业部门受油气业增收影响增速显著，增长17.5%，产值占国内生产总值的比重由2016年的24.3%升至25.6%。黄金、石油开采等采矿业近年成为最有活力的产业，近年来产值年均增长59.8%。自2000年以来，矿业收入是加外汇主要来源，占其外汇收入比例年均约为38%。2017年黄金产量约130吨，同比增长20%；锰矿产量约300万吨，同比增长50%；钻石产量约8.7万克拉，同比下降39%。2018年黄金产量480万盎司（1吨≈35273.96盎司），超过南非成为非洲最大黄金生产国。制造业主要有木材和可可加工、纺织、水泥、食品、服装、皮制品、酿酒和碾米等制造业。有3家钢铁厂，主要以废钢铁为原料生产钢筋，年产量12万吨，可满足加市场需求。为保护本国纺织业，2005年7月政府采取征收惩罚性关税等措施限制纺织品进口。2019年工业部门增长6.4%，其中石油业增长15.1%，制造业增长6.3%，工业对GDP贡献率为34.2%。

（六）几内亚国情及工业化状况

几内亚是世界上最不发达国家之一。经济以农业、矿业为主，工业基础薄弱，粮食不能自给。自然资源丰富，有"地质奇迹"之称；铝、铁矿储藏大、品位高，其中铝矿探明储量居世界第一；此外还有钻石、黄金、铜、铀、钴、铅、锌等。水利资源丰富，是西非三大河流发源地，有"西非水塔"之称。农业发展条件得天独厚，可耕地600万公顷，其中80%未开垦。孔戴政府重视增加主要城市的水、电供应，大力发展农业，加强基础设施建设，加强对资源开发的管理与控制，经济恢复增长。孔戴总统第二任期制定《2016—2020 年国家经济和社会发展计划》，对内加强宏观经济调控，对外积极寻求国际支持。

（七）冈比亚国情及工业化状况

冈比亚是穷债国和世界上最不发达国家之一，农业、转口贸易和旅游业为主要收入来源，经济体量小，工业基础薄弱，2019 年工业产值约占国内生产总值的 17.8%。基础薄弱，发展缓慢。主要为农产品加工和建筑业，还有少量轻工业。全国可耕地面积在 60.5 万公顷，农作物种植面积在万公顷，粮食不能自给，半数种植花生，花生出口是传统创汇来源。实行自由贸易政策，转口贸易活跃。旅游业总产值占国内生产总值的 21%，吸纳就业岗位占全国的 17.2%，每年接待游客 20 万人次。巴罗上台后，将农业、能源、基础设施和卫生确认为施政重点和优先领域，表示将加大投入，并积极推动制造业、采矿业等发展，促进青年就业，改善人民生活；积极寻求国际援助。

（八）几内亚比绍国情及工业化状况

几内亚比绍是联合国公布的最不发达国家之一。工业基础薄弱，2017 年工业产值约占国内生产总值的 13.6%，工业人口占劳动人口的 1%，工业多以农产品和食品加工业为主。粮食不能自给。渔业资源丰富，发放捕鱼许可证和渔产品出口是其主要外汇收入来源。2005 年以来，几比政府制定并实施减贫战略，积极发展农业，推行以水稻、腰果为主的多样化种植战略。2009 年，几比政府改革财政税收政策，加强公共行政管理，努力促进经济发展。在 2010 年 12 月几比达到"重债穷国倡议"完成点，国际货币基金组织等先后宣布免除其 90% 以上的债务。受国际金融危机影响，几比粮油价格大幅上涨。2011 年，几比政府实施第二个减贫战略，腰果出口和财政收入有所增加，全年经济形势好于预期。2012 年 4 月军事政变对国民经济造成冲击，当地供应短缺、物价上涨，腰果收成和贸易受到影响。2014 年大选后经济略有起色。

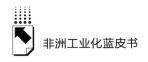

（九）利比里亚国情及工业化状况

利比里亚是世界上最不发达国家之一。利比里亚是农业国，但粮食不能自给，工业不发达，矿产资源丰富。天然橡胶、木材等生产和出口为其国民经济的主要支柱。全国 10% 的人口从事矿业和制造业，矿产能源领域收入占政府收入的 30%。内战期间由于政局持续动荡，生产受到严重影响，产值急剧下降，近年来有所恢复。2019 年工业总产值 3.84 亿美元，占当年 GDP 的 12%。2007 年联合国解除对利钻石出口制裁后，利钻石生产和出口逐步恢复，当年生产钻石 2 万克拉，出口创汇近 270 万美元。2019 年钻石出口价值 4071 万美元。

（十）马里国情及工业化状况

马里是世界上最不发达国家之一。经济以农牧业为主，粮食不能自给，系非洲主要产棉国和产金国。近年马里政府重点发展农业，加强水利、道路等基础设施建设，加快石油勘探和矿产开发。为增加税收、扩大就业，政府积极招商引资，兴建水泥、汽车组装、食品加工、制糖等一批新兴企业，还大力推动矿产、油气资源开发。目前马国民经济逐步恢复，但尚未达到危机前水平。

工业上，马里工业基础薄弱。2018 年，马工业年产值占国内生产总值的 20.6%。2016 年马全国工业企业 800 家，绝大多数为私营企业，主要部门有食品加工、出版印刷、纺织、建筑材料等。57% 的企业位于首都巴马科，17% 的位于塞古。50 人以下的企业占 86%，200 人以上的企业仅占 3.6%。

（十一）毛里塔尼亚国情及工业化状况

毛里塔尼亚是世界上最不发达国家之一。经济结构单一，基础薄弱，矿业和渔业是国民经济的两大支柱，油气产业是新兴产业。外援在国家发展中起着重要作用。1992 年，毛与国际货币基金组织和世界银行达成协议，开始执行经济结构调整计划，推进自由化进程，同时采取国家调控、监督市场和稳定物价等措施。随后，毛实行经济自由化政策和减贫发展战略，制定吸引外资的优惠政策，推进市场经济体制改革，加大对农业和基础设施的投入。2008 年，毛继续积极与国际金融机构合作，世界银行、IMF 及"八国集团"开始实施免债承诺，免去毛每年 2500 万美元还款。2008 年 8 月政变后，总额达 5 亿多美元的外援遭冻结，但作为经济支柱的渔业、矿业、石油国际合作未受到制裁影响，毛经济获得低速增长。2009 年 8 月，阿齐兹就任总统后，国际援助、合作逐步恢复；阿大力发展农工业，积极开发矿产资源，吸引外国投资，加大基础设施建设，致力于改善民生和改变国家落后面貌。但近年来受国际原材料价格下跌影响，毛矿产特别是铁矿石收入减少。加之受海水温度上升影响，渔业产量和收入也有所下降。毛经济增长下行压力加大。

工业方面，毛里塔尼亚工业不发达，主要是一些采矿和小型加工业。采矿业以开采铁矿为主，是世界第七大铁矿石供应国。2019 年生产铁矿石约 1200 万吨，铁矿出口收入超过 10 亿欧元。铁矿石主要出口中国、意大利、德国、法国等。油气生产是新兴产业，2007 年日产原油 1.6 万桶左右，全年出口创汇 6.42 亿美元，后原油产量逐年下降，目前日产量在 6850 桶左右。

（十二）尼日尔国情及工业化状况

尼日尔是联合国公布的最不发达国家之一。坦贾总统执政后，加强宏观调控，整顿国家财政，西方国家和国际金融机构陆续恢复对尼援助，尼成为"重债穷国减债计划"和"减贫与增长贷款"达标国，经济状况有所好转。2009 年尼宪政危机后，部分国家停止对尼援助，尼财政状况恶化，此外粮食生产受气候影响严重歉收。伊素福总统执政后，出台了 2012 年至 2015 年经济社会发展规划，并积极推进基础设施建设，初步建成本国石油化工产业，同时在巴黎举办融资圆桌会议，争取外援和投资。2016 年伊素福总统连任后，继续推进"粮食自给自足倡议""复兴计划二期""2016 ~ 2020 经济社会发展规划"，大力发展农业、能源、电力、交通等产业，致

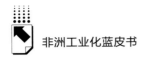

力于整顿经济，改善民生，取得一定成效，经济保持小幅增长。但尼经济基础薄弱，受自然灾害、国际市场波动和国内安全形势影响较大，总体仍十分困难。

工业方面，尼日尔工业基础薄弱，2016 年工业产值占国内生产总值的15%。主要有石油炼制、电力、纺织、采矿、农牧产品加工、食品、建筑和运输业等。根据 1998～1999 年经济改革计划，尼开始对电信、能源、水、燃料等领域的国营企业实行私有化。主要大型铀矿开采合营公司有阿伊尔矿业公司（SOMAIR）和阿库塔矿业公司（COMINAK），尼政府分别占 33% 和31% 的股份。2016 年、2017 年铀产量分别为 3479 吨、3449 吨。

（十三）尼日利亚国情及工业化状况

尼日利亚原为农业国。20 世纪 70 年代起成为非洲最大的产油国。1992年被国际货币基金组织列为低收入国家。1995 年起政府对经济进行整顿，取得一定成效，目前是非洲第一大经济体，2019 年经济总量全球排名第 26。石油业系支柱产业，其他产业发展滞后。粮食不能自给，基础设施落后。2017 年 4 月，尼发布《2017～2020 经济复苏与增长计划》（ERGP），对尼近中期经济社会发展作出全面规划。尼当前正着手制定"2050 年议程"和"国家中期发展规划"，计划未来 10 年内使尼 1 亿人口摆脱贫困。

工业方面，石油工业是尼日利亚国民经济的支柱。尼联邦政府财政收入的 85%、国内生产总值的 20%～30% 来源于石油工业。2019 年日均产油203 万桶，居非洲第一。因国内炼油能力较低，约 85% 的国内成品油消费需依赖进口。电力供应严重不足，现有装机容量 1040 万千瓦，实际最大发电能力 507 万千瓦时，仅不足四成家庭通电。全国有 3 座钢厂，年产量仅 1 万余吨。纺织、车辆装配、木材加工、水泥、饮料和食品加工等行业大多集中在拉各斯及其周围地区。制造业发展水平低，多数工业制品仍依赖进口。

（十四）塞内加尔国情及工业化状况

塞内加尔是世界上最不发达国家之一，但经济门类较齐全，三大产业发展较平衡。粮食不能自给，是西非地区主要的花生、棉花生产国。渔业、花生生产、磷酸盐出口和旅游是塞四大传统创汇产业。近年来塞经济保持稳定增长。工业产值约占国内生产总值的 25%。全国有 500 多家企业，85% 的工厂企业集中在达喀尔。食品加工业是最主要的工业部门，约占每年工业增加值的 40% 左右。化工业在每年工业增加值中所占比重为 12%，主要生产磷酸盐和化肥等。2010 年磷酸盐产量为 105.5 万吨。近年汽车装配业发展迅速，2003 年同印度塔塔国际公司成立了生产汽车的合资公司，2008 年又同伊朗 KHODRO 公司成立了轿车组装工厂。此外，建筑业近年因政府大力开展基础设施建设而获得较快发展。

（十五）塞拉利昂国情及工业化状况

塞拉利昂是世界上最不发达国家之一。经济以农业和矿业为主，粮食不能自给。长期内战使塞基础设施毁坏严重，国民经济濒于崩溃。内战结束后，塞政府集中精力重建经济。科罗马总统执政后，重点解决电力短缺问题，优先发展农业、基础设施和矿业，加强税收征管，努力保持宏观经济稳定，实现经济快速增长。埃博拉疫情暴发后，塞经济社会发展受到较大影响。2016 年塞拉利昂政府将疫后重建作为首要任务，经济逐步恢复，但仍面临不少困难和挑战。2018 年人民党政府上台后，将农业、教育、卫生等作为施政重点。

工业化方面，2019 年工业生产总值约占国内生产总值的 5.9%。采矿业是主要工业部门，其余有建筑业、食品加工业、制鞋业、石油提炼业、制漆业等。2018 年钻石出口 1.57 亿美元。

（十六）多哥国情及工业化状况

多哥是联合国公布的世界上最不发达国家之一。农业、磷酸盐和转口贸易是三大支柱产业。1983 年起实行经济结构调整计划。1989 年建立洛美保税区以吸引外资。20 世纪 90 年代初由于政局动荡，多经济一度陷入严重危机。1994 年后，随着政局趋稳，经济逐步走出低谷。2010 年 12 月，多达到

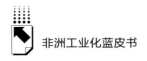

"重债穷国"完成点，获免外债18亿美元。自2011年以来，多政府实施《国家农业投资和粮食安全计划》，扩大农业生产；加大对磷酸盐产业投入，加强与外资合作开发新矿；加强洛美港、洛美机场等基础设施建设，改善投资环境，经济整体保持上行趋势。2013年以来，多政府发起"多哥发展通道计划"，力图通过打通南北铁路、公路通道及在沿线建设电站、电信等基础设施，带动周边农业、矿业、物流、通信和服务等产业综合协调发展，达到拉动多哥经济发展的目的。政府积极推动金融体制改革，成立多哥投资和控股公司，积极吸引外资。福雷总统2015年再次连任以来，积极推行经济改革举措，致力于改善营商环境，改善小微企业融资条件，经济保持稳步增长。2019年3月，多哥启动新国家发展计划（2018～2022），希望借此走上全面发展道路。一是依托区位和港口优势，加强基础设施、能源和信息通信建设，打造地区贸易物流枢纽；二是建立农产品加工与制造业产业园，力争2022年一半以上农产品由本地加工，提高产品附加值，减少贸易逆差；三是采取切实措施改善民生，向贫困家庭发放补贴，增加乡村地区公共服务，计划5年内新增100万个就业岗位。多政府计划投入4.6万亿非洲法郎支持该计划，争取2022年经济增长率提升至7.6%。但由于基础薄弱，结构单一，加之2017年8月以来政局不稳冲击营商环境，经济总体仍比较困难。

工业基础薄弱。工业产值占国内生产总值的21%。主要工业门类有采矿、农产品加工、纺织、皮革、化工、建材等。工业企业中75%的为中小企业。20世纪90年代初的社会动乱曾造成工业生产全面萎缩。1994年以来工矿业生产逐步恢复，2004年磷酸盐产量达到150万吨，但因社会动荡，2005年产量下降为100万吨，2009年降为70万吨。2013年产量90万吨，同比增长3.4%。

二 西非地区工业化指数分析

西非工业化发展总体来说十分缓慢，多以农业加工、矿业等初级工业为主。西非共涵盖了16个国家，本部分就2000～2019年的数据对西非国家的工业化指标进行总体及个体的定量分析。所采用的指标体系与本报告 B2 部分一致，并未进行修正。本部分从 5 个角度对西非 16 个国家进行工业化水平分析，首先从指标总体进行分析，其他 4 个角度包括工业化阶段、制造业科技水平、制造业在国际上的影响力、资源利用水平。

（一）西非国家工业化指标总体分析

西非地区的平均工业化指数在整个非洲地区处于第二梯队。第一梯队为北非（工业化指数 0.0611），第二梯队为南非（工业化指数 0.0184）、东非（工业化指数 0.0173）和西非（工业化指数 0.0158），第三梯队为中非（0.0108）。而在第二梯队内部，南非强于东非，东非强于西非。在西非内部的 16 个国家历年工业化指数变化如图 1 所示。

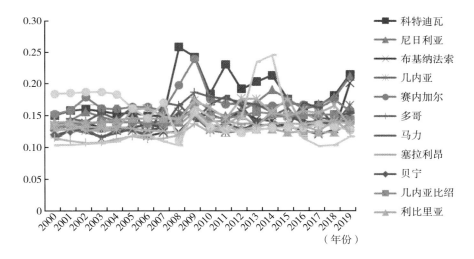

图1　西非国家历年工业化指数变化

资料来源：世界银行。

由图 1 可以发现，在西非 16 国当中，位于第一梯队的国家是科特迪瓦和塞内加尔，其平均工业化指数分别为 0.1636 和 0.1539，其中科特迪瓦在2007 年内战结束后经济快速复苏，大力扶持港口、石油等重点部门，工业化发展也取得了一定的进步，并于 2011 年名列西非国家工业化指数的第一

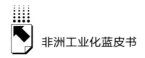

位，科特迪瓦工业出口的主要产品除了农业加工品之外便是电力输出，其多余电力向贝宁、多哥等国进行出口；塞内加尔的工业发展相对来说比较平稳，食品加工企业是其最为主要的工业部门，约占每年工业增加值的40%，其次，化工业占其每年工业增加值的12%，主要生产磷酸盐、磷酸钙、磷酸铝和化肥等，近些年汽车装配迅猛发展，使塞内加尔工业指数常年位居西非国家前五。

第二梯队有7个国家，分别为尼日利亚（0.1392）、多哥（0.1379）、加纳（0.1345）、佛得角（0.1323）、几内亚比绍（0.1277）、马里（0.1238）、塞拉利昂（0.1206）。其中尼日利亚是一个以石油出口为经济支柱的国家，而且其天然气、煤炭产量均为非洲第一，是一个当之无愧的资源出口型国家，随着其自然资源不断被发现，尼日利亚在近年来资源出口大幅提升，也带动了其工业化发展；多哥在2007~2012年工业化发展迅猛，其主要带动为磷酸盐产业投入，加大了新矿的开采与出口；加纳在2005年之后也逐步发展起来，但是在2013年由于财政赤字的不断扩大，其工业化的发展进程逐渐放缓，但在2017年后油气业的大力发展又再一次推动了加纳的工业化进程；佛得角凭借在21世纪初期的10年里与其他西非国家相比有着不错的工业化水平，但是受2009年经济危机和自然灾害的影响，经济增长放缓，2012年随着欧债危机的爆发，佛得角经济再度雪上加霜，难以再现其在21世纪初的辉煌；几内亚比绍的工业发展在西非国家当中较为平缓，其主要的产业是农业，其中的腰果产业是其出口的主要来源；马里的矿业是其主要的收入来源，马里是非洲第四大黄金出口国，因此在经济危机期间，依赖黄金出口，马里工业化指数得到快速提高，但这也暴露了马里的工业化高度依赖黄金出口的弊端；塞拉利昂工业指数相对稳定，工业主要表现为矿产开采，其中铁矿石探明储量超过200亿吨，钻石2300多万克拉，是名副其实的资源导向型经济体。

第三梯队也有7个国家，分别为利比里亚（0.1190）、贝宁（0.1189）、几内亚（0.1172）、布基纳法索（0.1171）、毛里塔尼亚（0.1150）、尼日尔（0.1146）、冈比亚（0.1108）。其中，利比里亚在21世纪前十年由于刚刚结束内战工业化平稳发展，但是在 2014 年遭受到埃博拉的冲击，经济大幅衰退，工业化的进程也遭受到攻击，排名徘徊在西非国家中的后几位；贝宁是西非国家中资源相对贫乏的国家，因此缺少资源出口，工业基础设施也无法铺设，导致其工业基础十分薄弱，其主要的工业停留在食品加工、纺织和建材业上；几内亚在 2008 年前总统孔戴病逝后发生了军事政变，使几内亚一度沦为西非工业化发展最落后的国家，2014 年随着埃博拉病毒的蔓延，几内亚的工业体系又遭遇了重创，直到目前几内亚依旧停留在低水平发展的区间；布基纳法索近 10 年一直处于内乱中，经济发展几乎停滞，21 世纪的前 5 年有一定的发展，随后的 15 年国家经济停滞不前，其探明的矿产虽多，但由于技术和国内政治的原因难以得到有效开采；毛里塔尼亚在近 10 年得益于其政局的稳定，是西非国家中少有的工业化指数逐年上升的国家，但是由于其周边地区安全形势恶化，其经济也难以得到稳定的发展；尼日尔是西非国家中发展最差的，但是其铀矿产量巨大，是世界第三大铀输出国，在 2013 年之前这笔出口费用并没有给尼日尔政府带来更多的利益，随着 2014 年尼日尔与阿海珐公司签订了新的协议，尼日尔政府可以从铀出口中赚取更多的收益，在 2014～2015 年铀出口一度占到其出口总额的 90%，尼日尔成为非洲国家工业化产品出口比例最高的国家，因此在这两个年度尼日尔成为西非国家中工业化指数最高的国家；冈比亚是西非国家中工业化指数最低的国家，其曾在 2015 年凭借木材加工出口占据了西非国家工业化发展指数第二的位置，但绝大多数情况下其工业化指数是强于尼日尔，但尼日尔曾两度成为西非工业化指数最高的国家，所以平均落后于尼日尔。

（二）西非地区工业化阶段指标分析

工业化阶段系列指标主要反映地区工业化的进程及其所处的发展阶段，包括人均国内生产总值、人均制造业净产值、人均制造产品出口额、农业总产值占 GDP 的比重和农业就业人数占总就业人数的比重、城市化率。本部分通过探究工业化指数的各项子指标以更加细致地分析影响西非各国工业化指数变化的因素。

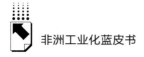

（1）人均国内生产总值

人均 GDP 能体现一个国家的经济发展程度，通常来说经济发展水平越高的国家人均 GDP 越高，而工业化程度也相应的越好。图 2 展示了西非国家 2000~2019 年人均 GDP 的变化情况。

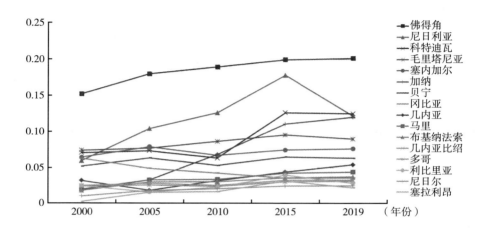

图 2　西非国家主要年份人均 GDP 变化

资料来源：世界银行。

由图 2 可以看出，佛得角的人均 GDP 在西非一直处于第一的位置，有着十分不错的经济基础，其人均 GDP 的走势也是稳中有升，但其工业化指数与其经济发展水平并不匹配，其工业化指标在西非仅排第 6 位，这是因为其国家主要经济来源为旅游业，并不纳入工业体系当中；尼日利亚的人均 GDP 有着十分明显的变化，由 2000 年的 567.93 美元上升至 2014 年的 3222.69 美元，但其后虽逐年降低，至 2018 年也依旧为 2000 美元以上，当然一部分原因是尼日利亚的人口众多，拉低了其平均值，其总体 GDP 在世界排名第 26 位，是非洲国家中最高的国家之一。

（2）人均制造业净产值

人均制造业净产值（MVApc）是总净制造业产出与人口规模的相对值，是可以衡量一个国家工业制造水平的最直接的指标，相对比制造业总值，人均制造业净产值更能体现一个国家的工业水平。图 3 展示了西非国家 2000 ~ 2019 年 MVApc 的变化情况。

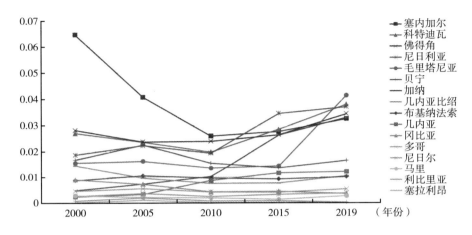

图 3　西非国家主要年份 MVApc 变化

资料来源：世界银行。

由图 3 可以发现，第一梯队的科特迪瓦、佛得角、塞内加尔、加纳和尼日利亚。这 5 个国家中除了塞内加尔是由高到低再上升的趋势外，其余四个国家均是大体上升的走势，且在近年这五个国家的制造业净产值十分接近。这五个国家的共同特点是，工业产值大于农业产值，且工业产值可以占GDP 的 20% 以上，说明这些国家相对比其余的西非国家有一定的工业基础，虽然各自秉承的工业体系并不相同，如佛得角是以建筑业为主，尼日利亚是以石油为主，其余三个国家均是以食品加工为主。

第二梯队与其他梯队的差距也比较明显，这些国家分别为毛里塔尼亚、贝宁、几内亚、几内亚比绍、布基纳法索。这些国家为典型的农业国，农业生产总值大于工业生产总值，其中几内亚比绍农业生产总值占到国内生产总值的 50% 以上，是名副其实的农业国。其余国家为第四梯队，工业体系更加薄弱，与前几个梯队的差距较为明显。

（3）人均制造产品出口额

人均制造产品出口额（MXpc）表示为人均，以根据国家大小进行调整。制造业出口数据显示了初步的国际效率，并揭示了结构趋势。然而，关于大型经济体的 MXpc 数据由于存在巨大的内部需求和对国内市场的激励而有所偏颇。此外，并不是每隔一段时间就能得到所有国家的出口数据，根据现有的数据库，这一指标需要根据总商品出口值与制造产品出口占总出口的比例相乘与人口规模的相对值得出。

由图 4 可以发现，大部分年份位居第一的科特迪瓦，共有两个年份达到 1 万美元，并于 2002 年、2015 年成为西非人均制造业出口的冠军，其出口产品主要为可可、原油、咖啡等，主要出口国家为荷兰、美国、法国、比利时；多哥共有 3 个年份达到 1 万美元，并于 2011 年、2014 年、2016 年成为西非人均制造业出口的冠军，其出口产品主要为棉花、磷酸盐和咖啡，主要出口对象为西非的布基纳法索、贝宁、尼日尔和科特迪瓦；几内亚近些年异军突起，并于 2017 年、2018 年连续两个年度获得西非人均制造业出口额第一位，其出口的主要产品为黄金、铝矾土、钻石、氧化铝等，主要出口国为中国和加纳。

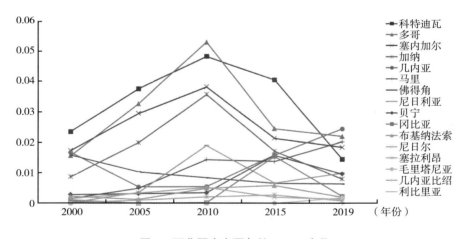

图 4　西非国家主要年份 MXpc 变化

资料来源：世界银行。

（4）农业总产值占 GDP 的比重、农业就业人数占总就业人数的比重

非洲工业化在现阶段应该更加关注农业领域，也即增加与农业生产、加工、运输、市场等领域的工业化，因此，农业市场、农业就业人员的比重可

为非洲工业化进程提供足够坚实的发展契机。通常以国际标准，农业总产值占 GDP 比重越低的国家工业化程度越高，工业化程度越低的国家在农业领域工作的就业人数便越高，但是在非洲国家农产品加工与农业在统计上难以进行独立的划分，因此在进行工业化指数构造上加入农业总产值占 GDP 的比重以及农业就业人数占总就业人数的比重，以丰富指数的多元性（见图5、图6）。

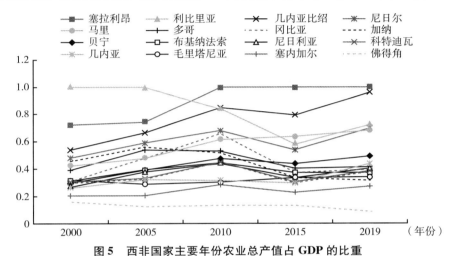

图 5　西非国家主要年份农业总产值占 GDP 的比重

资料来源：世界银行。

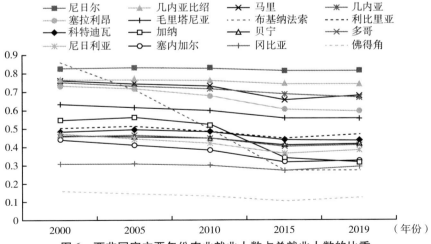

图 6　西非国家主要年份农业就业人数占总就业人数的比重

资料来源：世界银行。

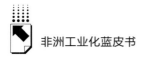

农业总产值占 GDP 的比重、农业就业人数占总就业人数的比重均可以体现一个国家农业在经济当中的比重，对于本属于工业化类目的农产品加工及相关的就业也一定程度上涵盖在这两个指标中。从图 5 和图 6 中可以发现，这与前几项指标的排名有着较大的差异，其中较为明显的是佛得角，该国在人均 GDP 和制造业方面均排名靠前，但在农业方面是排名最后的一位。但是其他在上述几项指标表现较为突出的国家如科特迪瓦、加纳、多哥等，在农业领域依旧排名中上，说明这些国家是农业与制造业并驾齐驱，产业分类较为完整。而在制造业指标上十分靠后的一些国家如利比里亚、尼日尔等，在农业的两项指标中均名列前茅。

（5）城市化率

城市化率通常采用城镇人口占总人口的比重来表示，由于工业化的实质是在城市中建立工厂，使更多的农业人口转化为工人，从而提高城市就业率，推动工业化。因此，工业化通常在城市中率先进行，通常认为城市化率越高的国家，相对应的工业化水平相对也会越高。图 7 表示西非国家城市化率 2000~2019 年的变化。

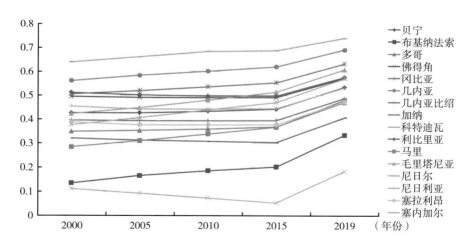

图 7　西非国家主要年份城市化率变化

资料来源：世界银行。

由图 7 可以得知，西非各国的城市化率大部分逐年增加，可以认为城市化正在缓慢进行。其中，佛得角是西非国家中城市化率最高的国家；排位第二的冈比亚其城市化率平均高达 60%；加纳也是年均城市化率超过 50% 的国家，其主要的原因是矿产出口自 2000 年后成为其外汇的主要收入来源，因此加大力度进行开采，使更多的农村人口开始前往城市。

第二梯队的国家平均没有达到 50% 城市化率，贝宁于 2016 年城市化率达到 50%，与第一梯队的国家不同，贝宁是以棉花、纺织等农产品加工为主要经济支柱，以棉花等经济作物为主的产业链分布在贝宁城市和农村当中；几内亚比绍于 2017 年达到 50% 的城市化率，其农业人口占全国劳动力的 85%，城市化率也达到 50%，因此再次印证从事农业加工等农业价值链的统计被纳入农业口，也再次印证了本文工业化指数的完善性；科特迪瓦于 2014 年城市化率达到 50%，其支柱产业也是农产品加工业，此外科特迪瓦也是电力大国，从而造就了科特迪瓦的高城市化率。

（三）反映制造业科技水平的指标

反映工业化当中科技水平可以通过制造业科技水平的情况来探索一个国家工业化的技术深化和升级水平。为了代表这一复杂的维度，本报告运用两个复合的子指标——工业化强度和出口质量。其中，工业化强度的计算方法为高新技术产业增加值在总产业增加值中所占比重（HMVAsh）和制造业增加值占国内生产总值的比重（MVAsh）。出口质量是高新技术制造业出口占总制造业出口的比重（HMXsh）和制造业出口占总商品出口的比重（MXsh）。

（1）高新技术产业增加值在总产业增加值中所占比重

高新技术产业增加值在总产业增加值中所占比重这一指标体现了制造业技术的复杂性。高新技术制造业增加值在制造业增加值总额中所占比例越高，说明一个国家的产业结构和整体产业竞争力在技术上越复杂。经验分析表明，发展一般需要从低技术活动向中、高技术活动结构过渡。一个国家的生产结构越复杂，在部门和部门间学习和技术革新的机会就越大。

由图 8 可以看到西非国家在高新技术产业增加值在总产业增加值中所占比重，首先需要说明的是，该指标从 2008 年才开始设立，因此本报告该指标从 2008 年开始计算。其中科特迪瓦在历年平均上居于第一位，其主要的高端制造业是电能生产，常年向周边国家输送电能；尼日尔是一个重债穷国，在工业化当中位于非洲国家的末位，但是其在 2013 ~ 2015 年在高新技术产业增加值在总产业增加值中所占比重位于西非国家的第一位，具体的原因是 2013 年尼日尔与其境内的阿伊尔矿业（SOMAIR）、阿库塔矿业公司（COMINAK）和阿泽里克矿业股份公司（SOMINA）签订了新合约，使其铀矿产业使用费提升，这大幅增加了其天然铀和浓缩铀的生产，提升了其在制造业生产中的比例。

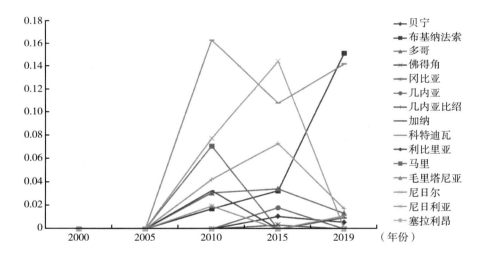

图 8　西非国家部分年份 HMVAsh 变化

资料来源：世界银行。

（2）制造业增加值占国内生产总值的比重

制造业增加值占国内生产总值的比重（MVAsh）衡量了制造业在一个经济体中的权重，是一个经济体工业化程度最直接的指标之一。

由图 9 可以发现，综观整个西非，所有国家的制造业都没有超过 20%，当然制造业仅是工业的一部分。通常来说，工业包括采掘业、制造业、电力、蒸汽，制造业是工业体系当中划分最为详细的部分，以国际标准产业分类来看采掘业涵盖 5 个子项目，制造业涵盖 23 个子项目，电、煤气和水供应共占 2 个子项目，由此可见，制造业在工业体系当中举足轻重的地位。

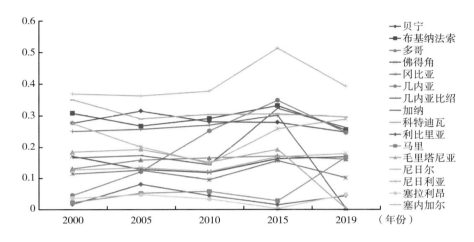

图 9　西非国家 MVAsh 2000～2019 年变化

资料来源：世界银行。

对于西非国家来说，大多数经济发展相对较好的国家属于资源型国家，一些产业分布相对较均匀，以及以农产品加工为主要经济来源的国家会在这一项目上得到比较高的比重。如塞内加尔，虽然其人均 GDP 不足 2000 美元，但是不论其人均制造业增加值还是制造业增加值占国内生产总值的比重均在西非国家名列前茅，可以说明塞内加尔的制造业是属于那种相对较为低级的农产品加工，属于低附加值的制造业，也可以进一步说明塞内加尔的产业分布相对较为均匀。

其次，科特迪瓦不论是经济发展、工业发展还是高端制造业发展均排名靠前，是一个产业均衡发展、制造业产业均衡发展的国家；布基纳法索、贝宁、几内亚比绍的制造业占比年均超过 10%，但是逐年递减，这三个国家均是资源匮乏型国家，主要的制造业是农产品加工，并且高端制造业部分十分欠缺，属于相对比较初级阶段的制造业。

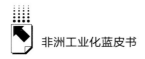

（3）高新技术制造业出口占总制造业出口的比重、制造业出口占总商品出口的比重

高新技术制造业出口产品的技术含量和复杂性是对于工业化进程一个较高标准的指标。由于 MHXsh 在某些情况下可能与 MHVAsh 有本质上的差异，因此，在制成品出口中，中高技术产品所占的份额将与前面的指标一并考虑。制造业出口占总商品出口的比重反映了制造业在出口活动中的权重，可以体现一个国家制造业在其国民经济当中的权重。

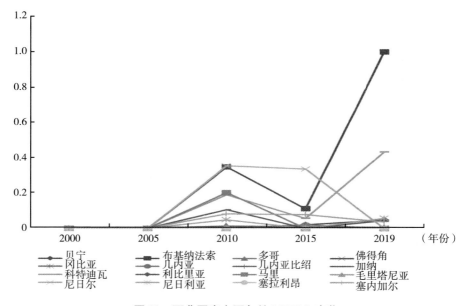

图 10 西非国家主要年份 MHXsh 变化

资料来源：世界银行。

MHXsh、MXsh 与 HMVAsh 及 MVAsh 分别强调了对外贸易和国内经济当中高端制造业及制造业占其整体生态的比重。

HMXsh 指标，尼日利亚和科特迪瓦依旧是排前两名的国家，尼日尔在2013 年、2014 年的精炼铀出口值由于政策利好出现了超过占制造业总额50% 的比例；从这一指标上来看，西非各国高新技术制造业的生产和出口在制造业层面是基本一致的。

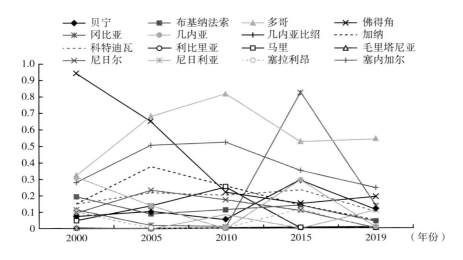

图例：
◆ 贝宁　　■ 布基纳法索　　▲ 多哥　　✕ 佛得角
※ 冈比亚　　● 几内亚　　＋ 几内亚比绍　　‥‥ 加纳
‥‥ 科特迪瓦　　○ 利比里亚　　□ 马里　　△ 毛里塔尼亚
✕ 尼日尔　　※ 尼日利亚　　○ 塞拉利昂　　＋ 塞内加尔

图11　西非国家主要年份 MXsh 变化

MXsh 指标上，排名第一的是多哥，其在 MVAsh 方面是排在 10 名左右，其主要出口的制造业产品是棉花、磷酸盐和咖啡。值得说明的是，第一，咖啡这种经济作物其种植和采摘属于农业的范畴，但烘焙后的咖啡豆及脱咖啡因，以及咖啡制品的生产均属于制造业；第二，棉花这种经济作物，其种植和沤浸属于农业范畴，其余棉花的加工、纺织、精加工等均属于制造业。因此多哥凭借其稳定的制造业在制造业出口方面排名西非国家的第一。其次，佛得角在 2000～2004 年出现了超过 80% 的比例，其主要出口产品为海洋制品，如鱼类和鱼制品，值得一提的是海洋捕捞、水产养殖均属于农业，但其加工属于制造业。

（四）反映制造业在国际上的竞争能力

反映国家工业化发展的第三个维度是国家对世界制造业的影响，包括世界制造业增加值份额和世界制造业贸易增加值份额。世界制造业增加值影响力（ImWMVA），该指标以一国在世界制造业增加值中所占的份额来衡量，它反映了一国在世界整体制造业中的相对表现和影响。世界制造业出口影响力份额（ImWMT）是通过一个国家在世界制造业出口中的份额来进行衡量的指标。它显示了一个国家在国际市场上相对于其他国家在制造业出口方面的竞争地位：世界市场份额的增加反映了其在全球竞争力的增强，而市场份额的减少则是竞争力下降的信号。该指标与世界制造业增加值影响力共同构成国家国际工业化竞争力的指标。

世界制造业增加值影响力以及世界制造业出口影响力份额实质上是评价一个国家制造业的整体水平而非人均，因此在这个指标方面人口大国便凸显了其优势。由图 12 和图 13 所示，排位第一的尼日利亚，其人口在 2019 年达到 2.01 亿，是世界第七大人口国家，因此在制造业总量上尼日利亚无悬念地成为西非国家的第一位，在制造业出口方面尼日利亚依旧是排位第一，但是由于其炼油能力较低，因此其出口的多为原油，约 85% 国内的成品油依然需要依赖进口。

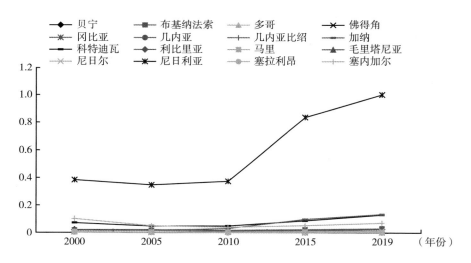

图 12　西非国家主要年份 ImWMVA 变化情况

资料来源：世界银行。

科特迪瓦是一个不论平均还是总量均在西非前列的国家。科特迪瓦人口2570 万人（2019 年），其中来自西非其他国家的外国侨民占据了 26%，说明科特迪瓦是非洲具有人才吸引力的国家，也进一步印证了科特迪瓦是一个在西非相对发达的国家。

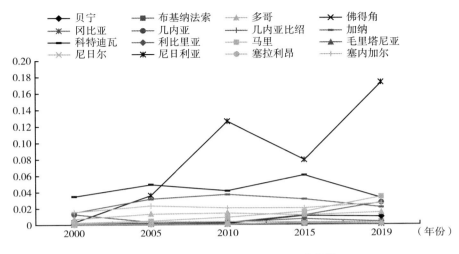

图 13　西非国家主要年份 ImWMT 变化情况

（五）反映资源利用水平

图 14 和图 15 分别表示西非国家单位能耗和单位电耗的历年变化图。这
两项指标通常用来观测一个国家的能源消耗和电力消耗的情况，一方面可以

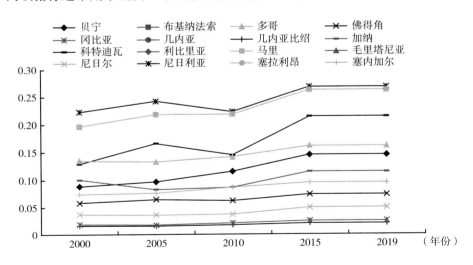

图 14　西非国家主要年份 EUpc 变化情况

资料来源：世界银行。

用在环境保护方面，另一方面也可以用来证明该国的工业发展实力。尼日利亚在能源消耗方面，排名第一，但是尼日利亚由于其人口众多，凡是涉及人均或者单位的其均不占优势。值得一提的是，这两项指标由于部分国家缺乏数据，采取了整个非洲均值进行了填充，因此在单位能耗的第三位到第八位，单位电耗的第二位到第十位均为非洲地区的平均值，在一定程度上反映了西非地区的单位能耗和单位电耗整体低于非洲地区的平均水平。

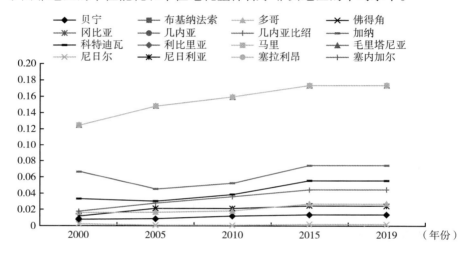

图15 西非国家主要年份 EPpc 变化情况

三 西非工业化综合评价

综观整个西非的工业化指数，以及各指标的详细分析，我们可以详细地了解到西非16个国家的工业化发展的整体情况。根据对各指标的分析，可以将西非各国分为四个类型，分别为资源驱动型国家、产业均衡型国家、服务业驱动型国家、农业驱动型国家。本部分就西非工业化水平进行定性的综合评价。

1. 资源驱动型国家

西非国家有许多以资源出口为经济支柱的国家，如尼日利亚、塞拉利昂、马里、多哥、尼日尔，其根据技术的应用水平不同及人口数量不同有着截然不同的工业化情况。对于矿产及石油资源类型的国家拥有较好的资源禀赋，但是值得一提的是，这类资源型国家生产的资源部分属于矿物开采，归为采矿业，加工、提炼的部分归为制造业，而大多数国家仅仅停留在第一层面，对于矿产的加工涉及不多。然而，工业化的发展需更多地体现技术上的应用，仅停留在简单开采方面的国家并没有获得高指数。此外，由于本文的非洲工业化指数更多地体现出人均制造业的情况，因此尼日利亚这样的人口大国虽然其制造业总量及其世界影响力巨大，但并没得到第一位。

2. 产业均衡型国家

这一类型的国家在西非相对较少，如科特迪瓦和塞内加尔。科特迪瓦和塞内加尔是各个指标前列的常客，这两个国家的特点是并不依赖自然资源来提升国民经济水平，而是稳扎稳打地通过农产品加工及其他工业品来获得相对稳定的经济发展和出口。这一类型的经济体通常具有稳定的国内政治和良好的基础设施，是吸引外来人口和投资的重要保证。科特迪瓦和塞内加尔在工业化指数上分别位列第二和第三，也证明了其均衡稳定发展对于工业化发展的重要性。此外，这两个国家在工业发展上除了农产品加工之外，还有诸如电力及化工产品的生产，在高端制造业上又占据了较高的位置。

3. 服务业驱动型国家

这一类型的国家在西非有佛得角和冈比亚，其在工业、农业收入的占比均不超过20%。其中佛得角的工业、农业在西非国家中均排名靠后，却靠旅游赚取了大量的收入，也使佛得角具有较高的人均GDP。而冈比亚在工业基础不发达、农业无法自产自足，且由于实在过于贫穷，其旅游收入也无法为其国家带来更高的外汇收益，其在西非国家当中排名最后一位，是西非国家工业化发展最落后的国家。

4. 农业驱动型国家

这一类型的国家人口从事农业领域工作的占比超过40%，且以农业生产为主要经济收入来源。这些国家包括几内亚比绍、马里、几内亚、贝宁、毛里塔尼亚、布基纳法索、利比里亚。其中利比里亚在20世纪初的农业占国内生产总值的比重将近80%。这些国家的工业发展低于其农业的发展，

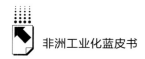

其中一个主要原因是这些国家并不属于资源十分发达的国家，或由于技术的限制无法对其国内的资源进行过多的开采，但是由于其农业十分发达，农业制造的部分也在一定程度上归入农业方面，因此这种类型的国家的工业化发展具有巨大的潜力。

四　西非国家工业化发展所面临的问题和前景分析

（一）西非国家工业化发展所面临的问题

西非区域工业化发展的特点是，具有较为显著的有利因素，但同时也具有较为明显的制约因素，依据前文针对非洲工业化指数的分析，概括其工业化发展目前所面临的主要问题，如下。

1. 发展历史的延续性

西非工业化的发展缓慢具有一定的历史延续性，这是由于西非国家均遭受过来自西方国家的殖民统治，独立后也都或多或少地承受着历史遗留下来的沉重经济负担。西非国家由于矿产资源丰富，在殖民时期便是西方国家的资源输出国，而这一经济发展模式一直延续到现在，形成路径依赖，也导致西非许多国家过于依赖其国内的资源出口获得的高收益，而疏忽利润相对低的普通制造业，导致即便其具有较高的国内生产总值，但其工业化基础依旧薄弱。

2. 经济发展程度参差不齐

西非区域经济发展相对缓慢，超过一半的国家人均 GDP 还未超过 1000 美元，仅有 4 个国家人均 GDP 超过 2000 美元，区域间的贫富差距巨大。此外先天不足的经济基础、低下的经济管理水平、纷争不断的内部民族矛盾和国内党派斗争使本就工业水平低下的西非国家难以构建自身的工业体系，仅有的工业体系仍停留在以中小型农矿原料加工工业为主的低级阶段，工业产品主要依赖进口，加之多数国家的经济发展过度依赖外部贸易，导致国际上有风吹草动都会使该国的经济发展遭受重创。

3. 西非一体化进程缓慢

非洲国家工业化发展离不开区域一体化，这是由于西非国家众多，市场割裂严重，一体化发展有助于西非形成完整的工业化体系。但是一方面，由于西非优越的地理优势，特别是沿海国家的港口，与欧美国家仅一海之隔，运输较为便捷，沿海国家过多地依赖欧美国家，而与内陆国家联系甚少；另一方面，资金和技术的匮乏迫使资源型国家不得不加强与西方的合作，也导致过度地依赖外部，与其他国家联系不足。基于上述两点可以得知，西非国家一体化进程缺乏一定的内生动力。

4. 合作范围的局限性

由于西非各国生产力水平都很低，商品经济和贸易不发达，各国之间的相互关系仅限于贸易往来，而金融、技术的流动微乎其微，而且大部分地区的商品货币市场仍处在割裂状态。就商品贸易而言，产业结构和外贸结构十分单一，缺乏互补性，制约着西非各国间必要的和更加广泛的交流。以农业生产为例，西非各国生产的产品集中在咖啡、可可、棉花和花生上，这几种产品生产的国家多达 10 个，出口的商品也高度集中在农产品加工方面。此外，西非必要的经济作物和矿物原料的生产主要为其原宗主国服务，西非各国与原宗主国的经济互补性仍较为强劲。加之西非各国市场割裂严重，每个国家的市场均不大，人民生活水平低，购买力弱，限制了其市场经济的发展和国家间的经济合作。

（二）西非国家工业化发展前景

西非国家在工业化发展的过程中面临了诸多的问题与挑战，但是凭借其强大的自然禀赋优势，加之一定的政策条件，西非国家的工业化大有可为，本部分从以下四点进行探讨。

1. 加强各国自身经济的发展，是工业化发展的内生动力

随着经济的不断发展，对于工业产品的需求也会随之增加，而没有各国经济的不断发展，西非区域一体化的进程也会是无源之水。因此，为了发展本国经济，西非各国应该处理好如下几个关系。①各产业之间的平衡关系，

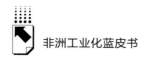

西非资源型国家对于资源出口的依赖是十分强烈的，也导致对其他产业的挤压，因此单纯依赖资源出口的国家通常"国富民穷"，而那些产业平衡的国家通常会有较高的工业化水平。②外向型经济与内向型经济的关系，与中国双循环不同的是，这里提到的内向型经济是指与西非各国之间的经贸往来，这是由于西非各国多依赖与西方国家或原宗主国之间的贸易往来而忽略其他西非国家，因此增加内向型经济有利于西非国家构建一体化的工业体系。③农业和工业的关系，西非国家对于工业的发展停留在较为初级的矿产资源加工和农产品加工方面，相对于其他已经完成工业化的国家所叙述的工业化，西非国家对于工业化的认知依旧停留在与农业相关的产品加工方面，对于工业化认知的偏低，导致其国家对于工业化的需求过低，也进一步压缩了工业化的发展。因此，加强西非国家对于工业化高级阶段的意识，是促进西非工业化发展的内生动力。

2. 调整产业结构，增强国家间的经济互补性

西非各国经济发展中的一个主要障碍便是各国之间的产业结构单一且趋同，以及大宗商品均出口到原宗主国。为了克服这一结构性单一缺陷，首先，西非各国的产业结构调整必须纳入经济合作的轨道，即各国应该按照互补的原则调整原来的经济结构。而这种调整必须在合作和竞争中动态进行，也即不能不均衡地牵动各国之间的利益，引发一定的矛盾，西非各国应该从经济一体化的整体利益出发，克服各自的短期利益。其次，按照比较优势原则，实行生产专业化的分工，因地制宜，合谋产业布局，拉开经济空间梯度。在农业一体化方面，要基于农业现代化的发展，使各国原优势产能部分实行专业化生产，形成各自的优势产业，如通过分工形成棉花生产国、棉花纺织国、成衣制造国、成衣出口国等。而各成员国面向出口的同类产品（如咖啡、可可等），可由原生产国有计划地协调生产，根据国际市场需要，在产量上进行配额分成。在工业专门化方面，西非国家应制订区域总体规划。按规划发展规模经济，建立共同体多国合资的工业企业和联合企业，并合理布局，分工协作。首先，应该建立大型现代化农矿产品的加工工业，其次，联合开发一些为一国财力所不能承受、其产品为一国无法

吸收的，或面向出口的重头工业项目，如建筑材料、交通工具、农业机械、资源和能源开发、化工产品、钢铁企业、家用电器等，联合开发可变现为投资合作、联合生产和分享产品。在建立地区性合资或联营企业的同时，必须实施一些保护措施，如内部投资优惠条例，自产产品在内部流通的优惠政策（实施免税自由流通等），使西非地区逐步形成相互依存的经济实体。

3. 建立地区性的交通运输网，为区域合作发展改善硬环境

公路是西非地区的主要运输手段。西非国家建立一体化的工业体系离不开完善的公路网。此外，还应加强其他各种运输形式的综合发展：一是充分利用和改善现有铁路和水运条件；二是扩大航空能力；三是海运能力，加强码头港口设施现代化，建立合资船运公司，发展多式联运体系；四是开发能源生产国向邻国辐射的油气管线等。值得一提的是，西非基础设施的建设必须在西非总体规划和地区经济预测模型的基础上，实施统一的规划，协调发展，使运输系统的建设与地区经济规划和布局相协调，调动各成员国长期通力合作的积极性，这样才能逐步形成一个具有区域意义，又不失具有国际意义的交通运输网。

4. 完善市场体系，为建立西非共同市场不断优化市场环境

西非各国建立统一的工业体系，不是一般的经济合作，而是实现区域经济一体化。经济一体化是地区经济合作的更高阶段，是以地区经济合作为基础，以集体自力更生为指导思想，以建立共同市场为主要目标的。因此，对于西非国家来说，首先，完善各国的国内市场体系，加快市场经济体制改革，发展农村经济，密切城乡联系；其次，积极发展第三产业，促进资本、劳务等生产要素的自由流动，有助于拓展市场的广度和深度，因此应该加大力度促进劳务市场、人才市场和技术市场的发育；最后，发挥数字互联网技术对于工业化发展的作用，以中国的发展经验为例，将数字互联网技术应用于工业化，可以极大地提升工业的生产效率，这不仅体现在实体生产上，也体现在贸易体系的各个流程，包括数字平台上的购买、运输、清关等，是市场软实力的最新且最重要的体现。

B.6
中非区域的工业化进程[*]

董俊武　李演琪[**]

摘　要：　中非地区地域辽阔，内部国家具有相似的经济发展路径，但
　　　　　工业化发展水平则差距较大。中非的农业现代化水平低，工
　　　　　业基础薄弱，基础设施欠缺，以油气开采为主的采掘业发展
　　　　　迅速，但制造业不发达，单一的产业结构和不理想的制度环
　　　　　境让中非经济的可持续发展备受挑战。依据建立的工业化进
　　　　　程指标计算得到中非工业化进程的结果，认为中非的工业化
　　　　　发展趋势与非洲大体相似，但工业化发展水平远远落后于非
　　　　　洲平均水平，而且制造业相关指标停滞不前。赤道几内亚和
　　　　　加蓬是中非地区工业化进程最快的两个国家，而其余大多数
　　　　　国家的工业化受国内外影响而缓慢曲折发展。展望未来，中
　　　　　非可通过强化区域内国家间沟通与合作、促进中国与中非合
　　　　　作、调整产业结构，达到推进区域内合作项目的开展、完善
　　　　　供水和供电等基建设施、推进制造业发展和工业化加速的
　　　　　目的。

关键词：　中非　工业化　产业结构

　*　本文系教育部人文社会科学研究一般项目（编号：19YJA630014）、广东省哲学社会科学"十三
　　　五"规划一般项目（编号：GD17CGL07）的阶段性成果。
　**　董俊武，管理学博士，广东外语外贸大学商学院教授，研究方向为战略与创新管理；李演
　　　琪，广东外语外贸大学商学院硕士研究生，研究方向为国际企业管理。

一 中非区域工业化基础

相对于非洲其余四个区域，中非的经济相对落后，经济发展相对缓慢，经联合国批准的 47 个最不发达国家中，中非有四个［中非共和国、乍得、刚果（金）、圣多美和普林西比］。联合国贸易和发展会议数据显示，中非地区 2010～2015 年国内生产总值年均增长率为 4.80%，高于同期世界 2.95% 和非洲 3.10% 的增速，但进入 2016 年后，中非地区经济增速明显放缓，且开始远远落后于世界及非洲其他地区。2016 年中非地区国内生产总值出现 -1.23% 的负增长，2017～2018 年增长均低于 0.5%，2019 年略微回升至 0.78%，但仍未触及 1% 的增长水平。接下来将分别从要素禀赋、经济发展、制度环境以及中非地区重点国家四个方面对中非情况进行概述。

研究发现中非地区生产要素之间的比较优势和劣势较为明显。自然资源，特别是矿产资源，以及大量且仍在快速增长的劳动力资源是促进工业化发展的优势资源，加速开发并恰当利用将有利于推动中非地区工业化进程。就技术和资本要素而言，中非多国目前的农业仍相对比较原始，工业的机械设备仍依赖进口，总体来说技术处于世界落后水平。另外，中非多国的发展计划和基建项目未能顺利实施大多主要受到资金限制，国家的主权债务问题依然存在，因此资本要素显然也是中非地区的短板。综上所述，本节主要从两大具有优势的资源——自然资源和劳动力资源分析中非地区工业化发展的要素禀赋。

1. 自然资源

中非地区除了圣多美和普林西比外，大部分国家都蕴藏丰富的矿产资源，且依赖原油出口发展经济，赤道几内亚和刚果（布）便是当中典型的石油输出国。

喀麦隆矿产资源丰富，已探明的主要矿藏有铁矿（储量约 50 亿）、铝矾土（储量约 11 亿吨）、金红石（约 300 万吨）、铀矿（约 2 万吨）。此外，还有锡、镍、钴、钻石、黄金，以及大理石、石灰石、云母等非金属矿。石油储量约 1 亿吨，天然气约 5000 亿立方米。中非出产黄金、钻石、优质木材等，现探明钻石（储量 4000 万克拉）、铀（储量 2 万吨）、铁（储量 350

万吨）、石灰石（储量 800 万吨）、黄金、镍、锰、铬、锡和水银等多种矿藏，近年在北部地区发现了石油。乍得主要矿藏有石油、天然碱、石灰石、白陶土、钨、锡、铜、镍、铬、铀、黄金等。世界银行评估乍得石油储量为 20 亿桶以上，天然碱产量丰富。刚果（金）的矿产、森林、水资源的储量均位居世界前列，其拥有有色金属 20 多种，铜、钴、锌、钻石、钽铌、黄金、锡、锰、铬等资源储量占世界重要地位，钴资源占世界总量的 50%，钽铌矿资源和铜矿资源分别占世界总量的 80% 和 15%，此外，还拥有丰富的铁矿等黑色金属以及非金属矿等资源。刚果（金）已探明的油气资源丰富，并分布于国内广大区域。刚果（布）的矿产具备良好开发潜力，已探明石油储量 18.83 亿桶、天然气 1000 亿立方米、铁矿石 25 亿吨、钾矿 60 亿吨、磷酸盐 600 万吨及其他大量金、铜等有色金属。赤道几内亚石油天然气和森林资源丰富，而矿藏资源主要有石油、天然气、磷酸盐、黄金、铝矾土、锌、钻石等，其中现已探明原油和天然气储量分别为 11 亿桶和 368 亿立方米。加蓬拥有石油和锰矿等矿藏，已探明的石油储量约 5 亿吨；锰矿蕴藏量 2 亿吨，占全球已探明储量的 1/4；铁矿储量超过 10 亿吨，品位高达 60%；铌矿储量约 40 万吨。其他矿藏有铁矿、铀矿、铌矿、稀土矿、铜矿和锌矿等。

但需要注意的是，中非地区大部分矿产资源除了油气和部分的金矿、钻石矿和金属矿外，大部分尚未被充分勘探，也未被大规模开采，例如乍得的矿藏资源甚至尚未开展普查工作。

2. 劳动力资源

中非劳动力资源丰富。世界劳工组织数据表明，相较于世界及非洲其他区域的人口增长率，2021 年中非人口增长率为 3%，远远高于世界 1.03% 和非洲 2.45% 的平均水平，且根据世界劳工组织的模型预测，中非这种人口增长的优势在未来 15 年将持续保持（见图 1），再加上当前庞大的人口基数，这保证了现在中非地区充足的劳动力供应。另外，目前中非地区劳动力以青壮年为主，劳动力成本相对较低，而且为了促进就业、解决地区失业问题、降低失业率，中非地区的政府普遍鼓励发展劳动密集型产业，例如喀麦隆政府就提出了发展劳动密集型产业，吸收剩余劳动力的战略。

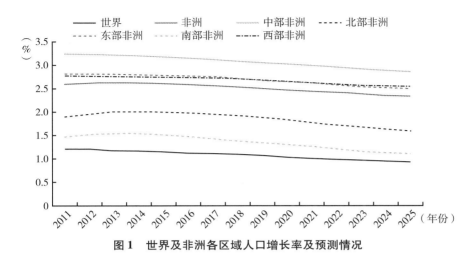

图 1　世界及非洲各区域人口增长率及预测情况

资料来源：世界劳工组织。

除此之外，以 15 岁以下的人口衡量未来的劳动力资源储备情况，中非15 岁以下人口占总人口的比重仍领先于世界及非洲其他区域（见图 2），而且与西非和东非的差距略有拉大的趋势。2021 年中非 15 岁以下人口占总人口比重为 44.82%，超过同期世界 25.30% 的水平，中非劳动力资源储备情况乐观，未来劳动力供给良好。

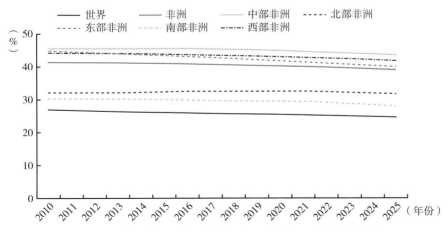

图 2　世界及非洲各区域 15 岁以下人口占总人口比重及预测情况

资料来源：世界劳工组织。

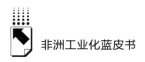
二 中非经济发展情况

（一）中非经济增长情况

联合国贸易和发展会议数据库显示（见图3），非洲地区2000～2019年的经济持续增长，2000～2005年、2005～2010年非洲整体人均GDP增长率均高于世界平均水平，而同期的中非经济发展态势良好，2000～2005年、2005～2010年以4.04%、3.20%的人均GDP增长率排非洲次区域前列。到2010～2014年，非洲整体经济增速放缓，但中非人均GDP依然保持着1.54%的增长，高于非洲整体0.47%的增长。但2014年后，国际油气价格持续低迷，国际援助未及时到位，又由于中非地区大部分国家是能矿资源依赖型经济体，经济结构单一，因此经济发展备受压力，政府财政资金紧张，基础设施建设进展缓慢，不利于持续改善营商环境，最终导致2014～2019年中非人均GDP呈现－2.75%的增长。

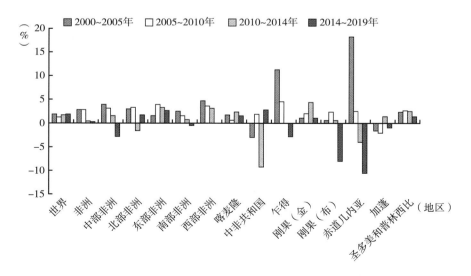

图3 世界及非洲各区域、中部非洲各国人均GDP增长率

资料来源：联合国贸易和发展会议数据库。

（二）中非产业结构情况

中非区域农牧业发展历史悠久，各国农业发展不平衡，但整体农业现代化水平低，仍处于粗放的农牧业阶段，导致农牧业增长缓慢，粮食不能自给而依赖进口；自然资源丰富且具有开发潜力，工业目前以开采石油和天然气为主的采矿业发展最为迅速，工业基础整体薄弱，制造业不发达，工业品和日用消费品大多需要进口；得益于独特且优越的自然和人文风光，以旅游等为主的服务业发展较快，并成为中非地区国家经济发展中重要的一部分。

结合表1的联合国贸易和发展会议数据可知，中非农业产值占GDP的比重虽然远远高于世界平均水平，却相对接近非洲整体平均水平。中非工业产值占GDP的比重则显著地高于非洲各区域，2005年中非工业产值占GDP的比高达51.36%，2019年虽然数据下降至40.35%，但仍是远超世界27.90%和非洲30.83%的平均比例。工业对国民生产总值的贡献值在中非地区尤为突出，但值得注意的是，工业又被细分为采掘业、制造业、建筑业等产业，而中非工业化进程中最重要的产业——制造业表现却不理想。

中非的制造业产值占GDP的比重，远远低于世界平均水平，与非洲各区域相比，则非常接近于最低值（见图4）。2005年和2019年中非制造业产值占GDP的比重分别为8.07%和12.30%，这与中非的工业形成鲜明的对比，工业和制造业对国民生产总值的贡献相差近20个百分点。中非工业、制造业对国民生产总值的贡献有如此巨大的落差，说明了中非地区产业结构单一，依赖采掘业发展经济的问题凸显。这种经济结构有着天然的脆弱性，易受国际大宗商品市场影响，甚至是冲击。仅依靠采掘业和产品初加工发展经济，容易忽视国内缺乏深加工环节、制造业不发达的问题，对经济的可持续发展提出挑战。

因为近年来国际市场油气价格的波动拖累了中非的经济发展，中非地区的部分国家也意识到经济结构单一的问题，以旅游业为主的服务业便逐步发

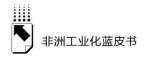

展起来。2000～2019年，整体来看，中非服务业占比大致呈稳步缓慢上升态势，虽然低于世界和非洲平均水平，但仍能看出中非地区对于产业结构转型的意图。

表1　2000～2019部分年份世界及非洲各区域三大产业占GDP的比重

单位：%

年份		2000	2005	2010	2015	2017	2018	2019
世界	农林牧渔业	3.45	3.35	4.05	4.43	4.30	4.13	4.21
	工业	28.98	28.74	29.20	27.99	27.93	28.35	27.90
	制造业	18.55	17.05	16.69	17.09	16.96	17.00	16.70
	服务业	67.57	67.91	66.75	67.58	67.77	67.52	67.89
非洲	农林牧渔业	14.75	14.73	15.23	16.24	16.48	16.07	16.56
	工业	34.23	36.12	34.22	28.67	29.04	31.06	30.83
	制造业	14.18	12.74	10.88	11.21	10.83	11.26	11.69
	服务业	51.02	49.15	50.54	55.09	54.49	52.86	52.61
中部非洲	农林牧渔业	15.28	10.52	10.36	11.99	12.94	12.53	13.45
	工业	48.10	51.36	50.27	41.89	40.64	43.89	40.35
	制造业	8.36	8.07	9.46	10.23	11.70	11.55	12.30
	服务业	36.61	38.12	39.37	46.12	46.41	43.58	46.20
北部非洲	农林牧渔业	12.46	12.20	13.07	14.05	13.79	12.32	12.08
	工业	39.04	45.36	42.49	33.31	32.01	35.96	35.87
	制造业	13.19	11.31	11.50	12.60	11.34	12.44	12.60
	服务业	48.49	42.43	44.44	52.64	54.20	51.72	52.05
东部非洲	农林牧渔业	28.90	26.56	26.20	26.65	28.06	26.63	27.71
	工业	19.28	22.10	21.18	22.15	23.90	24.99	24.39
	制造业	11.56	10.73	9.61	8.50	8.54	8.42	8.33
	服务业	51.82	51.34	52.62	51.19	48.04	48.38	47.90
南部非洲	农林牧渔业	3.56	3.00	2.93	2.59	2.88	2.70	2.39
	工业	31.63	30.99	30.44	29.44	29.53	29.30	29.38
	制造业	18.10	17.76	14.34	13.37	13.26	13.08	13.10
	服务业	64.81	66.01	66.63	67.97	67.60	68.00	68.23
西部非洲	农林牧渔业	23.81	26.65	24.82	21.96	22.46	22.81	22.88
	工业	31.34	27.98	25.41	21.61	23.58	25.83	27.16
	制造业	15.44	12.41	8.52	10.21	9.77	10.54	11.75
	服务业	44.85	45.37	49.75	56.42	53.96	51.36	49.96

资料来源：联合国贸易和发展会议数据库。

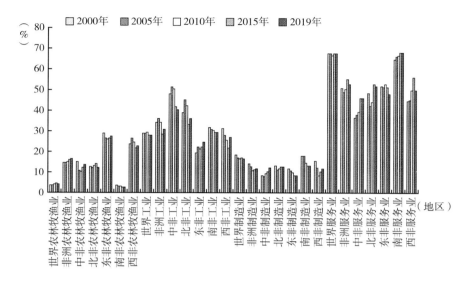

图4 2000~2019年部分年份世界及非洲各区域三大产业占GDP的比重走势

资料来源：联合国贸易和发展会议数据库。

（三）制度环境

经济的发展需要制度的配合，产业的进展需要政策的推动，但以中非地区为例，很多国家缺乏与经济配套的制度和政策，而制度的缺位单纯照搬国外的整套治理与决策材料、方法是不能保证实施的可行性和贯彻性的，也很难契合中非的实际产业结构、经济发展需求以及社会历史背景。国别政策和制度评估（Country Policy and Institutional Assessment，CPIA）指标是世界银行基于良治原则而构建的评估发展中国家国内制度发展水平和决策科学水平的重要指标。它用四类标准进行测量：一是经济管理的一致性，二是结构性政策的一致性，三是政策和机构促进公平和社会包容的程度，四是治理和公共部门管理质量。国别政策和制度评估指标分值范围在1~6，分值越高说明制度建设越完善，政策制定越科学，指标能衡量一国支持可持续增长、减贫和有效利用发展援助的能力。

结合表2世界银行给出的CPIA数据，2019年仅喀麦隆一国的CPIA总

分高于国际开发协会撒哈拉以南成员国的平均值，为3.3分，而中非共和国、乍得、刚果（金）、刚果（布）以及圣多美和普林西比的得分均为3.0及以下。细看CPIA分指标，喀麦隆在经济管理和结构性政策两个指标下的表现比较出色，说明其宏观经济管理质量较好，货币、汇率、财政及债务政策在中非地区相对最优，而贸易、金融和商业环境的政策次之。其余五个国家，除刚果（金）外，债务问题不同程度地凸显，债务政策得分偏低。纵览中非地区6个国家，在第三、第四项分指标的得分显然不理想，产权和规则治理问题、公共部门的透明度问题和腐败问题仍需要加大力度克服，不然将对中非工业化进程造成阻碍。

表2　中部非洲各国国别政策和制度评估指标（2017～2019年）

单位：分

国别	2017年	2018年	2019年	2019年IDA借贷国平均值	2019年SSA IDA平均值
喀麦隆	3.3	3.3	3.3	3.2	3.1
中非共和国	2.5	2.6	2.6	3.2	3.1
乍得	2.7	2.7	2.8	3.2	3.1
刚果（金）	2.8	2.9	2.9	3.2	3.1
刚果（布）	2.7	2.7	2.7	3.2	3.1
圣多美和普林西比	3.1	3.1	3.0	3.2	3.1

注：赤道几内亚和加蓬数据缺失。

SSA：Sub-Saharan African，撒哈拉以南非洲国家地区。

IDA：International Development Association，国际开发协会，该协会宗旨为对低收入国家提供条件优惠的长期贷款以促进其经济的发展。

资料来源：世界银行。

三　重点国家工业化基础概述

（一）喀麦隆

喀麦隆政局长期稳定，经济保持增长，其作为非洲联盟的创始成员国之

一、中部非洲经济与货币共同体（CEMAC）重要成员国，积极参与地区政治、经济一体化进程。

喀麦隆属于中等偏下收入国家，近年来经济一直保持较为稳定的增长，虽然存在财政紧张、债务增长较快等问题，但政府十分重视改善营商环境。2000～2019 年喀麦隆国内生产总值（见图 5）从 100.84 亿美元增长到390.07 亿美元，共实现了约 286.8% 的增长。但注意到在 2009 年、2012 年喀麦隆的 GDP 轻微下滑，2015 年 GDP 的下降幅度相对较大，减少了11.6%。这主要是因为喀麦隆经济属于外向型经济，对外贸易在国民经济中占有重要地位，所以受到 2009 年的全球金融危机和 2012 年全球经济疲软的影响，其经济发展也受到拖累。而自 2014 年下半年开始，国际油价长期在低位徘徊，但原油是喀麦隆第一大出口产品，原油出口额占总出口额的40.8%，喀麦隆对外出口明显表现出对原油的依赖性，石油收入持续下降，经济因此也遭受冲击，2015 年 GDP 便大幅下滑。近几年因资源量和产能有限，原油产量开始减少，而 2019 年的经济增长放缓则主要因为喀麦隆的非石油领域生产，尤其是第一产业和除矿业之外的工业生产放缓。

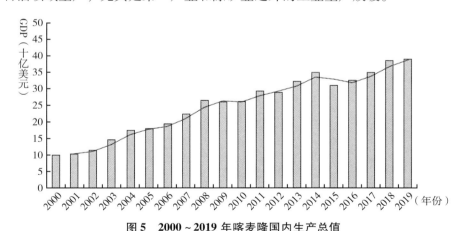

图 5　2000～2019 年喀麦隆国内生产总值

资料来源：世界银行。

喀麦隆相对稳定的整体营商环境吸引外国直接投资逐年缓步增长，据联合国贸易和发展会议发布的《2020 年世界投资报告》，2019 年喀麦隆吸引

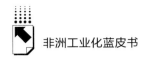

外资流量为 7.82 亿美元，截至 2019 年底，喀麦隆吸引外资存量为 84.34 亿美元。外国直接投资主要投向石油天然气开发、矿产勘探开发、天然橡胶种植出口等领域。

据联合国贸易和发展会议数据，2019 年喀麦隆三大产业结构比为 15.89∶28.14∶55.96。喀麦隆农业发展潜力较大，地理位置优越，光照充足，降雨充沛，自然灾害较少，是中部非洲地区重要农业生产国，素有"中部非洲粮仓"的美誉，但现代化农业技术发展滞后，农业生产力低下，所以粮食作物不能自给而需进口，经济作物则主要以初级产品形式出口。林业则是喀麦隆国民经济支柱产业之一，约占出口额的 24%，主要以原木和锯木等初级产品形式出口。

喀麦隆独立后注重发展工业，已形成一定基础和规模，全国约 15% 的劳动力从事工业，工业水平居撒哈拉沙漠以南非洲前列。喀麦隆的工业主要集中在采掘工业、能源工业、资源产品加工业、农产品加工业、食品工业和日常生活用品工业等。机械设备、车辆、拖拉机、各种仪器、家用电器及其他产品制造工业薄弱，多为空白，产品主要依赖进口。近些年喀麦隆国内开采业发展疲软，喀麦隆国家石油天然气公司数据表明，喀麦隆 2017 年产量 2770 万桶，同比下降 17.8%，2018 年产量 2510 万桶，同比下降 9.4%，2019 年产量 2590 万桶，同比略升 3.2%，而且大部分矿产资源尚处在勘探或筹备开采阶段。为振兴国内石油开采，喀麦隆政府相继制定了一系列鼓励石油勘探和开发政策。近年来，喀麦隆国家石油公司和一些外国石油公司不断加大勘探和研发力度。2013 年 10 月，喀麦隆正式成为"采掘业透明度行动计划"（ITIE）组织的"达标国家"。

（二）中非共和国

中非共和国（简称中非）属于低收入国家，经济发展缓慢，经济形势严峻。2000～2019 年中非国内生产总值（见图 6）从 9.15 亿美元增长到 22.20 亿美元，实现了约 142.6% 的增长。但注意到在 2013 年中非的 GDP 大幅降低，减少了 32.6%，2014 年稍有回升后，2015 年的 GDP 再度下降至 16.96 亿美元。中非国内生产总值的大幅度、持续波动，主要是因为国内政治局势动荡。2012 年底，中非爆发自独立以来最严重的武装冲突，在随后几年基本处于动乱中，这使中非的工农业生产皆遭到破坏，经济受到严重冲击，经济发展倒退。近几年政局回稳，经济也随之回升。

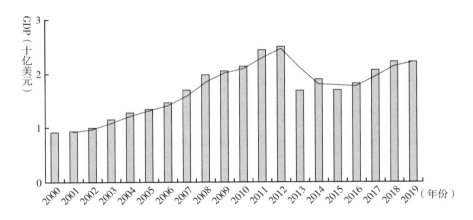

图 6　2000～2019 年中非共和国国内生产总值

资料来源：世界银行。

近年来，中非主要依靠外国援助，吸引外资方面受国内政局影响较大，据联合国贸易和发展会议发布的《2020 年世界投资报告》，2019 年中非吸引外资流量为 2600 万美元，截至 2019 年底，喀麦隆吸引外资存量为 6.84 亿美元。

据联合国贸易和发展会议数据，2019 年中非三大产业结构比为 33.36：21.88：44.76。中非自然条件优越，以农牧业为主，所以第一产业对 GDP 贡献值较高，但其实农业生产仍处于原始状态。而中非工业比较落后，工业基础设施如道路、交通、通信等非常落后，供电、供水严重不足，工业生产能力极为薄弱，制造业没有发展的基础，80% 以上的工业品和日常用品依赖进口。工业中的矿业，以采掘钻石和黄金为主，是中非经济五大支柱中的两个，2019 年钻石产量 2.36 万克拉，出口 2.62 万克拉，成为外汇的重要来

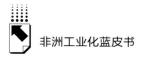

源。由于乍得农产品和日用品不能自给自足，生活物资几乎全部依靠进口，因此物价居高不下，民众生活困苦。

（三）乍得

乍得被联合国列为世界上 47 个最不发达国家之一，人民生活水平低下，超过 55% 的民众生活在贫困线以下。2000～2019 年乍得国内生产总值（见图 7）从 13.85 亿美元增长到 113.15 亿美元，实现了约 716.97% 的增长。但注意到乍得的 GDP 在 2009 年、2015～2017 年曾有较大幅度的下跌，跌幅分别达到 10.61% 和 28.27%（2017 年较 2014 年）。这主要是因为乍得的经济依赖石油出口，是资源导向型经济，2009 年全球金融危机，2014～2017 年国际油价长期在低位徘徊，对乍得的经济产生严重负面影响。2018～2019 年，乍得政府采取多项稳增长举措，助力乍得经济展现复苏势头。

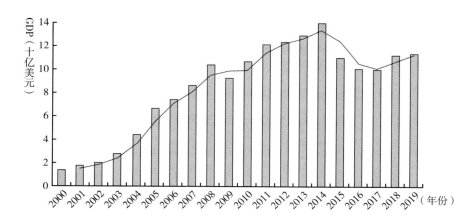

图 7　2000～2019 年乍得国内生产总值

资料来源：世界银行。

由于乍得政局长期动荡，实际吸引外资很少，据联合国贸易和发展会议发布的《2020 年世界投资报告》，2019 年，乍得吸引外资流量为 5.67 亿美元，截至 2019 年底，吸收外资存量为 64.95 亿美元。

据联合国贸易和发展会议数据，2019 年乍得三大产业结构比为 28.45：

18.74∶52.81。乍得是传统的农牧业国，从事农业活动人口占总就业人口的72%，农产品出口占据乍得出口的重要份额，畜牧业则约占农业生产总值的40%，占 GDP 的 18% 和出口的 30%，但乍得的农畜产品仍停留在初加工阶段，深加工程度不足。

工业方面，乍得的石油开发历史较久，2019 年，乍得原油出口约合28.82 亿美元，占国内生产总值的 26.2%。乍得工业以食品加工业为主，有饮料厂、糖厂、卷烟厂、轧棉厂和榨油厂等。但总体来说，加工制造孱弱，市场供给依赖进口，进口商品价格高昂。中资企业在乍得建成的水泥厂和炼油厂有望帮助乍得实现工业突破，而印度曾与乍得合作投资建设的工业企业则受经济危机影响，多处于停产状态。

（四）刚果（金）

刚果民主共和国［简称刚果（金）］，刚果（金）自然资源丰富，素有"世界原料仓库"、"中非宝石"和"地质奇迹"之称，矿产、森林、水资源的储量均位居世界前列。

2000～2019 年刚果（金）国内生产总值（见图 8）从 190.88 亿美元增长到 504.01 亿美元，实现了约 164.05% 的增长。但 2001 年刚果（金）的国内生产总值断崖式地下跌，从 2000 年的 190.88 亿美元降至 2001 年的74.38 亿美元，降幅高达 61.2%。可见，刚果（金）持续动荡的政治局势，特别是自 1996 年爆发的内战和 1998 年爆发的地区冲突对国内经济造成了巨大冲击，国民经济发展遭到严重破坏。2001 年卡拉比继任总统以及 2003 年组建了临时过渡政府后，刚果（金）的经济才逐步恢复，后续总体呈上升趋势。另外注意到刚果（金）的 GDP 在 2009 年、2016 年也曾轻微下降，这主要是因为全球金融危机和全球经济增长趋缓等外部因素对刚果（金）的经济发展造成了一定影响。

刚果（金）近年吸引外资能力缓缓上升，据联合国贸易和发展会议发布的《2020 年世界投资报告》，2019 年刚果（金）吸引外资流量为 14.78亿美元，截至 2019 年底，刚果（金）吸收外资存量为 256.22 亿美元。

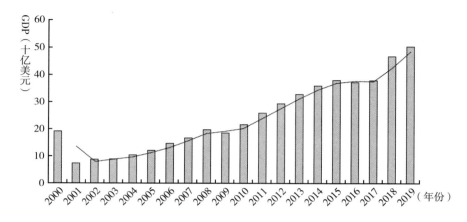

图8　2000～2019年刚果（金）国内生产总值

资料来源：世界银行。

据联合国贸易和发展会议数据，2019年刚果（金）三大产业结构比为20.78：42.40：36.82。刚果（金）曾是非洲农业大国，自然条件得天独厚，非常适宜农业生产，但农业发展至今仍相对落后。

工业方面，矿业是刚果（金）经济的重要支柱，2010～2017年，采矿业对刚果（金）经济平均贡献率为14.32%。虽然制造业占刚果（金）GDP的比重达到20.83%，但刚果（金）加工制造业并不发达，主要有食品、纺织、制鞋、化学、制药、电器、汽车装配、木材加工和建材等，而其对外出口商品还是以初级产品为主，矿产品占出口贸易的比重高达91.93%，进口商品以工业制成品为主，工业生产所需原料、设备和日用消费品也大多依赖进口。

（五）刚果（布）

刚果共和国［简称刚果（布）］矿产及森林资源丰富，具备良好的开发潜力。20世纪80年代初因大规模开采石油，经济迅速发展，人均国内生产总值一度达1200美元，进入非洲中等收入国家行列。但1985年后，历经国际市场石油价格下跌、多党民主化浪潮和非郎贬值等因素的冲击，经济连年滑坡，陷入严重困境。1997年内战使刚果（布）经济几陷瘫痪。随后刚果

（布）经济因国际油价大幅上升、政府着力整顿经济秩序和扩大对外开放而逐步好转。

2000~2019 年刚果（布）的国内生产总值（见图 9）从 32.2 亿美元增长到 126.94 亿美元，实现了约 294.0% 的增长。但刚果（布）的 GDP 在 2009 年、2014~2016 年有较大幅度的下降，降幅分别达到 16.54% 和 42.37%（2016 年较 2013 年）。这主要是因为石油和林木出口是刚果（布）的经济支柱产业，2009 年全球金融危机和 2014 年下半年开始的国际油价和原材料价格下跌，严重冲击刚果（布）的经济发展，使其国内经济形势转差，财政紧缩，国内生产总值也出现下滑。

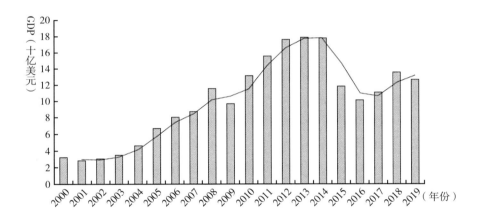

图 9　2000~2019 年刚果（布）国内生产总值

资料来源：世界银行。

刚果（布）吸引外资主要有援款、信贷和外国直接投资三部分。其中的外来投资部分，据联合国贸易和发展会议发布的《2020 年世界投资报告》，2019 年刚果（布）吸引外资流量为 33.66 亿美元，截至 2019 年底，刚果（布）吸收外资存量为 289.46 亿美元。

据联合国贸易和发展会议数据，2019 年刚果（布）三大产业结构比为 7.47∶45.06∶47.47。刚果（布）农牧业落后，对 GDP 贡献不大，却吸收了 33.53% 的就业人口，由于农业基本停留在刀耕火种和人工采摘阶段，所

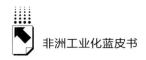
以浪费了很多劳动力资源。粗耕农业发展水平落后，导致粮食、肉类、蔬菜等均不能自给，90%以上依赖进口。

工业方面，矿产开发是刚果（布）经济多样化的重要支柱产业，但目前大部分矿产未实现规模化产出。独立后，刚果（布）曾建立200多家工业企业，因企业经营不善和战争破坏，原有生产型项目已基本不存在。而能矿采掘业被视为经济增长的重要一环，但矿产品运输问题仍是制约矿产开采的首要因素。石油为刚果（布）两大经济支柱之一，石油产值约占刚果（布）国内生产总值的50%，石油出口约占出口总收入的80%，石油以海洋石油开采为主，其原油日产量已由2016年不足23万桶增至2019年的35万桶，超过2010年的最高水平31.6万桶，但刚果（布）炼油能力较低，无法对石油进行深加工。总体来看，刚果（布）的工业化程度较低。受制于落后的农业发展、薄弱的配套工业基础，工业化进程缓慢，除农林牧渔、资源采掘及建材领域外，其他产业均处于起步阶段，而且基础设施建材和日用品仍然严重依赖进口，当前制造业占GDP的比重为10.17%。

（六）赤道几内亚

赤道几内亚主要矿藏资源有石油、天然气、磷酸盐、黄金、铝矾土、锌、钻石等，其中现已探明原油和天然气储量分别为11亿桶和368亿立方米。除此之外，赤道几内亚的林业和渔业资源也相当丰富。

赤道几内亚现在属于中等偏上收入国家，但它曾是世界上最不发达的国家之一，2000～2019年赤道几内亚国内生产总值（见图10）从10.46亿美元增长到114.17亿美元，实现了约991.5%的增长。但注意到赤道几内亚的GDP在2009年、2015～2016年都遭遇了较大幅度的下降，分别减少了23.91%和48.35%（2016年较2014年），这主要是因为赤道几内亚属于资源依赖型国家，经济结构单一，国民收入的80%来自油气产业，因此其经济发展极易受到国际环境及国际油气价格波动的影响。2009年的全球金融危机导致全球经济不景气，2014年下半年开始国际油价连续两三年在低价徘徊，这些都对赤道几内亚的经济造成严重不利影响，因此这段时间的赤道几内亚国内生产总值也出现了明显的负增长。2017 年国际油价回升，赤道几内亚经济才又逐步回暖，但总体而言，赤道几内亚近年均受油气价格影响，经济表现持续低迷。

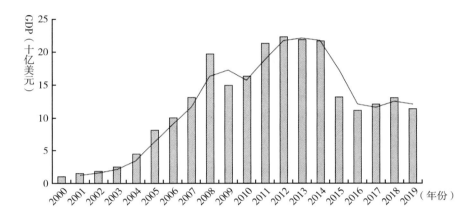

图 10　2000～2019 年赤道几内亚国内生产总值

资料来源：世界银行。

得益于较稳定的政局和较好的基础设施建设情况，赤道几内亚是撒哈拉以南非洲吸引外国直接投资最多的国家之一。据联合国贸易和发展会议发布的《2020 年世界投资报告》，2019 年赤道几内亚预估吸收外资流量为 4.52 亿美元，截至 2019 年底，赤道几内亚预估吸收外资存量为 145.64 亿美元。

据联合国贸易和发展会议数据，2019 年赤道几内亚三大产业结构比为 2.53∶50.62∶46.85。赤道几内亚通过多年对油气产业的发展，农业对国内生产总值的贡献已很低，工业和服务业占 GDP 的比重较高。2019 年，赤道几内亚制造业占 GDP 的比重为 19.63%，已经超过世界平均 16.7% 和非洲 11.69% 的水平，但注意到农业仍吸收了约 40% 的就业人员，大量劳动力无法流入工业或服务业，而且即使制造业发展领先于非洲地区，但石油天然气产业还是该国的支柱产业，2019 年，赤道几内亚石油产量约为 11.6 万桶/天，液化天然气产量约为 1.8 万立方米/天，较 2018 年均有所下降，但仍为撒哈拉以南地区第三大产油国和非洲第四大液化天然气生产国。整体而

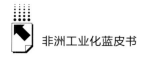

言，赤道几内亚工业基础较薄弱，发展受油气产业的影响较大，国内大部分工业用品和农业产品主要依赖进口，物价较高。

（七）加蓬

加蓬自然资源丰富，拥有石油、森林和锰矿等矿藏，享有"资源宝库"和"绿金之国"的美誉，是非洲石油、锰矿砂和木材的生产大国。

经济上，加蓬属于中等偏上收入国家，宣布独立后，受益于稳定的政治局势和石油等资源的出口，经济持续加速发展，但近几年经济的负增长表明其经济目前正面临一定困境。2000～2019 年加蓬国内生产总值（见图 11）从 50.68 亿美元增长到 168.74 亿美元，实现了约 232.95% 的增长。但注意到加蓬的 GDP 在 2009 年、2012 年、2015～2016 年都有一定程度的下滑，分别减少了 22.2%、5.71% 和 22.96%（2016 年较 2014 年），因为加蓬经济严重依赖石油、锰矿和林产品出口，2014 年以来，受国际油价暴跌和原材料价格低迷影响，经济增长步伐明显放慢，债务负担加重。得益于石油和锰矿国际价格迅速走高，2019 年加蓬经济出现恢复性增长。

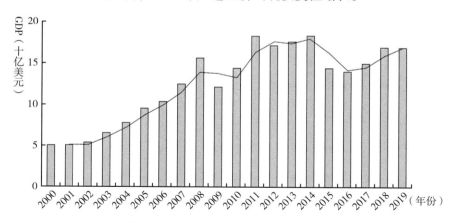

图 11　2000～2019 年加蓬国内生产总值

资料来源：世界银行。

加蓬积极吸引外资的政策取得显著成效，据联合国贸易和发展会议发布的《2020 年世界投资报告》，2019 年加蓬吸引外资流量为 15.5 亿美元，截至 2019 年末,加蓬吸收外资存量为 122.4 亿美元,在中非经济货币共同体中位居首位。

据联合国贸易和发展会议数据,2019 年加蓬三大产业结构比为 5.53∶49.08∶45.39。加蓬农业基础相对薄弱,农牧业发展缓慢,粮、肉、菜、蛋、水果均不能自给。工业方面,以石油为主的采掘业发展较快,是加蓬重要经济支柱,矿业、冶金工业、林业加工业和农副产品加工业也是加蓬主要支柱产业,但制造业发展水平相对较低,2019 年制造业占 GDP 比重仅为 7.66%。2019 年加蓬原油产量 1090.1 万吨,较 2018 年增长 13%,是撒哈拉以南非洲第五大产油国;2019 年加蓬锰矿产量达到 667 万吨,同比增长 24.1%,产量居世界第四位,出口量居世界第二位。由于农业基础薄弱、制造业发展水平不高,加蓬进口商品以机械设备、食品、日用消费品和建材为主。

(八)圣多美和普林西比

圣多美和普林西比是联合国公布的世界上最不发达国家之一,民众生活水平两极分化严重,超过 50% 的人口生活在贫困线以下。2000~2019 年圣多美和普林西比国内生产总值(见图 12)从 75.95 百万美元增长到 427.43 百万美元,实现了约 462.8% 的增长。但注意到圣多美和普林西比的 GDP 在 2009 年、2015 年都有小幅的下降,分别减少了 0.11% 和 8.79%。因为圣多美和普林西比的经济高度依赖以旅游为主的服务业,而农业较落后,工业发展基础薄弱,所以其经济容易受到全球经济形势影响。2009 年的全球金融危机导致全球经济不景气,2015 年全球经济增长放缓,所以圣多美和普林西比的经济发展相应有所下滑。另外,圣多美和普林西比是世界上人均接受外援最多的国家之一,90% 的发展资金依靠外援。

据联合国贸易和发展会议数据,2019 年圣多美和普林西比三大产业结构比为 12.44∶12.79∶74.77。圣多美和普林西比是以种植可可等经济作物为主的农业国,全国 51% 的人口从事农业生产,可耕地面积 4.8 万公顷,已耕地 3.8 万公顷,但粮食不能自给,粮食进口占进口总额的 17%。圣多美和普林西比的工业基础薄弱,仅有陶瓷、砖瓦、饮料、木材加工等小工

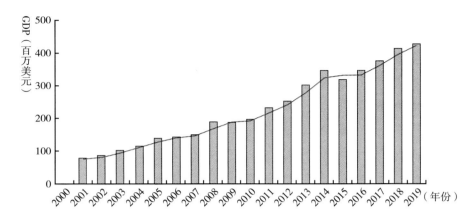

图 12　2000～2019 年圣多美和普林西比国内生产总值

资料来源：世界银行。

厂。此外还有两座水电站和一座热电站。

独特的地理位置，优美的自然景观为圣多美和普林西比提供了丰富的旅游资源，但交通不便及基础设施落后影响了旅游业的发展。20 世纪 90 年代以来旅游设施有了较大改观，现以旅游为主的服务行业占国内生产总值的70% 多，高于农业和工业对国内生产总值的贡献。

四　中非（中部非洲）工业化进程分析

依据本书所建立的工业化进程指标，本报告计算了非洲 54 个国家2000～2019 年的工业化进程数据，并基于此对非洲整个地区以及非洲五大区域的工业化水平进行了衡量，本节具体就中非区域的工业化进行分析。

1. 中非的工业化发展趋势与非洲各地区大体相似，但工业化起步晚，工业发展水平远远落后于非洲平均水平

2000～2019 年，中非的工业化指数皆低于非洲工业化指数，更远远低于北非的工业化指数，可知中非的工业化水平是整个非洲中最低的。另外，注意指数的起始年 2000 年，中非的工业化指数是非洲五大区域中最低的，仅有 0.0093，比工业化指数最高的北非少 0.0521，北非的工业化指数约为

中非的 6.6 倍，而非洲整体的工业化指数也约为中非的 1.9 倍，可见中非的工业化相对于其他区域起步要晚。

2009 年，非洲各地区工业化指数最高，但指数因为受全球金融危机影响已下降，且时间过于久远不利于得到关于近期发展的结论，而 2019 年非洲各地区工业化指数也都呈现不同程度的下降。因此，以 2018 年为截止时点来看，中非工业化指数近 20 年翻了 1.3 倍，略高于非洲整体的 1.2 倍，而且可以知道中非工业化发展趋势和非洲地区大体相似，因此，中非经过近 20 年速度相对可观的工业化发展，但工业化指数仍是非洲五个区域中最低的，而且指数多年来一直与其他区域保持一定距离，差距没有明显缩小的趋势，工业化发展不曾"追上"或"赶超"其他区域，更佐证了中非地区工业起步晚、工业基础差、工业水平落后三个特点。

2. 中非的工业化指数多年来小幅波动，分指标工业化阶段最高但近年出现倒退，制造业科技缓慢发展，制造业国际竞争力停滞不前，总体来说工业化指数低

根据图 13 展示的工业化指数走势变化，可以看到中非的工业化指数从 2000 年的 0.0093 升至 2002 年的 0.0103，但从 2002 年到 2006 年连年持续下降，直至 2007 年才迎来三年稳定的增长，指数于 2009 年达到 0.0126 的历年最高值，该工业化发展有可能是得益于 2008 年前全球经济的快速发展。2009 年后，中非的工业化指数再次连续三年下跌，2013～2017 年因区域内国家政局回稳，政府均制定经济发展规划并着力于经济建设，工业化指数方才回升并增长。总体来说，中非的工业化指数多年来均小幅波动，可是基本徘徊在 0.01 附近，最高曾于 2017 年达到 0.0127 水平，但而后再度回落，工业化水平指数低。

图 14 展示了 2000～2019 年部分年份中，中非工业化指数四类分指标的雷达图，工业化阶段分指标是四类指标中最高的，2009 年曾达到 0.0087，但截至 2019 年，该项指标明显下降，这可能是因为前期部分中非国家依靠发展油气产业、矿藏采掘业得到快速发展，后期部分中非国家受国际油气价格下跌而经济陷入困境。在中非近二十年的工业化进程中，制造业科技水平

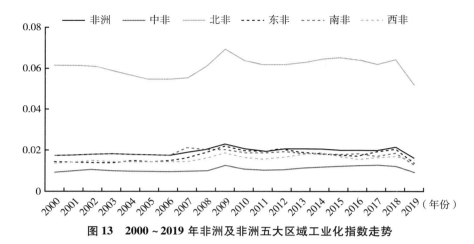

图13 2000～2019年非洲及非洲五大区域工业化指数走势

分指标从 2000 年的 0.0015 一度达到 2015 年的 0.0036，虽然随后回落到 0.0028，但仍是四类指标中发展最显著的，由此可见中非制造业缓缓发展的态势。与上述两个指标相比，制造业国际竞争力和资源利用水平则逊色不少，指标数据几乎停滞不前，均未曾突破 0.001。

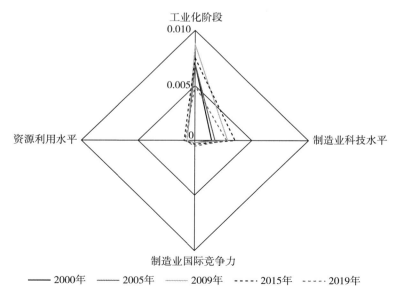

图14 2000～2019年中部非洲工业化指数部分年份分指标雷达图

资料来源：世界银行。

3. 赤道几内亚和加蓬领跑中非工业化进程，大多数国家的工业化进程受国内外影响缓慢曲折发展

根据中非各个国家的工业化指数，可以看到，加蓬和赤道几内亚的工业化指数在 2000 年并不是最高的，工业化的起步水平在中部非洲仅属于相对较高，而此时中非共和国的工业化指数是最高的，喀麦隆处于中等，刚果（金）、刚果（布）、乍得和圣多美和普林西比的指数则相对接近且偏低。在十多年的发展过程中，赤道几内亚和加蓬整体呈现明显的上升趋势，截至 2019 年，这两个国家的工业化指数领跑中部非洲区域，所以赤道几内亚和加蓬在相对较好的工业化水平上，持续发展，这可能是它们国内较稳定的政治局势和政府对营商环境及基础设施的改善共同作用的结果。

反观中非共和国，虽然起始的工业化指数高，但由于国内动乱不断，国民经济遭到严重冲击，工业基础设施遭受严重破坏，最终导致工业化进程受阻，工业化指数变动幅度较大，最终 2018 年的工业化指数降至 0.1558。其他国家的工业化总体来说呈现曲折缓慢发展的趋势，喀麦隆、乍得、刚果（金）和刚果（布）2018 年的工业化指数都不超过 2000 年工业化指数的 2倍，这些国家因以油气产业为支柱产业，经济都不同程度地面临国际油气价格下行带来的压力，政府财政收入减少，而工业化需要的资金和产业的持续支持可能无法到位，所以工业化指数也不可避免地上下波动，最终大体体现为图 15 中曲折上升的态势。

4. 工业化阶段指标及资源利用指标，赤道几内亚、加蓬持续稳定领先于中部非洲其他国家，国家间因存在产业结构差异加剧了工业发展不平衡的情况

工业化阶段指标是工业化指数中的一个重要的指标，从图 16 可以发现赤道几内亚和加蓬两国的工业化阶段指标得分远远高于中部非洲的其他国家，其中又以赤道几内亚的工业化阶段指标得分表现最为突出。结合工业化阶段指标部分次一级指标的原数据，即人均国内生产总值、农业总产值占GDP 的比重、农业就业人数占总就业人数的比重和城镇人口占总人口比重进行具体分析。

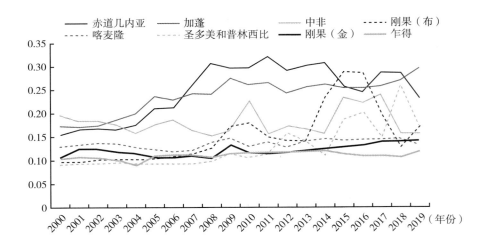

图15 2000～2019年中部非洲主要国家工业化指数走势

资料来源：世界银行。

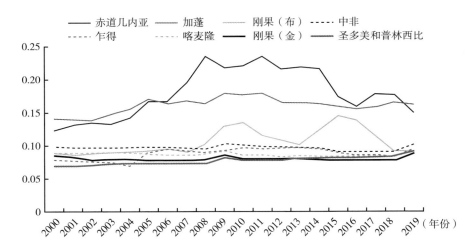

图16 2000～2019年中部非洲主要国家工业化阶段指标走势

工业化阶段一般从经济发展水平、产业结构、工业结构、就业结构和空间结构五个方面进行评价，此工业化阶段指标主要是以人均国内生产总值衡量经济发展水平，以农业总产值占GDP的比重反映产业结构的一部分，以

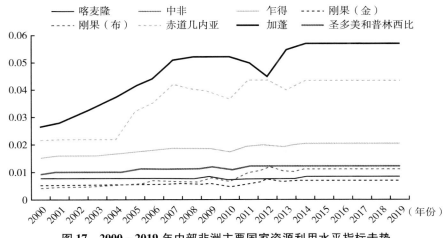

图 17　2000～2019 年中部非洲主要国家资源利用水平指标走势

资料来源：世界银行

农业就业人数占总就业人数的比重衡量就业结构，以城镇人口占总人口比重衡量空间结构。中部非洲的国家的经济在非洲相对落后，仅有赤道几内亚和加蓬属于中等偏上收入国家，喀麦隆、刚果（金）和刚果（布）属于中等偏下收入国家，中非共和国和乍得则属于低收入国家，因此赤道几内亚和加蓬的经济在中部非洲相对发展较好，工业化发展的经济环境较好，工业化得到的资金支持和基础设施支持相应更充足，这是它们工业化水平较高、工业化进程较快的重要原因之一。与此同时，相对完善的基础设施和政府政策使这两国的资源利用率更高，因此在资源利用水平的指标上，赤道几内亚和加蓬的表现依然相对优秀。

中非共和国和乍得的农业总产值占 GDP 的比重较高（见表 3），截至2019 年，前者占比达到 33.36%，后者占比达到 28.45%，而且农业占用了大量的劳动力，中非共和国和乍得分别有 69.85% 和 75.06% 的人口从事农业（见表 4）。相比起这两国依赖农业发展的经济，赤道几内亚和加蓬则完全不同。在赤道几内亚和加蓬的产业结构中，农业并非支柱产业，而且国家的城镇化率很高。从这些具体的指标原数据可以看出，中部非洲国家之间的经济发展不平衡，产业结构相差较大，从而导致工业化发展水平也不平衡。

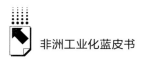

表3 2000～2019 年部分年份中部非洲主要国家主要产业占 GDP 的比重

单位：%

年份		2000	2005	2010	2015	2017	2018	2019
喀麦隆	农林牧渔业	16.51	15.17	15.07	16.05	15.66	15.71	15.89
	工业	33.40	30.26	29.11	27.36	27.55	28.07	28.14
	制造业	16.96	15.01	15.49	15.93	16.47	15.53	15.49
	服务业	50.09	54.57	55.83	56.59	56.80	56.22	55.96
中非共和国	农林牧渔业	41.43	44.64	39.82	32.54	33.99	32.95	33.36
	工业	18.85	18.43	26.12	22.84	21.50	21.68	21.88
	制造业	10.87	11.54	19.60	20.38	19.11	19.12	19.48
	服务业	39.72	36.93	34.06	44.62	44.51	45.37	44.76
乍得	农林牧渔业	33.26	26.02	35.86	29.49	34.04	30.75	28.45
	工业	13.20	35.12	36.70	31.68	20.13	19.26	18.74
	制造业	7.51	5.45	7.31	9.46	11.89	11.38	11.07
	服务业	53.54	38.86	27.44	38.83	45.83	49.99	52.81
刚果（金）	农林牧渔业	32.29	22.30	22.44	19.72	20.81	19.98	20.78
	工业	22.63	32.85	40.51	44.76	43.54	45.95	42.40
	制造业	10.01	16.95	16.99	18.38	20.57	18.60	20.83
	服务业	45.09	44.85	37.05	35.53	35.65	34.07	36.82
刚果（布）	农林牧渔业	6.46	5.46	4.15	6.32	7.71	7.20	7.47
	工业	59.95	59.70	68.02	49.95	44.09	52.50	45.06
	制造业	6.04	6.85	5.46	8.37	11.46	7.78	10.17
	服务业	33.59	34.83	27.83	43.73	48.20	40.30	47.47
赤道几内亚	农林牧渔业	5.77	1.53	1.06	1.89	2.31	2.22	2.53
	工业	71.14	81.31	74.34	59.03	56.82	57.44	50.62
	制造业	11.15	6.89	20.90	17.82	25.73	25.27	19.63
	服务业	23.10	17.15	24.60	39.08	40.87	40.34	46.85
加蓬	农林牧渔业	5.67	5.21	4.22	4.65	5.56	5.67	5.53
	工业	60.16	62.60	59.56	51.91	48.05	50.71	49.08
	制造业	3.62	4.72	4.82	6.74	7.32	7.83	7.66
	服务业	34.17	32.19	36.22	43.44	46.38	43.62	45.39
圣多美和普林西比	农林牧渔业	20.05	18.32	11.76	12.23	11.09	11.37	12.44
	工业	17.34	14.92	18.16	15.68	16.43	14.57	12.79
	制造业	7.57	5.35	8.86	6.52	7.64	6.70	6.17
	服务业	62.61	66.76	70.08	72.09	72.48	74.05	74.77

资料来源：联合国贸易和发展会议数据库。

表4 2000～2019 年中部非洲主要国家三大产业就业人数占总就业人数的比重

单位：%

年份		2000	2005	2010	2015	2017	2018	2019
喀麦隆	农业	66.47	62.03	55.00	46.58	44.91	44.17	43.49
	工业	9.68	10.67	12.29	14.23	14.42	14.42	14.42
	服务业	23.85	27.30	32.71	39.19	40.67	41.41	42.09
中非共和国	农业	75.51	74.62	72.51	71.83	70.78	70.30	69.85
	工业	8.19	7.69	7.42	6.56	6.37	6.30	6.26
	服务业	16.31	17.69	20.07	21.61	22.85	23.40	23.89
乍得	农业	82.23	78.89	77.15	75.38	75.64	75.39	75.06
	工业	1.86	2.03	2.14	2.06	1.97	1.91	1.88
	服务业	15.91	19.08	20.71	22.56	22.39	22.70	23.06
刚果（金）	农业	73.46	71.87	69.54	66.15	65.38	64.81	64.30
	工业	8.08	8.21	8.69	9.52	9.66	9.74	9.84
	服务业	18.46	19.92	21.78	24.34	24.96	25.45	25.86
刚果（布）	农业	42.29	39.97	37.24	34.35	34.07	33.74	33.53
	工业	23.92	23.41	23.10	22.68	22.19	21.81	21.47
	服务业	33.80	36.62	39.66	42.97	43.74	44.46	44.99
赤道几内亚	农业	45.64	39.41	37.19	38.36	39.19	39.15	39.51
	工业	16.87	23.95	26.42	22.79	21.10	20.36	19.35
	服务业	37.50	36.63	36.40	38.85	39.70	40.49	41.14
加蓬	农业	40.11	37.55	35.18	32.14	31.11	30.59	29.96
	工业	9.82	9.97	10.26	10.52	10.65	10.71	10.74
	服务业	50.08	52.48	54.56	57.34	58.24	58.70	59.30
圣多美和普林西比	农业	31.15	27.91	24.39	21.24	20.10	19.61	19.14
	工业	18.76	17.16	18.01	18.24	18.16	18.06	17.94
	服务业	50.09	54.93	57.60	60.52	61.74	62.33	62.92

资料来源：世界银行。

五 工业化进程定性分析

1. 中非工业化水平低，工业部门比例不协调，大多数处于国家工业化初期阶段，乍得和中非共和国仍处于前工业化阶段

根据表3展示的关于中非主要国家三大产业占 GDP 比重的数据，虽然工业在大部分国家的 GDP 中都有较高的占比，但由于工业的统计中包括了

采掘业，所以可以着重关注制造业占 GDP 比重的数据。中非国家大多数是能矿资源依赖型经济体，石油产业和矿产产业是经济的支柱产业，国民经济的发展依靠出口石油、天然气、锰、铁、钻石等资源，所以这些国家鼓励并支持发展采掘业，而采掘业实际上是属于资源密集型行业。另外，制造业占 GDP 比重的数据好像也比较理想，但实际上目前中非的国家仅依赖于单一产品的初加工，且初加工能力有限，更缺乏与之相关的产业链深加工，制造业基础薄弱，例如刚果（布）的国家支柱产业是石油产业，但其炼油能力较低，唯一的炼油厂只能满足全国石油产品需求的 30%，其日炼油能力为800 吨。除位于黑角的刚果炼油厂每年消耗 50 万～100 万吨原油外，其余全部供出口。喀麦隆也以原油为第一大出口产品，占外贸出口总额的 40.1%，由于其独立后注重发展工业，已形成一定基础和规模，但主要集中在采掘工业、能源工业、资源产品加工业、农产品加工业、食品工业和日常生活用品工业等。机械设备、车辆、拖拉机、各种仪器、家用电器及其他产品制造工业薄弱，多为空白，产品主要依赖进口。因此，中非存在采掘业、制造业等工业部门比例不协调的问题。

除此之外，根据钱纳里标准产业结构和工业化阶段理论以及邓宁的投资发展周期理论，工业化初期的主要特征为工业化起步、基础设施改善以及FDI 流入增多。这在赤道几内亚和加蓬两国上体现比较明显。首先，赤道几内亚和加蓬的油气采掘业发展较快，工业发展起步早。其次，由于油气产业为两国政府带来了大量财政收入，政府便投入大量资金完善全国基础设施建设，赤道几内亚成为中西非地区基建"小高地"，如机场、电力、水利市政等基础设施建设较齐全，全国拥有马拉博、巴塔、蒙戈莫、安诺本岛四个机场，完成了巴塔港的改扩建工程，吉布劳水电站和上调水库、马拉博燃气电厂基本解决了大陆和岛屿地区居民用电问题，全国公路里程约 4000 公里，主要城市均有公路相通，吉布劳新城建设工程不断开展；加蓬也积极兴建在道路、电信、电力等领域的基础设施。在吸引外资方面，赤道几内亚吸引了主要来自美国、英国的石油公司，还有来自摩洛哥、埃及、意大利、法国和中国的部分承包工程企业的外资；加蓬吸引外资的成效就更加显著，2019

年加蓬吸引外国直接投资流量为 15.5 亿美元，不仅较 2017 年 7 亿美元大幅提升，更在中非经济货币共同体中位居首位。

综合以上说明及表 3 的数据，中非的工业化水平虽然低，但大部分国家处于工业化初期，但乍得和中非共和国因为第一产业在 GDP 中占比偏高，而且大量人口从事农业，城镇化水平较低，再加上其农业及工业的基础皆极其薄弱，所以这两个国家更贴近于前工业化阶段。

2. 中非农业发展不足，农业现代化水平低，农业占用了大量劳动人口，影响了工业化进程

制造业的早期发育有赖于农业的发展变革与生产力水平的提高，而到了后期，制造业的发展则需要依靠出口收入。针对中非目前尚处于工业化水平低的工业化初期的特点，农业在其中所起到的作用就非常重要。农业生产的进步，为中非的工业化发展，乃至经济发展和增长，都奠定了必要的基础。但目前中非虽然有得天独厚的农业发展优势（如充足的光照、充沛的降雨和较少的自然灾害）和农业发展历史，但喀麦隆、乍得、刚果（布）等国家却面临粮食不能自给的困难。究其原因，还是农业处于粗耕式状态，现代化农业技术滞后，农业生产力低下。这样不但导致中非的粮食安全问题突出，还由于农业占用了大量劳动人口等经济资源而不利于工业的发展。因此，中非的工业化程度低、工业化进程受阻有农业发展落后因素的影响。

3. 中非工业基础薄弱，工业化进程受限与落后的基础设施建设密切相关

中非的工业基础薄弱，大部分国家不具备发展工业的基本条件，特别是基础设施建设不能满足工业发展的需求。而所有基础设施的相关问题中，尤其以电力问题影响最大，表 5 列出了中非普遍存在的电力生产不足或电力供应不足的问题。对于工业化发展来说，以矿业冶炼为例，当冶炼企业数量不断增多、生产规模也逐步扩大时，需要的电力便急剧上升，但中非相应的电力基础设施并未进行配套升级，这样就会造成矿区巨大的电力缺口，从而使工业生产不能顺利进行，还会增加企业的生产成本。具体到国家，喀麦隆的电力供应缺口或许成为喀麦隆工农业生产的主要障碍之一；由于电力短缺，中非投资、营商和就业环境受到严重干扰，这也是造成中非社会动荡和不安

173

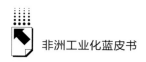

定的根本因素之一。所以，中非以电力供应为首的基础设施建设问题，制约了工业化进程，使工业化多年来发展缓慢。

表5 中部非洲国家供电相关问题

国家	供电相关问题	水力资源
中非共和国	• 电力生产和供应均在非洲排名落后 • 电力供应覆盖率平均仅为8%，农村地区为2%，首都班吉约35% • 博阿利水电站的发电机组均已运行数十年，机件老化严重，故障频发，经常拉闸限电、断电，该发电站发电能力远远满足不了首都28兆瓦用电量的需求	境内水力资源丰富
喀麦隆	• 电力供应缺口超过1000MW，每年增长8%左右，是制约工农业生产的主要障碍之一 • 整体电力接入率较低，其中城市地区家庭约57%，农村地区不足20%，现尚未形成全国统一的电网体系，电网也暂未与周边国家互联互通 • 电价较高	水力资源丰富，可开发利用的水力资源达2080亿立方米，占世界水力资源的3%，水电总蕴藏量55.2GW，占全国总发电量的72%
刚果（金）	• 全国各地仍面临不同程度的电力短缺问题，无法满足国内生产和生活的基本用电需要，造成经常性大范围停电，用户经常依赖柴油发电机自行发电 • 东南部加丹加省，近年来随着矿业冶炼企业数量不断增多，生产规模也逐步扩大，但相应的电力基础设施并未配套升级，导致矿区电力缺口巨大 • 由于缺乏基建和养护资金，全国通电率仅为6%，远低于撒哈拉以南非洲24.6%的平均通电率 • 国家电网建设也取得较大发展	河流湖泊众多，降雨充沛，水力资源极为丰富。刚果河下游的英加（Inga）河段水电开发潜能约44000兆瓦（MW），目前已开发的不到2100兆瓦。全国可开发的水电潜能约10.6万兆瓦，约占整个非洲大陆的37%，占世界水电总量的13%
刚果（布）	• 供电等基础设施状况有所改观，在电力供应上已大致能满足生产生活所需，但经常发生断电现象 • 与周边国家电网互联互通水平较低	水力资源十分丰富
加蓬	• 水电供应比较紧张，断水、断电时有发生 • 部分地区电力供应存在不足 • 与周边国家尚未联通	
赤道几内亚	• 吉布劳水电站和上调水库、马拉博燃气电厂基本解决了大陆和岛屿地区居民用电问题 • 随着经济近年的发展，工业和商业用电的需求节节攀升 • 赤道几内亚尚无与周边国家联通电网，计划项目尚未取得实质性进展	
乍得	• 电力设施非常落后，全部依靠柴油发电，无水电站	

4. 中非大部分国家服务业总产值占 GDP 比重偏高，国家政策对工业制造业的支持落实进程缓慢

中非大部分国家的服务业总产值占 GDP 的比重偏高，截至 2019 年，比重最低的刚果（金）也达到 36.82%。2000 年至 2019 年，随着时间发展，中非大多数国家的工业总产值占 GDP 比重缓缓下降，但整体来说，制造业和服务业总产值占 GDP 比重却逐渐提高，可见这些国家都有意识地进行经济转型或经济多元化发展，希望一定程度上降低对能矿开采的经济依赖，发展农产品、林产品及能源矿产的深加工，提高出口附加值。但相比起服务业的迅速发展，制造业的发展显然相对缓慢，近期占比还有所下降，服务业成为国民收入的重要来源。从国家具体的发展计划来看，不少国家的政府都在继续加大石油、矿产资源的开发力度，也希望提高自身产业的附加值，同时政府也重视以旅游业为主的服务业的发展。但是产业的转型升级实际上需要政府在基础设施建设上持续进行巨额投资，由于目前中部非洲国家依然是资源导向型经济，受全球经济下行和国家油价走低影响，财政收入锐减，很多项目的资金无法到位，工作无法顺利开展；而且中部非洲国家虽然仿效西方出台了不少相关的法律法规，但这些法律因不适应当地实况，以及政府办事效率低下而无法很好地得到实施，因此国家政策对工业制造业的支持落实进程缓慢，所以工业化发展也相对缓慢。

5. 中部非洲工业化发展减缓，受政治局势影响明显

中非的部分国家受国内战乱以及恐怖袭击的影响，经济发展受阻，生产活动无法正常开展，已有的工业基础遭受严重破坏，最典型的是中非共和国。中非共和国 2012 年发生了自独立以来最严重的武装冲突，国家行政机构和基础设施严重损毁，经济遭受重创，政府财政极度困难，形势严峻，许多正在实施的经济援助项目中断，国与国之间的经贸往来也受到影响。而这最直接的反映就是中非共和国的国内生产总值急速下挫，外国直接投资也快速减少，已在该国的投资也面临撤退的两难选择。在这样的背景下，中部非洲工业化需要的资金和资源更加缺乏，甚至破坏脆弱的现有的工业体系，从而导致工业化停滞不前、发展曲折而缓慢。

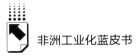

表 6　中部非洲国家的未来发展规划

国家	发展规划
喀麦隆	2009 年 8 月,喀麦隆政府颁布《经济增长与就业战略(2010～2020 年)》,公布《2035 年远景规划》,重点发展农业,扩大能源生产,加大基础设施投资,努力改善依赖原材料出口型经济结构,争取到 2035 年成为经济名列前茅的新兴国家。具体战略如下: ①促进经济增长;②推进基础设施建设;③建成更高效的生产体系;④大力发展公共卫生,加强教育和职业培训工作;⑤加强区域和次区域经济合作,建设创新型对外贸易;⑥改善税制,促进银行及小额信贷机构发展,加强国民储蓄使用,实施可持续的债务战略,保障经济发展对融资的需求 与工业发展相关 ①为适应形势变化,促进工业发展,增加就业,增强投资吸引力,喀麦隆政府积极完善相关法律体系,2002 年 4 月颁布《投资宪章》,2013 年 4 月颁布《鼓励私有投资促进法》,2013 年 12 月颁布《喀麦隆经济区法》,同时积极鼓励中小企业发展,先后成立了"中小企业援助和贷款担保基金"和"中小企业促进署" ②配合《2035 年远景规划》,近年将集中力量建设基础设施,除目前在建的大型基建工程外,还有一批大项目处于探讨或磋商阶段,有待实施
中非共和国	• 2004 年 9 月,中非政府在联合国机构的帮助下制定了国家发展的总体战略《千年发展目标》,明确了在减贫、国民教育、经济发展、抗击艾滋病等领域的政策措施 • 2007 年 6 月又修订了《减贫战略文件》,确定了政府在中、短期内的工作重点和目标
乍得	• 2011 年,乍得政府组建了国家投资和出口局(ANIE),隶属工贸部,主要职能是吸引投资者"走进来",积极鼓励和促进外国和本地资本进入各经济领域;推动本土企业"走出去",扩大商品和服务出口 • 2013 年 6 月下旬,乍得政府发布 2013～2015 年国家发展规划(PND),内容包括加快农牧业和工业发展,推动经济多元化,加强基础设施建设,促进医疗卫生和教育科学等 • 2015 年 1 月,乍得政府启动"2030 年愿景"规划制定工作。作为 PND 的延续,第一个五年计划从 2016 年至 2020 年。为实现乍得 2030 年新兴目标,国家投资和出口局制订了四项任务,分别是改善营商环境、推动出口、支持中小企业发展、合理化安排政府战略参与 • 2017 年,乍得政府制订并颁布了《国家发展计划(2017～2021)》,着力加强对国家发展的规划引导,提出进一步挖掘农牧产业发展潜力,加速推进基础设施建设,改善国内营商环境,增强私营经济活力,促进贸易和投资,鼓励外国投资,探索经济多元化发展路径,为未来经济社会发展打下坚实基础
刚果(金)	自 2007 年以来制订了一系列的发展规划,2015 年 12 月卡比拉政权制订了国家战略发展规划(2017～2021 年),刚果(金)政府将分三个阶段逐步落实发展目标,即 2020 年进入中等收入国家行列,2030 年成为新兴经济体,2050 年实现工业化经济
刚果(布)	2018 年,刚果(布)提出了 2018～2022"未来之路"理念,经济多样化政策,《2018～2022 年五年发展规划》以及 2025 年前刚果(布)迈入新兴发展中国家行列目标。为了实现这一目标,政府将通过改善基础设施优先发展能矿采掘业、现代制造业和绿色经济(农林牧渔及旅游业),以实现经济多元化发展战略

国家	发展规划
赤道几内亚	2019年5月,赤道几内亚召开第三次全国经济会议,推出"2019~2022经济复苏议程",提出国家新发展战略2035远景规划,提出在继续支持石油和天然气产业发展的同时,推动经济多元化和可持续发展,改善国家营商环境,吸引外国直接投资,建设新兴市场国家 与工业发展相关 ①石油和天然气现有区块的开采,实施新一轮油气和矿产区块招标,扩大液化天然气生产线,扩建天然气发电厂,实现能源产业的强劲和多样化发展,推进除石油、天然气以外大陆矿产的开发 ②持续改善赤道几内亚营商环境,大力吸引外国直接投资,建设工业园区,发展中小型制造业产业,提高自身产业链附加值,解决赤道几内亚青年就业问题等 ③完善基础设施建设,包括主要城市的机场及旅馆设施、建设旅游休闲场所、基础设施现代化
加蓬	"新兴加蓬"战略计划(Plan Stratégique Gabon Emergent),包括"绿色加蓬"(可持续开发森林等资源)、"工业加蓬"(促进资源加工电力供给)、"服务业加蓬"(提供金融、电信、科研和旅游等高附加值产品)三大目标。目前正努力使国家经济走向多样化,减少经济对石油等资源产品的过分依赖,发展职业教育、木材深加工和农业现代化,保持经济稳定发展 与工业发展相关 ①政府出台了增加基础设施投入、提高资源产品本地加工比例、禁止原木出口等政策措施 ②未来几年将重点推进六大矿业项目

六　存在的问题与未来前景分析

1. 中非国家的产业结构较不合理,需协调三个产业之间的发展

中非有着殖民地时期遗留下来的单一经济结构,使非洲国家以出口资源和能源等原材料和初级产品作为经济支柱。这能短时间内为中部非洲带来经济收益,却无法支撑其可持续发展,无法从根本上解决贫穷。这种单一的经济结构使中部非洲国家的经济发展严重依赖外部市场,从而束缚了其经济发展的自主能力。这种经济结构,也决定了中部非洲国家的经济发展具有脆弱性,世界经济和世界市场价格的变化将深刻影响它们的经济走向。再加上当前部分中非国家过于依赖农业,而农业生产效率却不够高,另外,服务业的

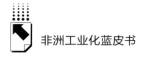

经济地位迅速上升，工业制造业却仍相对缓慢发展，工业化处于非洲区域最低水平，这样难以达成提高自身产业链附加值的目的，也难以达到以出口多样化及高科技工业制成品稳出口收益的目的。

因此中非需要调整经济产业结构，把资源优势转化为发展优势，积极推动工业化进程，一方面是继续发展农业和采掘业，提高农产品和能矿产品的深加工能力，逐步转换为以农业和制造业为基础的多元化经济发展模式；另一方面要发挥后发优势，学习并借鉴工业化国家优秀的做法，注重可持续发展，避免先污染后治理的旧模式，在促进经济增长的同时，也注意保护生态环境，例如赤道几内亚的原木出口禁令就是一个很好的例子。

2. 中非国家基础设施落后，加强对外开放，中非与中国合作有望解决供水、供电等基础设施建设问题

中非国家基础设施落后，供水、供电等问题成为制约工农业生产的主要障碍，投资、营商和就业环境也受到严重干扰。非方基础设施建设方面的需求，与我国国际产能合作、装备制造业"走出去"战略、中非十大合作计划及中非合作论坛北京峰会"八大行动"计划等高度契合，可见双边经贸合作前景广阔。事实上，目前中非与中方在基础设施领域的合作，已有一个较好的例子。在赤道几内亚，由中国企业承建的西波波会议中心、马拉博国家公园、马拉博机场新航站楼、赤道几内亚民主党办公楼、财政部办公大楼等工程已成为首都马拉博的标志性建筑，吉布劳水电站、上调水库、马拉博燃气发电厂的投入使用已基本解决了赤道几内亚大陆地区和首都地区的生活和生产用电短缺问题，大陆地区的多条公路也为赤道几内亚交通运输通畅提供了保证。特别是有关生产和供应电力的项目，如首都马拉博城市电网改造项目一期（2008 年开工）、二期（2013 年开工），赤道几内亚大陆地区输变电线项目（2008 年开工）和首都马拉博燃气电厂扩建项目（2010 年开工），大部分项目已于 2011 年竣工。上述项目是赤道几内亚政府在全国范围内进行的大型电力项目，从根本上改善了人民的生活，配合吉布劳水电站和上调水库项目、巴塔电网项目、大陆地区高压电网项目等，基本解决了赤道几内亚全国居民生活和一般生产用电需要。中国与中非经贸合作的发展，促进了

非洲国家民主的改善和经济的多元化发展，为中国经济社会发展提供了有力支持，也为促进南南合作与世界经济的平衡发展作出了积极贡献。

3. 中非区域内的国家间合作不足，已有的很多合作项目尚未展开或进展缓慢

中非区域内的国家间合作较少，但事实上国家之间在公路、铁路等货物运输上时有交流，而且国家间的资源要素禀赋不同，但目前经济结构都较为单一，完全可以尝试加强区域一体化，整体推动制造业的规划与发展，强化不同国家之间比较优势要素的流动，以达到国家间的良好协同和联动的效果，共同打造中非的制造业体系。以电能合作为例，不少中部非洲国家存在电力不足的问题，但国与国之间并没有联通电网，而刚果（金）和刚果（布）有丰富的潜在水电资源，赤道几内亚和加蓬投放于基础设施建设的资金则相对充足，这时就是加强中非区域内国家联合开展项目的最好时机。另外，区域内国家共同开发共有资源，邻国间的合作更常见，例如，为了协调跨境铁路货物运输，提高货物跨境运输效率，南非国家铁路公司与刚果（金）、赞比亚、津巴布韦等三国签订了铁路共建协议。以上例子都说明了强化中非区域内国家间合作是可行的，值得期待。

B.7

南部非洲工业化进程

刘　胜[*]

摘　要： 南部非洲是非洲经济一体化程度最高的区域之一，区内矿产资源丰富，其中南非共和国的深井采矿技术居于世界首位，纳米比亚被称为"战略金属储备库"。尽管南部非洲各国一直都致力于实现工业化发展，并制订了短、中、长期计划，但是除了南非共和国外，其他国家的工业化进程普遍都不理性。这其中主要的原因有农业比重过大却发展不足、产业结构单一、工业基础差、对外贸易结构单一，致使工业化难以实现规模经济，外商投资不足导致工业化难以获得外来帮助。因此，南部非洲要想加快工业化进程，必须加强顶层设计以保持稳定的工业化发展政策环境，融入全球经济和增强对外资的吸引力来推动一体化进程，同时应创新工业化发展模式。

关键词： 南非　工业化进程　南非共和国

一　南非（南部非洲）区域基本情况

南非地处非洲的南部，各国之间存在较大差异，不平等程度较高，且相比较非洲其他地区，南非区域的经济增长速度一直较慢，人口呈现增速快、科技素质低、城市化水平较低的特点；南非区域农业发展速度较慢，粮食不

---

* 刘胜，经济学博士，广东外语外贸大学国际经济贸易研究中心副教授，研究方向为发展经济学。

能自给，主要发展畜牧业、森林种植以及热带经济作物；该地区的工业以采矿业为主，制造业发展相对落后，主要出口农业产品与矿产品的原料，对外国的工业制成品需求较大。1969 年，南部非洲关税同盟成立，其前身是1910 年南非联邦与南部非洲英属殖民地的关税同盟协定，由于该同盟是非洲经济一体化程度最高的区域组织之一，因此我们选择同盟成员国博茨瓦纳、斯威士兰、南非共和国、纳米比亚和莱索托作为主要分析对象。

在非洲五大区中，南部非洲是经济发展水平较高的地区，但是区内各国的生产水平差异比较大，近年来的经济增长情况也不尽相同。

博茨瓦纳是南部非洲经济发展较快、状况较好的国家之一，属于中等收入国家，被誉为"非洲小康之国"，近年来经济一直保持着较为稳定的增长。图 1 展示了博茨瓦纳 2000～2019 年的国内生产总值变化情况，显示其经济基本保持了增长的趋势，由 57.74 亿美元增长到 183.43 亿美元，实现了超过 200% 的增长。

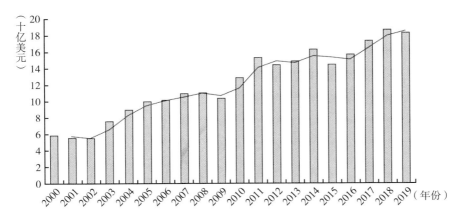

图 1　2000～2019 年博茨瓦纳国内生产总值

资料来源：世界银行。

但是，该国 GDP 在 2002 年、2009 年、2012 年、2015 年、2019 年等少数年份出现了轻微的下降，这主要是国际经济形势的影响导致的。2001～2002 年，"9·11"事件的发生为全球经济的发展带来了许多不确定因素，各国经济都出现了一定程度的下降，博茨瓦纳也是如此，其国内生产总值由

2000 年的 57.74 亿美元下降到 54.52 亿美元，减少了 5.58%；2009 年由于全球金融危机，博茨瓦纳也受到影响，GDP 跟着下降，对比 2007 年的 109.43 亿美元，GDP 下降了 5.38%，为 103.54 亿美元；2012 年和 2015 年 GDP 的下降同样也是受到全球经济疲软的影响，可见博茨瓦纳经济的健康发展还不够，容易受到全球经济波动的影响。

斯威士兰人均国内生产总值位居非洲国家前列，但仍为中等偏下收入国家。由于经济高度开放，较为重视对外国资本和私人资本的利用，奉行自由市场经济制度，斯威士兰的经济增长极易受到全球经济的影响。同时，斯威士兰的经济增长严重依赖南非共和国，自身优势较小，虽然鼓励出口，但出口商品较为单一，地区发展不平衡，贫富差距较大。图 2 给出了 2000～2019 年斯威士兰国内生产总值情况。相比较博茨瓦纳，斯威士兰的经济体量较小，虽然总体上保持了一定程度的增长，但是波动较大，尤其是在 2001～2002 年（"9·11"事件）、2008 年（世界金融危机）以及 2013～2016 年（全球经济仍在上一次金融危机的影响下，复苏较慢），斯威士兰国内生产总值有较大程度的下降，下降幅度分别为 17.60%、5.05% 以及 21.91%（2016 年较 2012 年），这也说明斯威士兰本国产业优势不明显，主要依赖对外开放对本国经济的带动，易受到世界经济波动的影响。

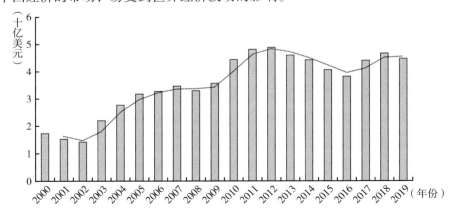

图 2　2000～2019 年斯威士兰国内生产总值

资料来源：世界银行。

南非属于中等收入发展中国家，国内生产总值约占非洲的1/5，总人口5591万人。图3展示了2000～2019年南非的国内生产总值，可以看到，2000～2011年，除了2001年、2002年和2008年南非的GDP呈现下降的趋势外，其余年份均为上升的态势。但是，受大宗商品价格走低、劳资关系紧张等因素影响，从2012年开始，南非的经济就持续低迷，直到2017年才有所回升，2018年这种增长趋势继续保持，增长率达到5.34%，GDP达到3680亿美元，但在2019年，GDP又有所下降，为3510亿美元。

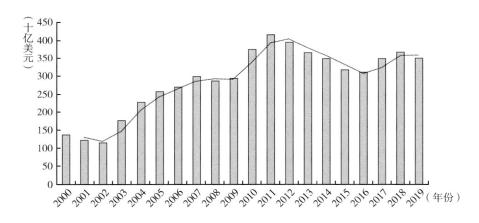

图3　2000～2019年南非国内生产总值

资料来源：世界银行。

图4给出的是2000～2019年纳米比亚的经济增长情况。与博茨瓦纳、斯威士兰整体趋势相似，除去2001～2002年、2008年、2013年、2015～2016年外，纳米比亚的经济基本也保持了增长趋势。影响其经济增长的原因与上述两国基本相同，受到外部环境的冲击，例如，受到"9·11"事件、世界金融危机以及后危机时代全球经济增速放缓的影响，纳米比亚相应年份的经济也出现一定程度的下降，其中2001～2002年下降幅度最大，达到14.56%，其余两个时间段则分别下降2.67%和11.20%（2016年较2012年）。容易受到外部经济冲击的根本原因在于纳米比亚的经济结构和出口结构都单一，且生产率不高。虽然纳米比亚自然资源丰富，且把矿

业、渔业和农牧业发展为支柱性产业，但是农林渔牧业生产率都很低，例如，农业解决了该国65%的劳动力就业问题，而且约有70%的人口生活在农村地区，但其粮食生产并不能自给自足，满足国内的基本需求还需要大量的粮食进口；此外，虽然其矿产资源丰富，且矿产出口为主要外汇来源，但是其工业尤其是制造业非常落后，主要出口初级矿产品，且国内的制造业市场约有80%的被南非共和国控制。近年来，纳米比亚的旅游业不断发展，但是每年的产值也只占到本国GDP的不到10%，还无法支撑起整个国家的经济增长。

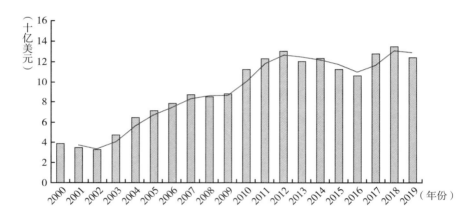

图4　2000～2019年纳米比亚国内生产总值

资料来源：世界银行。

由于历史、自然环境等原因，莱索托一直是非洲最不发达的内陆国家，长期以来经济发展水平都较低。直到20世纪90年代，莱索托政府开始实施自由市场制度，以增加对外开放的程度来吸引外资，这才促使其经济有了一定程度的增长。从图5可以看到，2000～2019年，莱索托的经济保持了较好的增长态势，GDP由8.87亿美元提高到23.76亿美元，实现了167.87%的增长。但是，与南部非洲其他几个国家相似，由于经济主要靠外国投资与贸易的带动，莱索托的经济增长也非常容易受到世界经济波动的影响，2001～2002年（"9·11"事件），2007年、2009年（世界金

融危机）以及 2013 年、2015～2016 年（全球经济增速放缓），2019 年的
GDP 下降说明了这一点。

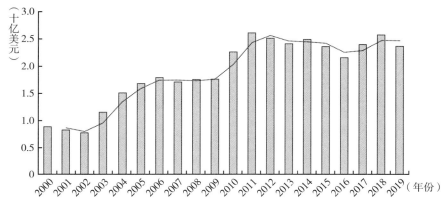

图 5　2000～2019 年莱索托国内生产总值

资料来源：世界银行。

外资政策介绍：以南非共和国为例。从许多发展中国家的工业化发展来
看，吸引外资、融入全球经济是加快推进工业化进程的一条有效途径，这使
南部非洲多数国家也想效仿，纷纷打开国内市场，吸收外商投资。然而，从
外商投资政策来看，南部非洲地区的国家只有南非共和国有相对完善的管理
政策，而其他国家的政策较少，也不全面，还有各国之间的投资政策没有什
么相关性，加上许多国家政局动荡，投资政策朝令夕改，连续性差，而且除
了南非共和国，其他南部非洲国家吸收外资的量都相对少很多，所以我们无
法在短期内也不必要把所有南部非洲地区国家的投资政策都进行研究，而只
选择南非这个最主要的投资目的国进行分析。

南非关于外国投资的法律法规主要有《投资法》和《竞争法》。南非鼓
励外商投资的政策措施可以分为三大类——概念性研究与开发激励、资本支
出激励以及增强竞争力的激励，这些措施涵盖了企业的创立、扩大规模以及
在特定行业竞争的各个方面。例如，在外商投资农业、制造业和商业服务等
领域时，给予税收减免、补贴、低息贷款等方面与本土企业同等的优惠待
遇。还有"产业政策项目计划"提供总额 200 亿兰特的资金，减免大型项

185

目的所得税，用于资助创新工艺流程或使用新技术、提高环境保护水平的项目。"制造业投资计划"鼓励本地和外国企业进行生产性资产投资，如投资工厂、机器设备、购买和租用土地、建筑物与商用车辆。此外，南非还利用自贸协定（见表1）和设立自贸区的模式吸引外资，尤其是吸引出口导向型的外商进入制造业和服务业。自2000年起开始实施，南非前后设立了6个与国际海港、空港临近的工业开发区，为投资者提供完善的基础设施、便利通关手续及给予税收优惠，建立集约式制造业基地。2014年，南非颁布《经济特区法》，明确在工业开发区、自由港、自由贸易区、专门领域开发区等4类经济特区中实施相关优惠政策。

表1　南非参与双（多）边贸易协定情况

协定	合作国家或地区	基本情况
中国—南非双边投资保护协定	中国	1997年生效,1998年终止
南非—欧盟贸易、发展及合作协定	欧盟	2000年生效
南非—南部非洲共同体自由贸易协定	安哥拉、博茨瓦纳、刚果（金）、莱索托、马拉维、毛里求斯、莫桑比克、纳米比亚、塞舌尔、斯威士兰、坦桑尼亚、赞比亚和津巴布韦	2000年生效
非洲增长和机遇法案	美国、35个非洲国家	2001年生效,2008年终止
三方自由贸易区协议	19个国家	2017年签订
中国—南非投资和贸易协议	中国	2018年签订
非洲大陆自由贸易协定	非洲49个国家	2018年签订,次年生效

资料来源：根据相关资料整理而得。

然而，近年来，由于国内环境的变化，南非陆续出台了多项法规政策来收紧或限制外商投资，包括将外商优惠政策与本地化和黑人持股比例挂钩、收紧外资保护、土地使用、采矿权益分配、工作签证等政策。加上工会组织程度高、罢工频繁等，外商投资环境日趋紧张。并且南非将公共卫生、环保、劳工等更多的内容纳入谈判。

二 南部非洲工业化进程分析

总体来说，南部非洲国家除了南非共和国，其他国家工业化程度普遍都不高，其原因包括贫困和不平等问题严重、制造业落后、创造就业机会不够等。

（一）工业化发展的基本情况

B2 列出的工业化进程指标，详细地展示了非洲南部 13 个国家2000～2019 年的工业化进程数据，对南部非洲地区的整体情况和各个南部非洲国家的工业化水平有一个大概的了解。

可以看出，南部非洲地区的整体工业化水平都不高，在 2000～2003 年也并没有实现较大程度的提高，2000～2002 年，非洲整体工业化水平指数由 0.01752 增长到 0.01822，在 2003 年又下降到 0.01795，未来的2003～2009 年保持了一定程度的增长趋势，尤其是在 2009 年，非洲的工业化水平指数达到 0.03751，为历年来的最高值。这主要是因为全球经济在2003～2008 年的发展速度普遍较高，带动了非洲的工业化进程，而随后的世界金融危机的影响则阻碍了非洲的工业化发展，说明与世界其他地区一样，南部非洲地区各国在经济对外开放过程中，也极易受到世界经济波动的影响。2010～2019 年，非洲工业化水平指数变化不大，基本维持在 0.02 左右，而在 2019 年，该指数下降到 0.16074，造成这种结果的原因是全球经济复苏缓慢，缺乏新的增长点。从具体国家来看，非洲南部地区各国的工业化进程差距较大，工业化程度最高的国家是南非共和国，最低的国家是安哥拉，从工业化指数来看，前者的工业化水平是后者的 3 倍还多。

（二）南部非洲国家工业化政策情况

工业化的发展可以为南部非洲国家带来至少四个方面的好处，一是通过大力发展制造业，可以改变当前各国对农产品和矿业产品的严重依赖现状，

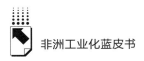
推动本区域内部的产业结构多元化与合理化发展；二是发展工业化的溢出效应有助于实现与工业有关的各种农业、采矿业等产业的进一步发展，实现产业的优化升级；三是工业化发展是带动国民经济向前发展的重要动力，有助于解决南部非洲地区年轻劳动力就业问题；四是工业化是南部非洲国家走出贫困、改善人民生活、缩小贫富差距的重要途径之一。而且，鉴于非洲国家的人口众多，且增长极快，工业化发展也许不是唯一促使各国走出贫困、实现人民的小康生活的路径，但可能是最为关键的一种发展模式。

鉴于工业化进程对国家经济发展的重要性，南部非洲各国一直都致力于实现国家的工业化发展，尤其是在 20 世纪 60 年代各国独立以来，分别推行了进口替代工业化战略，制定工业化发展的短、中、长期计划，建立非洲经济共同体等措施来实现工业化。遗憾的是，由于政治因素的影响和国内经济危机的压力较大，大多数的政策并没有得到较好的实施。

进入 21 世纪，伴随着政治形势的逐渐明朗，非洲各国总结了以往工业化发展的经验教训，提出了更为完善的发展计划，这同时也给南部非洲国家的工业化政策发展计划带来了一些启示。首先，2001 年非洲联盟颁布的《非洲发展新伙伴计划》，该计划的主要目的是摆脱贫困落后的经济现状，明确提出非洲经济的发展不能受外部环境和条件的约束，重视基础设施的建设、人才的培养，以满足各国工业化发展的需求。其次，2007 年非洲工业部长会议召开期间各国签署的《非洲加速工业发展行动计划》，这一计划对非洲工业化进程进行了全面规划，在明确认识工业化发展的前提下，强调发展与工业化有关的一切设施，包括制定生产和出口多元化政策、制定自然资源的管理与开发实施办法、发展基础设施建设等。这一计划在总结以往经验的基础上对工业化的发展进行了更加细致的规定与设计，具有更大的可行性。最后，非洲联盟首脑会议于 2015 年制定的《2063 年愿景》也为非洲经济社会转型提供了战略框架，更加重视非洲人民的心声，也更加注重政策实施的情况监测和评估，有助于非洲工业化进程的长远发展。遗憾的是，由于近年来南部非洲国家的"领头羊"——南非共和国的政治局势出现了一些动荡，尤其是其推行黑人优先的极度优惠政策，使该国的工业化发展甚至出现了倒退现象，这也使南部非洲其他国家计划了一些工业化发展政策，还在犹豫不知道如何行动和懵懵懂懂之中就泄气了，也使该地区的区域工业化政策和各国的工业化发展合作没有多大实质性的进步。

总的来说，工业化发展计划在非洲体现出了一定的成效，许多国家的国内生产总值实现了一定程度的提高，在未来也可能会保持较高的增长速度，而且这些国家还建立起了一批国有工业企业，成为工业化发展的基石。以坦桑尼亚为例，1967～1981年，该国的国有工业企业从80家增长到400家，加纳从建国之初的0家国有工业企业增长到20世纪60年代的100家，这使其他国家也包括南部非洲地区的国家开始效仿，促使工业化发展逐步迈向正轨之门，例如，纳米比亚唯一水泥生产企业Ohorongo。21世纪的到来，为非洲大陆的工业化发展提供了新的机遇，各国尤其是中国对非洲的资金注入与技术援助加快了非洲地区的工业化进程，这也给南部非洲国家推进工业化进程提供了机会。据统计，近几年撒哈拉以南的非洲地区制造业产值可以占到国内生产总值的10%～14%，工业化发展迅速，而英国《经济学家》杂志也表明，非洲的制造业发展不容小觑，前景十分乐观，未来有希望赶超亚洲[1]。

三 南部非洲工业化进程缓慢的原因

由于工业化水平较低，南部非洲许多国家的经济一直停滞不前，区域一体化程度有待提高，工业化进程处在全球底端，主要出口矿产品和部分农产品并从世界各国获得大部分制造业生产品。尽管南部非洲各国在独立之后的首要目标都是发展工业化，但是当前工业化进程依旧缓慢，这除了长期被殖民和奴役的历史因素影响外，还有过度依赖出口自然资源来进口工业产品的道路的影响。在基础设施发展较为落后的情况下，该地区工业化之路显得非常困难。概括来说，南部非洲国家的工业化进程缓慢的原因有以下几点。

---

[1]　苑基荣、丛薇：《非洲经济崛起势头强劲》，《人民日报》2014年5月7日。

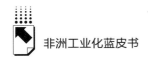

1. 农业比重过大却发展不足

南部非洲的工业化进程仍然较慢，究其原因，首先是农业发展落后阻碍了工业化进程。农业是工业发展的基础，但是由于水资源短缺、气候环境恶劣，大部分非洲南部地区国家的农业生产率一直较低。农业是大部分国家的支柱性产业，且雇佣了多数的劳动力，但是产值却不高，有些国家甚至不能完全实现自给自足。例如，博茨瓦纳的农业发展非常落后，主要农产品有高粱、小米、玉米、豆类等，但是这些农产品只能满足本国大约22%的粮食需求。斯威士兰的农牧业雇佣了80%的劳动力，但产值只占GDP的8.43%～10.20%，而且粮食也没有实现自给自足，仍需要大量进口，主要农作物有甘蔗、玉米和棉花，其中甘蔗是解决就业人口最多的农作物。农业是纳米比亚的主要产业，当地粮食作物有玉米、小麦和高粱，但是由于水资源缺乏且降雨量稀少，大部分土地较为贫瘠，农业产量低且极不稳定，仅可以满足本国不到70%的需求，严重依赖进口。

莱索托的情况相对较好，当地主要农作物有玉米、高粱、豆类和小麦，目前67%的土地用于种植玉米，但是由于近年来水土流失的问题，可耕地面积正逐年下降。南非共和国的农业比较发达，尽管农林牧渔业在国民经济中作用不断减小，产值只占GDP的5%，但农业仍提供13%的正式就业机会，粮食除自给外还可出口，非矿产出口收入中的30%来自农产品或农产品加工，主要农作物有玉米、小麦、甘蔗、大麦，其中蔗糖出口量居世界前列，各类罐头食品、烟、酒、咖啡和饮料质量都不错，葡萄酒在国际上享有盛誉。南非共和国畜牧业也较发达，是世界第四大绵羊毛出口国，所需肉类85%自给，15%从纳米比亚、博茨瓦纳、斯威士兰等邻国和澳大利亚、新西兰及一些欧洲国家进口；水产养殖业也不错，产量占全非洲的5%，全国约有2.8万人从事海洋捕捞业，每年捕捞量约58万吨。

2. 产业结构单一，工业基础差

在非洲五大区中，非洲南部是经济发展水平较高的地区，而且加工工业和交通运输业还大大超过北部地区，但是各国的生产力水平差异较大。从经济结构来看，除了南非和莱索托，非洲南部其他的国家也基本上是单一的结构，资源相关的产业占比很大，其他工业特别是制造业和服务业发展严重落后。从各国具体情况来看，钻石产业一直是博茨瓦纳的支柱性产业，产值占GDP 的 1/3 还多，畜牧业也是支柱性产业，产值占农业总产值的 70%，以养牛为主，牛肉出口每年可创造 8000 万美元左右的外汇，还有家禽养殖业，生产的鸡蛋和肉鸡基本能够满足本国的需求。然而，除了这两个产业外，博茨瓦纳的其他产业尤其是制造业几乎为零。此外，该国的旅游业也发展比较快，已成为对 GDP 贡献的第二大行业，全国 38% 的土地面积为野生动物保护区，包括 3 个国家公园和 5 个野生动物保护区，但是这对工业化发展的促进作用很小。

斯威士兰的工业还不错，每年工业产值约占 GDP 的 33% 左右，主要生产石棉、钻石、煤、木材加工、水果罐头、纸浆和棉纺织品，但是只贡献GDP 的 10% 左右的农牧业却雇佣了 80% 的劳动力，说明工业发展无法承担大量劳动力雇佣的责任，这导致人均工业化发展的资料很少；该国旅游业还比较发达，但是大多为南非财团所控制，对当地的工业化进程作用极小。

农牧业是纳米比亚的一大支柱性产业，其中畜牧业的产值占到整个农牧业的 50% 以上，主要是牛、羊的养殖；当地渔业资源丰富，产值每年可达5.4 亿美元，位居非洲第三、全球第三十位，近年来旅游业发展也较快，已经成为第四大支柱性产业，游客的主要来源为南非和欧洲，上述这些情况说明该国的工业基础几乎为零，更不用说推进工业化进程了。

莱索托的经济结构比较均衡，第一、二和三产业分别占 GDP 的 12.7%、23.44% 和 63.86%，在第一产业中，畜牧业发展较好，全国 66% 的土地可以用于放牧，以养殖牛、羊为主，是非洲重要的羊毛和马海毛的产地，畜牧业每年可贡献 6% 左右的 GDP；钻石生产在第二产业中占了重要的地位，每年可贡献 6.6% 左右的 GDP，近年来制造业发展也不错，特别是纺织服装和食品加工业可以贡献 3.2% 左右的 GDP。

南非是非洲第二大经济体，也是非洲经济最发达的国家之一，工业体系比较完善，其中深井采矿技术位居世界前列，金融、法律体系也比较完善，通信、交通、能源等基础设施良好，矿业、制造业、农业和服务业均较发达，2020 年其 GDP 达到 3632 亿美元，增长 0.2%，人均 GDP 约 6199 美元。制造、建筑、能源和矿业是南非工业四大部门，制造业门类齐全，技术先进，主要有钢铁工业、金属制品、化工、运输设备、机器制造、食品加工、纺织和服装，其中钢铁工业是制造业的支柱，拥有六大钢铁联合公司、130多家钢铁企业，近年来汽车制造等新兴产业发展也较好，但纺织、服装等行业萎缩比较快，此外还有建筑业发展较快，这主要是政府筹资建设低造价住房来缓解黑人城镇居民住房问题所推动的，但是当地建筑商设备陈旧、技术工人缺乏等问题将制约建筑业的进一步发展，这些说明南非共和国是南部非洲最有可能最快推进工业化进程的国家。

3. 对外贸易结构单一，工业化难以实现规模经济

南部非洲的对外经济发展方面，除了南非共和国，其他国家的对外经济不是总量较小，就是贸易结构单一和进口要大于出口，这说明大多数南部非洲的国家无法有效利用对外贸易扩大生产、实现规模经济来加快工业化进程。具体来说，南非是非洲最大的贸易国，占非洲对外贸易总额的 1/5 以上，自 1994 年新南非成立以来，进出口贸易稳步增长，出口产品趋于多样化；据南非国家税务局统计，2019 年南非贸易总额约为 2.57 万亿兰特，中国是第一大的出口目标国，占出口总额的 10.7%，其次是德、美、英、日，主要出口商品为贵金属（铂金、黄金）和宝石（钻石等）、煤炭、铁矿石、钢铁和运输设备；中国也是南非的第一大进口来源国，占到进口总额的 18.5%，其次是德（9.9%）、美、印度和沙特。以原油和石油制品为主要进口商品，其次是机电、运输设备和通信设备，这些说明不论是贸易商品还是贸易伙伴都对当地工业化进程带来帮助。

除了南非共和国，南部非洲其他国家的贸易量都相对较少，发展相对较好的是博茨瓦纳，但这还不足以显著地对推进工业化进程产生作用。实行自由贸易政策后，博茨瓦纳的对外贸易发展良好，2019 年货物贸易总额达到 117.92 亿美元，其中出口 52.32 亿美元，进口 65.60 亿美元，但是其对外出口的商品结构较为单一，钻石出口占比高达 90.7%，进口产品种类较多，主要有燃料、机械及电子设备、食品饮料和烟草、化学橡胶制品、汽车及运

输设备、金属及制品、纺织品和鞋、木及纸制品和家具，从贸易伙伴来看，主要有南非、纳米比亚、加拿大、比利时、印度和阿联酋，与中国的贸易额只有 3 亿美元左右，这些说明该国是帮助贸易伙伴推进工业化发展，而自己却拉工业化进程的后腿。

近年来，纳米比亚的贸易发展势头也较好，2019 年出口约 63.3 亿美元，最大的贸易伙伴是邻居南非（占比 45.3%），其次是赞比亚和中国（只有 4%），主要出口钻石和贵金属、铜、船舶、矿石、鱼、活畜、锌、汽车及部件、饮料和工业机械；当年进口约 76.8 亿美元，其中中国占比 25.9%、南非占比 17.2%，以及博茨瓦纳占比 10.1%，主要进口铜、油和矿燃料、船舶、工业机械、汽车及部件、电子机械、矿石、钻石和贵金属、钢铁制品以及塑料。概括来说，纳米比亚的对外贸易对工业化进程的推动作用较好，至少贸易商品有利于本国制造业的发展。

斯威士兰的对外贸易量不大，每年为 20 亿~35 亿美元，且出口产品较为单一，主要是软饮料浓缩液、纺织品、蔗糖以及纸浆等，进口商品主要是食品、活禽、石化产品、仪器、机械和运输设备，非洲南部是主要贸易伙伴，占比 80% 以上，这说明贸易量太少，对推进工业化产生的作用也会不大。

莱索托与斯威士兰的情况相同，对外贸易量也比较少，2019 年为 27 亿美元左右，主要出口商品有毛钻、纺织服装、鞋类、羊毛、马海毛、水等，主要出口对象为南部非洲、美国和欧洲，主要进口商品为燃料、电子设备、汽车、机械、棉纤制品、饮料食品和药物，主要来自南非和中国，市场份额分别为 70% 和 15%，随着《莱索托 454 种商品对中国出口享受零关税待遇》和《在 2015 年内实施莱索托 97% 商品对中国出口享受零关税待遇》的签署，中莱之间的贸易会有一定程度的提高，2019 年两国贸易额为 1.03 亿美元，同比上涨 9.6%，希望中莱之间贸易的增长会对莱索托的工业化发展带来帮助，至于作用是否显著就看该国的工业化政策等具体情况了。

4. 外商投资不足，工业化难获得外来帮助

吸引外资、获得外国资本与技术来推动国内的工业化发展是许多发达和

发展中国家成功的经验，因此南部非洲的国家近年来也逐渐开放国门，欢迎外国投资者。从吸引外资条件来看，由于当地资源丰富，南部非洲地区对外商还是具有一定吸引力的，但是现实情况却是南部非洲多数国家吸引外资的规模还很小，这除了政局不是很稳定外，还有经济结构单一、基础设施差等众多原因。具体来看，南部非洲国家中，南非共和国是整个非洲大陆国家中，外商投资的主要目的地。2019 年，其吸收外资 46.24 亿美元，截至该年底外资存量达到 1509.54 亿美元，主要来源于欧美国家，其中欧洲国家占了总量的 67.5%，英国是最大投资方，其次是荷兰和比利时，美洲国家占10.3%，中国只占 4.7%，外资涉及的行业较多，有电信和信息技术、采矿、化工、食品、烟草、汽车和零配件、塑料橡胶制品、餐饮、休闲和博彩、金属制品和其他制造业。因此，不管从投资来源国还是从投资领域来看，外资对南非共和国的工业化进程会产生较大的促进作用。

相对之下，不管是从投资额还是投资领域来看，外资对其他南部非洲国家的工业化发展作用不太大。例如，虽然近年来博茨瓦纳吸引外资的能力逐年提高，但是根据《世界投资报告》的数据，2019 年该国吸收外资 2.61 亿美元，外资存量为 50.42 亿美元，投资额太少，无法对整个国家的工业化带来显著的影响；此外，虽然欧洲是主要来源国，但是项目集中在矿产领域，其他非洲国家也是重要的投资方，却主要集中在金融领域，都没投资在工业领域，何谈来促进工业化。截至目前中国对其投资存量为 1.86 亿美元，完成承包工程合同额 1.68 亿美元，但是主要投资在基础设施建设、卫生医疗发展、人力资源开发等领域，这些要对工业化发展产生明显的影响还需假以时日，而且其资源导向型经济容易引起增长波动对外商来说也是要面临一定风险的，所以未来能吸收多少外资还是很不确定的。

由于实行自由市场经济制度，纳米比亚近年来在吸收外资方面表现还不错，截至 2019 年，共吸收外资 68.28 亿美元，主要在矿业勘探、渔业和海产加工、金融和旅游，主要外资来源国为中国、南非和毛里求斯，这些也难看出能对该国工业化发展带来很明显的作用。

斯威士兰吸引外资的表现比较差。2017 年外资流量为 - 0.58 亿美元，

2019 年也只吸引外资 1.28 亿美元。根据 UNCATD 发布的《世界投资报告》的数据，斯威士兰近年来在吸引外资当中的表现较 2013 年有所下降，2013 年斯威士兰共吸引外资流量 0.82 亿美元，为近年来的最高水平，2018 年仅有 0.31 亿美元的外资注入该国，尤其是 2017 年，外商投资的流量为 -0.58 亿美元。2019 年，斯威士兰吸引外资的情况好转了一些，较上一年实现 300% 的增长，但从金额来看也只吸引到外资 1.28 亿美元。

由于国内局势比较混乱、艾滋病发病率极高，莱索托也很难吸引外资，2019 年只吸引到外资 1.18 亿美元，而且吸引外商直接投资的主要领域还是以矿产出口贸易为主的行业，资金的来源主要是中国台湾、南非和英国。据 UNCATD 的《世界投资报告》所统计的数据，截至 2019 年底，中国对莱索托的直接投资存量为 593 万美元，与 2015 年的峰值 1115 万美元相比，下降了 46.82%，这主要是由于莱索托是君主立宪制国家，国内局势一直比较混乱，而且艾滋病发病率极高，增加了中国的对莱投资风险。

四 加快南部非洲工业化进程的建议

1. 加强顶层设计，保持稳定的工业化发展政策环境

一国经济发展包括工业化进程最重要的是要保持稳定的政治环境，从顶层设计开始要推行工业化发展的各项政策出台、落地、实施和保障，并在此基础上，确保政策的可延续性和可靠性，稳定国内外投资的市场预期。从近年来各国国内投资和对外投资来看，不管是对国有资本还是对私人投资，政局稳定，经济快速发展，不确定因素较少，是投资目的地选择的必要条件。此外，给予工业化发展必要的优惠政策是南部非洲国家推进工业化进程的一个重要条件，特别是南非共和国之外的其他国家，因为这些国家的工业化发展基础几乎为零。可以学习的例子就有南非共和国如何发展汽车产业。此外，因地制宜打造特色，突出比较优势，也应成为政策设计的核心要义，例如，可以学习东非国家埃塞俄比亚打造工业园区的做法，充分利用南部非洲资源丰富的优势，打造金属加工产业园等。

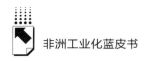
2. 融入全球经济，推动南部非洲一体化进程

随着全球经济一体化的加速，特别是像中国等发展中国家的崛起，人们还是日渐关注非洲大陆的经济增长。一般认为，工业化的发展是引导经济增长的可靠力量，因此联合国一直致力于帮助非洲利用自身丰富的资源禀赋建立内部的经济增长引擎，逐步走上包容和可持续的内生性增长的工业化发展道路。2016 年，联合国大会正式宣布，在 2016～2025 年非洲工业发展的第三个十年期间，将帮助非洲实现包容、可持续性发展，非洲各国应致力于提升工业尤其是制造业在本国投入产出和贸易的地位，改变以往依赖出口初级产品的经济模式和结构。具体来看，联合国帮助非洲国家工业化发展的措施还是挺全面的，包括帮助当地政府树立对工业化发展的决心，从政策、基础设施、知识技能、融资、技术和市场机制等多方面入手，协助建立和改良工业化框架，强化有利的商业环境，重点扶持更能激励某个地区有高增长潜力的工业部门的优先发展，致力于减少贫困，推动多边、区域和双边的经济伙伴关系的建立，以助力非洲国家获取更多的外部资源，加快发展经济和工业化进程。

在联合国积极帮助非洲国家融入全球经济的同时，已经有一定工业化基础的南非共和国应当勇于担当地区"领头羊"的责任，加快推动南部非洲的区域融合，尤其是南部非洲关税同盟更应尽快升级。同时，南部非洲各国政府和人民也应认识到加强非洲大陆区域经济合作的重要性，尽早建立具有规模经济效应的大市场，挖掘非洲青年人口多、人口增长快带来的巨大的市场潜力，解决产业间、国家间相互促进发展的制度障碍，加强区域内、区域间的经济合作，早日促进非洲大陆经济一体化。可喜的是，2008 年南部非洲发展共同体自由贸易区正式启动建设，2015 年东南非共同市场、南部非洲发展共同体和东非共同体成员国签署协议整合这三大区域组织，启动非洲大陆自由贸易区谈判，2019 年 7 月非洲大陆自由贸易区正式建立，非洲区域经济一体化迈入新阶段，这对非洲工业化进程的作用如何我们将拭目以待。

3. 增强对外资的吸引力，加快基础设施建设

政治局势的逐渐稳定以及民主化的开展为南部非洲国家提供了更加稳定

也更加和平的发展环境。各国应及时抓住这个政治局势稳定的有利时机，充分利用当地丰富的自然资源、人力资源和巨大的消费市场来吸引世界各国的投资，这将有助于非洲国家利用外国的资金和技术，开展本区域内的基础设施建设和工业化体系的形成，进而实现整体工业化水平的提高。

从吸引外资的领域来看，除了直接吸引到工业部门，吸引外资进入基础设施领域是非常重要的，因为基础设施薄弱是制约非洲国家的产业发展和经济增长的关键问题。据测算，非洲大陆每年基建需要的资金缺口超过 350 亿美元。要大力改善非洲国家普遍基础设施薄弱的局面，是需要庞大资金的，但是这也是推进非洲工业化进程绕不过去的关，因此除了充分利用本国的资金，非洲国家还需要想尽办法如何有效地吸引外来资金。首先，非洲国家应集中资金进行关键基础设施的建设，例如交通运输枢纽，而不是撒胡椒面式进行建设。其次，提供优惠政策和充分的保障措施，鼓励国内有能力有资金实力的公司参与国内财政对基础设施进行投资建设。再次，应打破基建投资的政策垄断，放开更多的地区给外商，吸引外资企业到当地进行基础设施建设，在初期应给予更多优于国内企业的优惠措施，并保障外资投资基建的长期利益，同时，争取世行、亚投行等国际和区域组织的投资用于基建，将前面三种情况结合使用，形成互补的组合和合作方式，例如本国国企、外资企业和国际组织共同组建基建投资公司。最后，在积极引进外资投入基础设施建设的过程中，非洲国家应注意工业化发展不同阶段对配套设施的不同要求，既不要太超前以免浪费基建投入的庞大资金和资源而无法带来工业化发展的效益，也要避免短时行为使目前建设的基础设施不能满足后续工业发展的需要，此外，除了资金短缺，技术落后也是影响非洲国家基建的主要因素之一，因此在引进外企进行基建的过程中，当地基建企业应注意学习，尽早成长起来，以利于当地基础设施的进一步完善和工业化的长期发展。

4. 创新工业化发展模式，避开"资源诅咒"怪圈

工业化发展的进程一般较慢，需要长期的准备和资本的积累，只有当生产力发展到一定程度后一国的工业化和制造业才能得到快速的发展，这对于非洲国家具有很好的政策启示，因为其拥有工业化发展的自然资源和丰富的

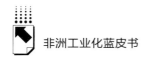
劳动力。然而，现实情况却是非洲国家普遍追求短期的经济利益，而没有考虑长期的工业化发展。大多数非洲国家都拥有极为丰富的自然资源，特别是油气和矿产。利用世界其他国家快速发展需要大量的矿制品和能源，进而推动价格快速上涨的机会，许多非洲国家吸引了大量的外资到本国的油气和采矿业，并大量出口相关的初级产品，获得了不少的外汇；然而，大多数非洲国家政府却未能充分利用这种发展机遇来实现经济转型升级，建立相关的工业体系和制造业，并通过资本积累完成适度多元化的工业部门，工业化进程一直在初级阶段徘徊。随着国际矿产和能源需求的下降，这些非洲国家的经济严重受到影响，例如南部非洲地区的博茨瓦纳、斯威士兰和纳米比亚，保障国民基本生活都略显资金不足，更别说以投资来推动工业化发展了。

相似的情况正惊人地在南部非洲地区重写，只是这次发生在服务行业中的旅游业。由于具有独特的地理地貌等丰富的旅游资源，可以吸引来自世界，尤其是欧美地区的游客的光顾，非洲多数国家大力发展旅游业，以至于某些国家的服务业占GDP的大部分比重，例如莱索托的第三产业占了GDP的63.86%。不同于欧美国家的服务业多数是生产性服务业，非洲国家的服务业是生活性服务业，很多是依靠旅游发展起来的相关服务业。诚然，在目前非洲国家发展旅游业是必须的，但是需要把旅游业赚来的资金投入农业和制造业上去，才能保障国家经济的长期发展，因为旅游业受外来环境的影响很大，例如2020年开始全球蔓延的新冠肺炎疫情就使非洲许多国家的旅游业绩一落千丈，相关人员大量失业。此外，旅游等服务业和矿业的快速发展，农业和工业的缓慢发展甚至是倒退使得近年来非洲国家还遇到了一个新的问题，那就是本区域年轻劳动力与人才的流失，这又进一步使工业化水平的提高难上加难。

在经济学里面有个"资源诅咒"的概念，即资源越丰富的地区就越穷，因为物质上的丰富使得生活很容易被满足，人们就会安逸现在的生活，会产生不思进取的思想，最终随着资源的消耗殆尽，这些人将十分贫穷。这个概念对于非洲国家的经济发展和工业化进程，具有非常深刻的政策含义。资源触发地区间的冲突，引起国内的争斗，导致人们乐于享受，等等，在非洲发展的历史中比比皆是，这对于需要长期艰苦努力的工业化发展来说，是致命的。因此，要想加快工业化进程，非洲国家特别是资源丰富的南部非洲地区需要认真思考这个问题，充分合理地利用当地的资源禀赋，创新工业化进程的模式，为长期发展积累资本和力量，例如可以探索区域间的"产业特区"以鼓励人才跨区流动。

专 题 篇

B.8
全球经济参与下的非洲工业化[*]

计 飞[**]

摘　要：　工业化是实现一国现代化的必由之路。非洲国家在实现民族
独立后纷纷开启了工业化进程。目前，非洲国家的整体工业
化水平较低，工业化对非洲国家经济发展的促进作用仍有待
加强。在经济全球化的大背景下，非洲国家与全球经济的联
系日益紧密，在参与全球分工门槛降低的同时，非洲各国也
会在世界经济低迷时期遭到更大的外部冲击。全球主要经济
体对非发展援助和金融支持也极大地稳固了非洲工业化的基
础，秉持"新自由主义"和"华盛顿共识"的发展理念对非
洲工业化产生了复杂而深远的影响。中国既是非洲工业化的
坚定支持者，更是积极参与者。在非洲国家立足自身开展工

---

* 本文系广东省哲学社科规划青年项目（编号：GD20YHQ01）、广东省普通高校青年创新人才类
项目（编号：2018WQNCX034）、羊城青年学人课题（编号：2019GZQN28）的阶段性成果。

** 计飞，经济学博士，广东外语外贸大学非洲研究院讲师，研究方向为中非经贸合作。

业化建设的同时，中国将和国际社会一道，大力支持非洲工业化进程。

关键词： 全球化　非洲工业化　中非合作

　　在全球主要发达经济体的经济发展过程中，工业化通常扮演着极为重要的角色。可以说，工业化是实现现代化的必由之路。第二次世界大战结束后，众多独立的发展中国家开始制定一系列工业化发展战略，希望通过工业化的方式缩小同发达经济体之间的差距，实现国家经济快速发展。作为发展中国家的代表之一，非洲国家也逐步开启了自身的工业化进程。

　　非洲国家的整体工业化进程目前仍旧处于较低水平，特别是部分经济体在工业化程度本就不高的情况下，反而出现了"去工业化"的迹象，工业化对非洲国家经济发展的带动作用出现明显下降，这与发达经济体在经济发展成熟阶段的"去工业化"有着本质上的区别。为进一步提振和加快非洲工业化速度，非洲主权国家和区域组织先后出台了《加速非洲工业化发展行动计划》《非洲基础设施发展规划宣言》《2063 年愿景》等重要发展战略。

　　在经济全球化的大背景下，非洲国家与全球经济的连接门槛大为降低，非洲各国通过发展劳动密集型产业等方式就能参与到世界经贸往来中。与此同时，非洲各国的价值链提升空间和产业政策实施空间日益受到限制。非洲国家产品在世界市场上的竞争力有限，特别是对于初级产品而言，被"锁定"在全球价值链和产业链的低端，已经完成工业化进程的发达经济体也尝试利用自身在国际经贸规则领域的主导地位，对非洲国家的产业政策进行限制。总之，非洲国家要想直接借用发达经济体所历经的由农业、工业到服务业的产业结构转变和已有的工业化经验来完成自身工业化进程会面临更大的挑战。

　　从非洲大陆的资源和要素禀赋来看，其经济结构较为单一，发展较为滞后，制度环境有待健全，各国对非洲大陆以外的依赖程度较高。以贸易领域为例，非洲大陆内部贸易占非洲总体贸易的不足两成。非洲国家与全球经济

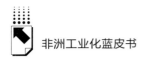

间形成了十分紧密的联系,这一方面使非洲大陆的工业化进程可以充分借助全球经济快速发展的利好;另一方面也意味着一旦世界经济发展出现波动,容易使非洲大陆各国形成负向共振。在新冠肺炎疫情暴发后,全球经济面临极为严峻的挑战,世界上绝大部分国家为遏制疫情蔓延而采取了必要的封闭措施,非洲工业化的主要外部助力在短期内均以进行抗疫、恢复经济为首要任务,其原有的对非贸易需求出现明显下降。多重负向因素的叠加,对非洲工业化进程造成了严重的冲击。

一 非洲工业化的发展历程

非洲国家在摆脱殖民统治、实现国家独立后,纷纷开启了国家工业化发展进程,尝试实现非洲各国由传统农业国向现代工业国的转变。但是从现实情况来看,非洲工业化的过程和现状都不尽如人意。整体上,非洲大陆工业化水平仍然处于初级阶段,绝大多数国家并没有完全摆脱依靠资源能源类商品和各类初级产品出口的单一发展模式,国家之间、区域之间的经贸往来成本较高,贸易壁垒依旧存在,工业化对经济增长的促进作用有限,非洲各国经济容易受到世界经济波动的影响,距离非洲整体工业化的完成还有很长的道路。对非洲工业化历经阶段的梳理和总结,有助于确定未来最适合的工业化发展道路。

(一)第一阶段:政府积极主导工业化,有效促进了经济增长

非洲工业化第一阶段始于非洲各国实现国家和民族独立,终于20世纪80年代前后非洲工业化政策发生重大调整和转变前。非洲主权国家在这一阶段的工业化进程中扮演了主导的角色,政府积极利用各项产业政策和贸易政策,尝试通过积极参与全球经济的方式来大力推动本国工业化进程。从具体效果来看,受到能源资源等国际大宗商品价格处于高位等利好因素的影响,非洲国家的财政收入出现了明显增长,经济发展有着较好的前期基础。在第一阶段中,非洲各国人均 GDP 水平相对于美国等发达经济体而言,尽

管绝对差距依然存在，但是相对差距已然缩小，两者之间的数值差异没有进一步扩大。

在工业化进程的推进过程中，非洲各国政府通过保持适度财政赤字、确保公共支出和提供补贴等方式积极助力相关行业，极大地支持了私营企业和民族企业的发展，非洲各国国内商品价格维持在合理水平，对农产品等特定类别商品进行了一定的价格管制。企业生产投入成本相对较低，保证其在工业化过程中市场竞争力得以持续。非洲整体居民失业率不高，经济社会发展也较为稳定。在贸易领域，通过关税等手段对来自外部的进口商品进行必要的调控，避免本国企业生产受到严重的外部冲击；在金融领域，维持非洲各国货币同世界主要币种之间的汇率稳定，避免非洲各国货币贬值，确保工业化进程中企业技术引进的成本可控；在投资领域，非洲国家在立足于自身、实施有效的产业政策的同时，还应积极吸引和鼓励外商直接投资，不断增强非洲工业化的基础和动力。

整体来看，非洲国家在工业化的起步阶段较为顺畅，非洲各国政府在本国工业化进程中的产业政策也取得了明显成效。当然，整体上非洲国家的工业化水平处于相对低位，企业的市场竞争力有待加强，同全球主要经济体的工业化程度相比也有着不小的差距。

（二）第二阶段：奉行"新自由主义"，工业化进程遭受挫折

非洲工业化进程的第二阶段开始于20世纪80年代，截至20世纪末期。在此期间，非洲国家受到主客观因素的影响，改变了原有的政府主导型的工业化发展模式，开始秉持"新自由主义"和"华盛顿共识"所确立的经济发展理念，用以指导工业化。但是从结果来看，第二阶段非洲工业化没能保持上一阶段的发展势头，非洲国家同发达国家的工业化水平差距被进一步拉开，人均GDP水平也出现了明显降低，非洲各国正常的工业化建设进程被中断。

在非洲工业化进程的第二阶段，自由市场理论开始在美国等国家兴起，并逐渐由学术界传导至商界、政界，对主要发达经济体和相关国际组织的政

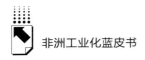
策制定和执行产生了深远影响。自由市场理论主张减少政府管制，取消国家补贴，要求发展中国家进行以"私有化、市场化和自由化"为目标的经济改革。在 1980 年前后，拉美国家出现的严重债务危机也在某种程度上加大了发达经济体和国际组织要求发展中国家进行系统的结构性改革的呼声。发达国家认为发展中经济体内部广泛存在的扭曲市场行为造成了效率低下和资源错配，包括非洲国家在内的发展中国家政府应该主动选择建立类似发达经济体的市场制度。

由于非洲国家的工业化进程在加速发展阶段对来自发达经济体和国际组织的资金支持极为倚重，而此时包括美国在内的发达经济体、包括国际货币基金组织和世界银行在内的主要国际组织纷纷将发放贷款援助与非洲国家接受"新自由主义"的改革要求相挂钩。尽管这一政策主张引发了非洲内部的极大争议和巨大分歧，绝大多数非洲国家为了继续推进已取得初步成效的工业化进程，还是被迫接受上述附加条件，对原有的工业化路径和经济发展方案进行了根本性的调整。以"新自由主义"为特征的非洲工业化并没有取得预期成效，在非洲国家工业化基础十分脆弱的情况下，贸然开启私有化、市场化的改革使尚处在发展阶段、拥有较好前景的非洲企业突然被终止补贴，企业破产导致出现了大量失业等社会问题。实施货币自由汇兑使非洲国家政府国际收支不断恶化，企业生产和技术引进成本增加，产品在国际市场上缺乏竞争力，国内市场商品价格也不断攀升。此时，非洲工业化进程不仅中断，社会不稳定因素也在上升，非洲各国疲于应对日益严重的贫困问题。考虑到工业化无法有效带动国家经济发展，非洲大量资本外流，非洲各国被迫重新回到依靠能源资源类等初级产品出口的老路，同时对西方国家的援助贷款依赖程度也日益加深。

（三）第三阶段：强调可持续发展，开始工业化进程的新探索

非洲工业化进程的第三阶段为 2000 年至今，此时经济全球化得到进一步发展。在 2000 年 9 月召开的联合国首脑会议上，近 190 个国家共同签署了《联合国千年宣言》，国际社会确立了千年发展目标，达成可持续发展的

共识。2008 年全球金融危机发生后，全球主要发达经济体的增速放缓，中国作为世界经济的"火车头"和"引擎"，对全球经济增长的带动作用日益显著。"中国经验"引起了非洲国家的广泛关注和极大兴趣，非洲各国在总结和反思上一阶段工业化进程中经验和教训的同时，再次开始了工业化进程的探索。

需要指出的是，相比第一阶段，此时非洲国家工业化的环境和条件发生了巨大变化。非洲国家在放弃了此前实施的产业发展政策，转而进行结构性改革后，各国面临一系列亟待解决的问题：非洲国家需要再次培育此前遭到严重破坏的企业，着力降低企业生产和技术引进成本，逐步增加非洲商品在国际市场上的竞争力，确保政府财政收支维持在较为平衡的水平，提高公共支出的利用效率，制定合理的汇率政策，确保非洲各国货币的币值稳定。此外，由于累积了巨额的外部债务，非洲国家为了摆脱债务引致的潜在贫困问题，还需要将本已有限的用于生产部门的资源拿出部分用于教育、医疗和公共卫生等领域。

事实上，非洲国家开始着手进行结构性改革后，处于较低工业化水平的国家还出现了"去工业化"的异常现象。非洲工业化进程中的"去工业化"是明显有别于发达经济体的"去工业化"。一般而言，发达经济体由于受到劳动生产率水平和经济全球化的影响，相关的工业会自然转移到众多发展中国家中。可以说，发达经济体的"去工业化"是经济发展到一定程度的必然产物，其体现出发达国家向产业高端化、技术化、知识化和智能化方向发展的趋势。但是反观非洲国家，一方面，工业化对经济增长的拉动作用明显减弱；另一方面，在工业化过程中，从传统部门和行业释放出来的人力资源等由于自身限制，并没有在现代化工业生产中发挥出理应发挥的潜力和作用。目前，非洲国家在尝试扫清发展工业化的前述不利因素的同时，还日益重视非洲大陆一体化，通过国家与国家之间、国家与区域之间、区域与区域之间的广泛政策沟通和协调，用"同一个声音发声"，打破人员、要素、资本等流动壁垒，使非洲大陆形成合力，以一体化带动工业化，为新阶段非洲工业化进程注入新的动力。

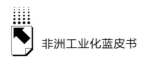

二 主要发达经济体的对非工业化政策

非洲各国除了依靠自身制定产业发展政策外，接收来自世界各国特别是发达经济体的发展援助和金融支持也极大地稳固了非洲工业化的经济基础。可以说，发达经济体的对非政策在非洲工业化进程中扮演了极为重要的角色。纵观非洲工业化的发展历程，发达经济体的部分援助政策还对非洲工业化产生了复杂而深远的影响。

（一）美国：改革对外援助部门，重视对非援助的战略意义

在特朗普内阁时期，与其他领域类似，美国的对非政策从以规则为基础的多边主义向以实力为基础的双边主义转变，大幅度削减对外援助规模，裁撤并立对外援助机构，明确美非关系需要更加公平、更为对等，整体上对外援助在美国的对外政策中的重视程度较为有限。但是，在拜登就任总统后，对特朗普政府的对外援助政策进行了明显回调，美国政府内部对开展对非援助的具体政策内容和战略意义进行了广泛讨论。拜登政府提高了对外援助机构主管官员在内阁中的权限和地位，对美国对外援助进行制度性变革，提高援助运作效率，强调对外援助对美国传统价值观的践行，服务美国的国家战略利益，对冲中国在非洲地区的影响力，确保美国在非洲乃至世界的领导地位。

具体来看，拜登政府将负责美国对外援助主管部门国际开发署（USAID）负责人擢升为国安会成员，直接参与美国安全和外交政策制定，对美国国际开发署及对外援助的地位层级提升有着巨大的带动作用。此外，拜登政府还提出对现有的对外援助体系进行制度性和系统性的改革。在传统依赖主权国家政府和国际组织开展对外援助的基础上，重视美国国际发展金融公司（DFC）这一私营部门所发挥的独特作用，对现有的对外援助融资渠道和方式形成有益补充。在涉及国际开发署内部机构职能合并的议题上，拜登政府目前没有对特朗普内阁的并立计划提出明确反对，国际开发署内部负责预算

和资源管理、政策制定机构的合并能够提高美国政府对外援助的资源配置能力和政策执行效率。不同于特朗普"退群"的简单做法，拜登政府的对非援助除了依靠美国对外援助体系自身的强大实力外，还充分重视多边合作，同联合国、包括世界银行和国际货币基金组织在内的主要国际组织保持着密切沟通，回应非洲国家的重大利益关切，在多边框架下寻求开展对非援助。

总之，美国的对非援助政策目前处于政策调整的关键时期。在对外援助的定位上，相对于特朗普内阁的"公平对等"而言，拜登政府更强调对非援助的战略意义；在开展对外援助的具体方式上，拜登政府强调对外援助的现实效果和政策延续性，这与特朗普内阁减少对外援助、关注美国国内事务的做法存在明显差异。不过，美国开展对非援助的目标仍然是寻求维护美国的国家利益，寻求恢复美国在非洲的领导力，寻求抵消和对冲中国在非的影响力。上述目标在美国不同政府执政期间既不会发生根本性变化，也不存在本质上的不同。

（二）欧盟：内部对非政策分歧较大，对非影响力整体下降

由于地理位置上的接近和早期对非殖民历史等因素，欧盟与非洲形成了较为紧密的地缘政治经济联系，在对非援助中，欧盟也一直发挥着关键性作用。欧盟和非洲在巩固既有的发展援助成果、维护既有的援助体系、将可持续发展目标纳入援助等议题上达成了广泛共识。但是，双方在援助资金、制度性合作方式和具体经贸政策主张等关键领域均存在较大分歧，《科托努协定》的续订进展不顺就是有力证明。

自2008年以来，欧盟先后遭受金融危机、债务危机、英国脱欧和新冠肺炎疫情等事件的巨大冲击，经济出现明显迟滞，发展动力不足，使短期内欧盟无法拿出更多的资金和资源开展对非洲国家的援助活动。此外，欧盟的对非援助资金通常来自其成员国的认缴，英国脱欧使对非援助资金存在巨大的缺口。欧盟考虑将对非援助资金由原来独立于欧盟预算体系转变为纳入统一财政框架的做法也引发了巨大的争议。在经贸领域，欧盟试图开展同非洲的经济伙伴关系协定（EPA）的谈判，但是其进展十分有限。作为欧盟

"领头羊"的法德两国在涉非协定的效力问题上还存在明显的区别。法国主张在发展双边关系时，不应设置具体的协定期限，这明显有别于德国主张双边协定到期后不再自动续签的做法。其他欧盟国家在这一议题上看法不一，欧盟内部矛盾巨大。在对非经济影响力下降的同时，欧盟仍在对非交往中展现出维护自身价值观的强硬姿态，在对非援助和经贸往来过程中提出了过多的条件和要求，其实力和目标间的固有差异必然会导致欧盟同非洲国家出现无法避免的摩擦和冲突。

在欧盟和非洲的双边经贸往来和发展援助等领域，欧盟仍然处于主导和优势地位，但是随着非洲大陆一体化进程稳步推进，各国日益重视彼此间的政策协调配合，在对外事务中尝试形成合力，非洲的影响力也不断提升。非洲国家主张双边合作的平等性，合作内容需要双方同时认可而并非仅体现出一方的意志和关注所在。在发展援助领域，非洲一直积极敦促欧盟按时履行对非援助承诺，逐步减少不合理的援助附加条件。同时，在涉及贸易投资协定等议题上，非洲也要求欧盟改变以往试图凭借自身优势施压非洲开放国内市场的胁迫性方式，更加尊重非洲大陆国家的利益和合理关切。

整体上，欧盟和非洲实力的相对变化对发展援助产生了巨大的影响。非洲在新冠肺炎疫情期间展现出的经济韧性以及中国对非的经贸往来都加大了欧盟自身的不安和焦虑感，通过加大对非援助力度，欧盟也在不断尝试改变其在非影响力下降的现状。

（三）日本：借助国际组织平台，彰显对非发展援助正当性

横向比较不同经济体的对非援助不难看出，日本的对非发展援助既受到美国和欧盟等发达经济体的竞争，还面临来自中国等新兴经济体在非影响力不断扩大的固有压力。日本竭力挖掘对非援助的"潜在价值"，进而希望在未来激烈的涉非多边博弈中占据优势地位。尽管日本暂时未同任何非洲国家和地区达成制度性经贸安排，但是其长期深耕于非洲大陆，通过东京非洲发展国际会议（TICAD）和官方发展援助（ODA）两大"支柱性"手段，在开展对非援助过程中，巧妙地将自身的利益诉求与非洲的工业化进程需求相

结合，借助国际组织等既有平台，树立了良好的国际形象，赢得了非洲国家和普通民众的认可。

日本在开展对非援助时，更多地采用邀请国际组织参与的方式进行，即日本没有将部分对非援助资金直接提供给非洲受援国，而是通过参与国际组织援非项目的方式，对非提供间接援助。上述做法具有深远的战略考量。一方面，日本通过具有权威性和公信力的国际组织开展对非援助，有助于对外彰显自身对非援助的正当性；另一方面，通过国际组织框架内既有的援助项目，日本和国际组织保持着良好的关系。后者在具体援助项目执行和人事安排上，会更加倾向于由作为主要出资方的日本来主导，从而扩大日本在国际组织中的潜在影响力。以联合国为例，该机构内部相当数量的涉非项目就由日籍人士主导。

非洲国家经济发展水平差异较大，制度环境尚未健全，非洲大陆不时爆发的社会动荡乃至局部冲突都对国际社会提供的发展援助提出了巨大挑战，突发性事件会打乱国际对非援助的既定节奏。因此，如何确保非洲大陆的整体稳定，事先预防潜在冲突或战争，是日本极为关心的重要议题。

日本资源匮乏，受到自身地理和要素禀赋的限制，确保资源的持续、稳定进口关系到日本的国家安全。这与其他对非援助提供方的援助理念和思路存在本质差异。一般来说，一旦非洲地区出现动荡，援助方会对相关非洲国家能否确保发展援助如期用于非洲工业化进程表示疑虑，有可能会在短期内暂时中止援助。日本的对非援助除了传统的发展援助外，还对非洲提供了相当数量的安全援助以及用于突发性事件的人道主义紧急援助。在冲突烈度有所缓和后，日本会在第一时间内通过发挥非政府组织的灵活、机动优势，参与到非洲相关地区的恢复性建设中。这与美欧侧重于民主建设领域的援助有着明显区别。

三 中国在非洲工业化过程中的角色和定位

中非已建立了全面战略合作伙伴关系，面对百年未有之大变局，双方

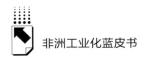
在众多国际事务中相互支持、携手应对。中国在国际社会开展对非合作过程中也一直居于领先地位。面对非洲大陆推动一体化建设、非洲主权国家先后开始工业化的努力，中国既是坚定的支持者，更是积极的参与者。未来，在非洲国家立足自身开展工业化建设、不断提升工业产品附加值的同时，中国将和国际社会一道，大力支持非洲基础设施建设，助力非洲工业化进程。

（一）稳步推进自身产业转型，提升非洲产业体系建设能力

早在 2006 年召开的中非合作论坛北京峰会上，中非就已正式确定"推动非洲工业发展、加强非洲生产和出口能力"的目标。当前，中非都处于各自经济发展的关键时期。对于中国而言，需要稳步推进自身的产业结构调整和优化升级，提高自身在全球价值链和产业链中的地位和水平；对于非洲国家而言，需要推动非洲大陆一体化和非洲各国工业化进程，实现经济社会发展既定目标。

尽管中非各自的经济发展任务存在明显差异，但是两者有着天然的互补性和较强的契合度，中非双方之间经济发展水平的既有差异为实现中非合作奠定了坚实的基础。事实上，中国在实现产业结构升级和转型的过程中，相关优势产能恰好是非洲国家和地区所急需的。随着中国在全球价值链和产业链的水平提升，原有价值链中的相关行业和产业会通过传导效应的方式延展至价值链的上下游，包括非洲在内的众多发展中国家和地区参与国际经济的程度和水平会得到明显提高。与此同时，非洲大陆一体化也将极大地促进来自中国的商品、人员、劳务和资本以更便捷的方式流入非洲相关国家，非洲国家工业化所必需的工业生产能力也会在最短时间内得到提升。受到中非合作这一利好因素的影响，更多来自非洲地区的优质商品会出口至中国，让更多的普通民众享受到中非合作所带来的切实好处，为非洲工业化进程创造良好的条件，有助于最终实现非洲大陆的整体可持续发展。

准确定位和明确界定中国的产业转型和非洲工业化的关系是实现中非双边合作的重要前提。需要说明的是，中国实现自身的产业结构调整是助力非

洲实现工业化进程的基础，只有实现自身经济的持续发展，中国才有能力去更好地帮助非洲国家和地区。从严格意义上来说，非洲工业化更多扮演的是中国产业结构调整承接者而非助力方的角色。由于非洲国家经济发展水平和工业化程度本身较低，因此，在中国实现自身产业结构调整，特别是依靠科技创新和先进技术实现产业优化升级的过程中，非洲缺乏助力中国实现上述目标的客观条件。但是，在中国依靠自身不断调整产业结构的过程中，相关行业和领域所出现的优势产能是非洲相关国家和地区实现工业化所需要的，能够在短期内得到消化吸收。总之，中国需要在立足自身经济发展和产业结构转型的基础上，助力非洲培育商品生产能力和产品出口能力，进而推动非洲工业化进程。

（二）加强对非资金项目支持，实施常态化有效监管

非洲工业化的稳步推进，既需要立足于自身合理利用资源禀赋，制定行之有效的发展战略，也离不开来自外部的资金支持。短期来看，受到新冠肺炎疫情等不确定性因素的影响，非洲国家内生发展动力有所削弱，在缺少外部有效支持的情况下很难实现预定的工业化发展目标。作为非洲工业化的支持者和参与者，中国将一如既往地加强中非合作，为非洲国家和地区工业化发展提供力所能及的资金和项目支持。截至目前，中国同非洲相关国家已在基础设施建设、产业园区建设等诸多领域开展了密切合作，包括国家开发银行、中国进出口银行等政策性金融机构为非洲国家工业化发展提供了大量融资。中国对非产业园区建设和资金支持对非洲国家的经济社会发展和工业化发挥了重要作用，非洲相关国家已经取得了明显的经济成就，为其未来工业化的进一步发展奠定了良好的基础。未来，中国在参与非洲工业化发展过程中，既需要加强产业园区建设和金融配套服务之间的互动和良性循环，也需要妥善应对非洲主权国家日益凸显的债务问题。在开展对非合作过程中，要重视金融和项目的"事前评估"，重视研判非洲国家偿债能力，提高中非合作水平和非洲工业化效率。

目前，非洲相关国家的工业园区运行中，还存在配套金融服务较为滞

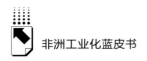
后、园区建设和金融支持联动性较差等问题。相关工业园区未能完整提供立足于当地的金融服务，中非之间的融资渠道有待进一步扩展，除了依托原有的政策性银行外，还包括多边金融机构、商业债权人在内的多个融资方均可以鼓励参与工业园区和非洲工业化建设。在中非发展基金等专项基金参与非洲工业化的同时，相关方还可以适时成立具有较强针对性的风险发展基金，在对冲非洲东道国潜在的政治、社会风险的同时，也有利于进一步完善金融支持体系。

此外，中国还有必要积极研究和推进涉非资金项目的常态化监管。非洲国家由于经济发展制度不健全，中国援非工业化发展的相关项目和资金使用情况、重要信息披露未能及时有效地对外公布。这一方面会使作为援助方的中国无法全面掌握和及时调整对非援助重点领域，不利于非洲国家准确评估自身的工业化发展水平、无法制定有效的工业化战略；另一方面，正常的中非关系往来容易遭到西方国家的无端指责，使中国一直面临来自国际社会的巨大舆论压力。因此，对相关项目资金实行常态化、全周期的监管既有助于中非合作方式向国际规则靠拢，也有利于提升资金项目使用效率，更好地助力非洲工业化发展进程。

（三）承担与发展水平相匹配的责任，鼓励开展第三方市场合作

非洲工业化进程自非洲各国实现国家独立后就已经开展，时至今日已有数十年时间。非洲工业化是一项长期的系统工程，其所需资金数额庞大，单一依靠非洲国家或外部资金均无法实现真正意义上的工业化。在立足非洲国家自身不断增强自主发展能力的同时，通过国际社会的有力支持和持续帮助是实现非洲工业化的重要补充。包括中国在内的世界各国为非洲国家的工业化提供了大量的援助。

正如前文中所指出的，当前中国处于产业结构转型升级的关键时期，发展好中国自身经济实质上也为全球经济复苏贡献着力量，其亦是坚定支持非洲工业化进程的必要前提。中国对非洲工业化的支持和帮助也需要立足于本国的国情和具体经济发展水平，承担的对非援助责任和水平不能也不应脱离

中国的经济发展现状。中国开展对非工业化合作应该承担与自身经济发展水平相适应的国际责任。在非洲工业化过程中，中国是坚定的支持者和参与者，但不应该是唯一的支持者和参与者，国际社会有共同的责任和义务去帮助非洲国家最终实现工业化发展。需要指出的是，加快实现同包括非洲国家在内的广大发展中经济体的经贸合作是新时期中国应对国际政治经济形势的合理选择，并不意味着中国将放弃同发达经济体之间的原有合作关系，更不是所谓的"脱离美日欧、拥抱亚非拉"这种非此即彼的选择，它对中国已有的国际经济合作构成了有益补充。短期来看，非洲地区无法替代发达经济体在中国经贸投资市场、科技装备产品和企业管理经验等方面的巨大优势。我们需要对中非合作的具体内容、趋势性发展方向和定位有着清醒且客观的认识。

作为非洲工业化进程的积极参与方，中国理应鼓励国际社会一道，就非洲工业化进程中存在的诸多问题保持密切的政策协调与沟通，通过依托非洲国家和地区这一具体的第三方，与国际组织、发达经济体、广大发展中国家共同开展切实有效的合作，为非洲国家的工业化发展注入强劲的发展动力。通过第三方市场合作的方式，中国和相关国家能够在非洲大陆避免恶性竞争，在不排斥符合市场规则的良性竞争的基础上，努力探讨开展合作、最终使三方受益的可能性。另外，通过邀请具有较强公信力的国际组织参与非洲工业化进程，中国可以借助国际组织已有的成熟运作的平台，加深对非洲国家和地区的了解，在提高对非合作效率的同时，也有助于增加中非合作的权威性和透明度，能够更好地驳斥和回击对中国的各种无端指责。

四　非洲工业化的建设路径

在实现工业化发展的问题上，非洲主权国家经历了长期的艰辛探索。从已有实践来看，部分非洲国家立足于自身的经济发展现实条件，取得了一定的成就。但是，更多的非洲国家工业化进程依旧缓慢，通过工业化带动经济社会发展的预期目标并未完全达成。回顾非洲工业化的发展历程，积极探讨

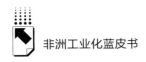

总结成功的经验，适时吸取非洲工业化过程中的失败教训，在未来的工业化过程中引以为戒，准确定位非洲国家自身和国际社会在非洲工业化过程中的角色，争取总结形成可推广、可复制的非洲工业化发展模式具有重要的理论和现实意义。

（一）非洲国家加强政策协调配合，逐步培育非洲内部市场

非洲国家经济发展过程中一个十分显著的特征是，非洲大陆内部间的经贸往来水平远低于非洲国家与域外经济体间的水平，这一方面使非洲整体上对外部经济的依赖过大，工业化进程十分容易受到外部突发性事件的冲击；另一方面，也阻碍了非洲大陆本身的一体化发展。受制于非洲国家之间、区域之间落后的基础设施建设和高企的贸易往来成本的影响，非洲各国之间的政策协调和配合能力较弱，非洲大陆的人员、要素、资本流动性不足，区域一体化组织之间难以有效形成合力，更谈不上非洲各国尝试"用同一个声音发声"。

这一现状对非洲各国的工业化是极为不利的。非洲国家间缺少政策协调，难以形成合力，其所带来的一个直接后果就是在非洲大陆工业化接受必要的外部援助时，难以有效应对西方发达经济体所提出的附有大量政治条件的援助，在尝试利用外部援助实现自身工业化发展过程中无法完全保证工业化政策制定的独立自主性；在涉及外援的具体谈判协商中也无法得到真正意义上的平等对待；在某种程度上，非洲国家为了得到外援，不得不做出本可避免的无奈妥协和让步。总之，为了避免再次回到已经被事实所印证不可行的"新自由主义式"援助上，非洲各国需要在彼此间进行政策协调，联合自强的意识也有待进一步提高。这既是实现工业化发展的主观选择，也符合非洲各国的客观需要。

此外，非洲大陆内部市场之间的固有障碍会使非洲国家难以培育出具有较大发展潜力的内部市场。非洲制造业集中于资源能源型和劳动密集型产业，相关工业制成品在国际市场上缺少必要的竞争力，在工业化过程中，非洲难以建立相对完整的配套产业链是一个较为棘手的问题。非洲内部市场的

逐步发展有助于非洲国家至少形成区域性的产业生产链条，工业产品的就近消化和吸收又可以进一步鼓励工业生产能力的发展壮大，从而促进非洲工业化的内生增长动力。以贸易领域为例，非洲大陆内部之间的贸易额仅为非洲国家整体贸易额的两成左右，非洲大陆内部市场的培育潜力巨大。以非洲大陆自贸区建设为契机，通过非洲大陆一体化带动非洲国家工业化发展，非洲国家工业化水平的提升也将极大助力非洲大陆一体化建设。

（二）确立产业政策及其反馈机制，预留相应的政策调整空间

非洲国家在通过工业化来实现经济发展上已经取得了共识，综观已经或接近完成工业化的国家，产业政策都得到了不同程度的使用。反对产业政策的人一直认为，产业政策的实施扭曲了正常的市场供求关系，作为产业政策的实施主体，政府参与到市场中违背了公平竞争的原则。但是结合非洲大陆国家的具体国情和已有实践来看，在完全摒弃产业政策的条件下，非洲各国同样难以实现工业化的目标，难以拥有较强的工业生产能力，也无法建立相对独立的工业生产体系。非洲早期的工业化发展教训已经说明，在市场机制尚未健全的情况下，放弃产业政策，国家会出现发展的"真空地带"，会引发一系列新的社会问题。

在现有的国际经济结构中，非洲国家通过价值链的方式参与全球经济的门槛的确不高，但是其长期位于全球价值链和产业链低端的状况很难得到突破性改变。发达经济体出于自身利益的考虑，无意改变非洲国家对其的依附关系，通过价值链"低端锁定"的方式将固化非洲在国际经济格局中的不利地位。单纯通过市场的自我选择方式来实现非洲工业化的可能性微乎其微。同时，非洲国家的经济发展水平较低，各国用于产业发展的资源相对有限，在面临这一现实约束条件时，国家只有通过制定产业政策才能确保资源的优先选择使用，进而在短期内确定拥有较大发展潜力的行业，助力国家的工业化进程。在制定产业政策后，根据市场信息和行业发展情况，通过实时的反馈机制，及时对现有的产业政策进行调整。换言之，产业政策并非一成不变的，具有动态变化和适时调整的特征。

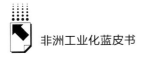
当然，判断产业政策的好坏只能靠具体的实践。非洲国家在工业化过程中，十分重视产业园区的建设，通常将其视为产业政策的重要组成部分，这有着深刻的经济学内涵。一般来说，产业园区的政策会与其他地区存在一定差异，在基于风险可控的原则下，非洲国家没有贸然地在全国铺开特定产业政策，而是将产业园区的建设运营视为一次"压力测试"，具有类似于"准自然实验"的特征。非洲国家与工业化发展相关的政策在园区内实施，根据实行结果来对相关政策进行全国推广或对产业政策进行细节性调整，确保产业政策具有足够的可操作空间，避免产生系统性风险。

（三）确保工业化进程的可持续性，降低经济波动的短期影响

非洲国家发展对世界经济高度依赖的现状在短期内没有发生根本性改变，当外部世界经济形势发生转变，非洲各国的经济社会发展和工业化进程通常也会受到负向冲击。工业化进程本身就是一个长期的过程，特别是对于非洲国家来说，早前工业化进程中一度遭受的重大挫折会使非洲各国对工业化有着更为深刻的理解。非洲工业化需要非洲各国保持足够的定力，需要保持工业化政策的持续性和连贯性，需要更加客观和清醒地看待工业化过程中出现的各种问题，不因一时一事而干扰工业化的正常推进步伐。

长期以来，相当数量的非洲国家依靠资源能源的出口积累了较好的经济发展基础。非洲主权国家财政收入的增加使政府有更多的资源投入相关行业和部门，通过带动资源能源相关行业和产业，在生产领域实现事实上的联合。但是，经济发展结构的单一化同样会对非洲整体的工业化进程造成不小的干扰，容易使非洲国家落入"资源诅咒"陷阱。在国际大宗商品价格低迷时期，非洲相关国家的外汇收入会出现明显下降，在政府财政压力巨大的情况下，推动工业化进程会面临更大的困难；在国际大宗商品价格处于高位的时候，仅依靠出口就可以获得不菲的回报，非洲国家没有太大的动力去继续推动艰辛的工业化进程。因此，非洲国家要想最终实现工业化的长远目标，必须减少短期内由全球经济波动所带来的潜在影响，避免短期的利好或利空消息对国家工业化所造成的干扰。

一般来说，随着工业化的稳步推进，其对经济发展的促进作用会逐步得到显现。但是，在非洲工业化进程中，工业部门本身的劳动生产率却并没有得到显著提升，甚至一度出现"去工业化"这一值得非洲国家高度警惕的现象。需要指出的是，虽然都呈现工业部门在国民经济中的占比下降这一特征，但是非洲大陆的"去工业化"和美国等经济体的"去工业化"存在本质上的差异。前者更多的是相关行业萎缩和退化的产物，随着技术水平的提升，传统行业所转移出来的相当数量的劳动力并没有如预期那样进入工业部门，而是流入生产率较低的服务业。这是国家尚未完成工业化时出现的一种反常现象，不利于未来工业化的进一步推进；后者更多的是体现出经济高度发展后的产物，服务业等具有高附加值的行业能够替代工业部门成为经济发展的全新动力，人工智能和数字经济的发展有可能会加剧这一趋势。

（四）大力发展具有竞争优势的产业，挖掘服务业的巨大潜力

通过发展具有较强市场竞争力的行业来不断推动工业化进程是非洲国家的普遍做法，但是摆在非洲国家面前的问题是：究竟发展何种行业才能更好地促进工业化？以发展劳动密集型产业来实现资本积累，进而推动工业化进程的传统方式在当前的国际经济发展趋势下是否仍然适用于非洲？

先来看第一个问题。由于非洲国家的资源要素禀赋存在巨大差异，因此，并没有一个能够适用于非洲大陆所有国家的产业或部门统一标准。非洲国家工业化需要重点关注本国所拥有的优势资源，因势利导地确定需要优先发展的优势行业，而不是违反基本的比较优势原理和市场规律来发展相关产业。在新自由主义主导非洲工业化进程的时候，坦桑尼亚等国是有着深刻的历史教训的。以激进的方式放弃原有的优势产业，在脱离基本国情的情况下，贸然发展在国际市场上难以取得竞争优势的产业，最终不仅导致工业化进程的中断，还引发了严重的社会动荡和经济困难。

再来看第二个问题。从非洲相关国家的实践来看，不乏以产业园区的形式引进劳动密集型产业，在吸引外商直接投资、积累工业化所需资本后成功实现了经济结构的转型，也建立起了初步工业体系的案例。不过，随着全球

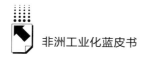

经济形势发生了较大的变化，未来其他非洲国家希望通过效仿上述做法而实现工业化和经济增长会面临更大的障碍。正如前文所指出的，非洲等发展中经济体可以在没有建立完备工业体系的情况下通过参与全球价值链的方式融入世界经济中，但是，占据价值链和产业链高端位置的发达经济体对非洲国家存在不对称优势。此外，受到人工智能和新兴技术发展的影响，更多的技术要素投入原有的劳动密集型行业中，以劳动密集型产业发展来促进工业化发展的效果会有所削弱。

考虑到发展工业部门需要一定的前期投入，部分非洲国家在稳步推进制造业发展的同时，开始另辟蹊径，将目光对准了准入门槛相对较低的服务业，特别是与工业生产密切相关的现代服务业。以市场需求为导向，加强制度环境建设，依托现有的地理区位优势，大力发展通信旅游业、金融服务业等。近年来，现代服务业在非洲国家经济发展中的重要性日益凸显，非洲本身的巨大潜力也为服务业的稳步发展提供了坚实的基础。在继续发挥工业部门作用的同时，重视服务业的"弯道超车"潜力，为新时期非洲的工业化发展提供了一条新的路径。

B.9
中国企业"走出去"背景下的
非洲工业化

陈玮冰*

摘　要： 近年来，中国经济的快速发展在一定程度上促进了非洲的工业化发展，自2000年中非合作论坛成立后中非经贸合作逐渐由以政治为导向的合作方式转变为以经济发展为导向的合作方式，加速扩大的中非经贸往来成为世界经济发展重要的一环。为此，本报告将着重从三个方面讲述非洲工业化的发展。首先，非洲凭借其原有的自然资源优势可以发展出多种适合其本土工业化的方式；其次，在中国企业"走出去"的背景下，非洲工业化的发展增加了崭新的发展路径，但会面临全新的风险；最后，新冠肺炎疫情下中非合作会面临诸多风险，我国应加大对华人华侨利益的保护，并提升中国在非洲地区的整体形象。

关键词： 投资风险　企业"走出去"　中非合作　中国企业

自20世纪90年代中叶以来，非洲经济经历了将近20年的中高速发展，以2019年为例，世界上经济发展最快的20个国家里面，有10个在非洲，分别为卢旺达、埃塞俄比亚、吉布提、贝宁、乌干达、加纳、科特迪瓦、冈

---

* 陈玮冰，经济学博士，广东外语外贸大学非洲研究院讲师，研究方向为国际发展。

比亚、毛里塔尼亚、尼日尔。在制定经济发展相关的议题上，无论是多边机构如非盟，还是非洲国家本身均提出了相关的议程，这其中推动非洲工业化是众多议程中最重要且关键的一项。以坦桑尼亚为例，其出台的《坦桑尼亚发展愿景2025》（简称《愿景》）主要目标是把坦桑尼亚由单纯依靠自然环境和天气的农业国转变为自给自足的半工业化经济体，其后的《坦桑尼亚2025年的工业发展综合战略》将《愿景》的目标进一步地细化，明确规定了化肥、化工、钢铁、纺织、农产品加工、食用油、水果加工、皮革及皮革制品、轻工机械等工业的发展。因此，从非洲国家对于工业发展的需求来看，非洲国家对于制造业和工业化的需求，还停留在中端和低端制造业发展水平阶段。

我国经过改革开放40多年的发展，已快速完成了工业化，是世界上所有国家当中为数不多的具有配套完整的工业产业链的国家之一，尤其是在轻工业领域早已稳居世界前列。而随着我国迈向"新型工业化"阶段，工业领域技术水平提升不断加快，我国的工业产业不断升级，这使一些技术水平不高且市场饱和的轻工业企业面临巨大的生存危机。2020年5月14日，中共中央政治局常委会会议首次提出"深化供给侧结构性改革，充分发挥我国超大市场规模优势和内需潜力，构建国内国际双循环相互促进的新发展格局"，并在2020年5月两会期间，习近平总书记再次强调，要"逐步形成以大国循环为主体、国内国际双循环相互促进的新发展格局"。"双循环"的提出为我国面临生存危机的企业提供了新的思路，"出海"非洲成为在"双循环"大背景下最理想的选择。本报告通过分析非洲工业化的路径，分析非洲工业化过程中中国企业可以寻找哪些投资机会。

一 非洲工业化的路径

非洲国家的经济发展面临诸多挑战。经济单一性导致非洲经济运行与发展过度依赖外部世界，且由于工业化进程滞后、工业化水平低，非洲经常遭遇各种经济、社会乃至政治危机。据联合国工业发展组织统计，在非洲大陆

55个经济体中，无一个国家完成工业化，只有3个国家跨入新兴工业经济体行列，32个国家属于工业最不发达国家，20个国家属于发展中工业经济体。工业化落后导致非洲在全球产业链中基本上处于输出资源产品、输入制成品的地位。因此，非洲工业化需要从改变其经济、市场结构入手。

（一）建设独立的工业体系

首先，独立的工业体系对不同地区不同国家可能有不同含义。对非洲而言，独立的工业体系一方面要实现利用非洲本土丰富的自然资源和劳动力资源，生产可满足非洲各国社会和民众需求的生产资料和生活资料；另一方面要建立钢铁、石化、电力、食品、纺织服装等基础类工业的产业链，基本实现国家内循环，并能得到供水、供电、交通等基础设施网络和原材料、零配件、制成品供销网络的有效支持。而非洲过往工业化实践未取得预期效果的原因，主要是非洲国家独立数十年来，虽然一直非常重视工业发展，绝大多数国家也都把实现工业化作为各自争取经济独立、实现经济多元化的核心战略，但种种因素导致非洲国家工业化实践并未取得预期效果。独立的工业体系建设更是乏善可陈，这其中一个重要原因在于，非洲国家经济体量普遍小，各国的工业化发展战略和举措基本上各自为政，缺乏独立的工业体系规划的基础、意识和能力。

其次，非洲建立独立工业体系必须立足于全非层面或次区域层面。只有整合全非资源和市场，或整合某区域的资源和市场，才有可能谋划相对完整的工业体系，这是由于，非洲地区自然资源十分丰富，但在国别层面，资源分布不均现象非常突出，各种工业用资源都富足的国家很少，非洲呈现自然资源碎片化的态势。在资源分布碎片化的背景下，非洲国家发展工业只有不断进行资源整合，才能真正地实现非洲工业化。而独立工业体系的建设还离不开重工业，因为重工业是工业化的核心环节，也是发展轻工业和现代化农业的基础，非洲可以为重工业提供原料的自然资源非常丰富，重工业对资源、资本、市场的需求更离不开区域谋划。就非洲目前一体化发展现状而言，要进行全非资源和市场的整合尚有难度，以次区域为基础的合作或许是

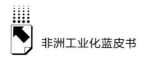

唯一的选择。

再次，非洲建立区域型独立工业体系可以有三种思路。一是以资源禀赋为基础建立相应的工业体系，尤其是重工业企业，比如矿产资源丰富的国家和地区可建立冶金和钢铁工业体系，石油资源丰富的国家和地区可建立石化工业体系。二是以相关国家现有工业发展为基础建立相应的工业体系，比如南非、埃及、尼日利亚、肯尼亚都是有一定工业基础的国家，可依托这些国家建立该地区的工业体系。三是以制成品转运便利为基础建立相应的工业体系，如港口设施完善的沿海国家和位于交通枢纽位置的内陆国家。应尽可能在不同区域发展不同产业，避免重复建设，也为未来不同区域间制成品的贸易打下夯实的基础。

最后，成立自贸区是非洲建立区域型独立工业体系的现实基础。非洲大陆自贸区建设进程加快是长远利好，但这种利好可能在短期内无法体现。东非共同体、南部非洲发展共同体和西非国家经济共同体等区域一体化组织日益深化，非盟《2063 年议程》地区制造业中心构想，是短期内可以见到效果的举措。非洲大陆虽然整体工业化水平低，但还是有一些国家在工业体系建设方面取得了一些成就，比如南非的能源、燃料、钢铁、采矿、机械、电信和信息产业就已经具备了一定的工业体系规模。非洲国家也有一些大型企业已经在非洲大陆乃至全球进行跨国生产或经营活动，如南非能源化工巨头萨索尔公司，尼日利亚的丹格特集团，阿尔及利亚的国营碳斜建设独立工业体系的火车头，等等。

（二）建立统一的非洲市场

工业化是解决非洲经济发展的重要动力。在撒哈拉以南的非洲地区，根据世界银行低收入的每人每天不足 1.9 美元的标准，非洲大陆低收入人群数量从 1990 年的 2.78 亿涨到了 2019 年的 4.16 亿。其中一部分原因是非洲大陆的人口在这 30 年内激增。但从经济增长的角度来看，许多非洲国家高增长背后，其实是国际经济大周期影响下的一些资源型国家的快速增长。然而这种快速增长带来了一系列的问题，如非包容性增长或者发展差异性扩大，导致贫困固化现象加剧。然而，近年来，国际新一轮产业转移正在进行，国际资本流动和国际技术转移促使形成新产业的全球布局，在此背景下，非洲构建的统一市场，将对非洲工业化起到重要的推动作用。

首先，统一市场有助于扩大非洲整体市场纵深。非洲各国单一市场较小，产业结构同化，同质性严重，等等，在一定程度上限制了非洲工业化的投资和生产。整合后的非洲市场有助于促进非洲的产业升级，包括国内企业以及国际企业，不仅需要支持企业生存，而且要不断激励企业扩大生产和积累。在此基础上形成产业互补，从而激发产业升级，并加快资源的合理流动，那些已经存在的低洼产业将被逐步发现和弥补，最后整体上带动非洲大陆的就业。此外，在整合大市场的同时，基础设施将取得相应的进展以配合市场的进步，取而代之的是逐步消除现代国家边界的制约，形成共同价值，减少传统意义上的地区冲突，降低安全风险。

其次，建立中非工业化合作背景下的非洲统一市场。以中国工业化的发展经验来看，中非工业化合作可以从六个角度来进行。第一，中国坚持和倡导的"南南合作"制度顶层设计，符合中国发展经验和中国一贯的对非合作理念，切合现阶段中国倡导的中非合作大方向；第二，政策上积极支持非洲一体化区域建设，帮助非洲应对来自外部的诸多挑战，鼓励国内企业走进非洲；第三，结合不同非洲国家市场和资源禀赋特点，并针对不同地区以及不同国家之间的工业化水平和发展程度，促进整个非洲的产业布局；第四，产业上对接非洲确定的资源走廊、基础设施走廊和发展走廊规划；第五，执行层面上要高度重视基础设施建设的决定性作用；第六，在合作领域方面，应注重发展社会融资方案，拓展企业融资渠道。

（三）以农业现代化带动工业化

对于大多数非洲国家来说，农业领域对经济的贡献和吸纳人口就业均占据了绝大多数的比重。据2018年世界银行的统计，非洲国家中农业占GDP的平均比重超过25%，部分国家超过50%，农业领域就业平均占比超过60%。从数据上看，农业毫无疑问是非洲经济最重要的产业。因此，以中国

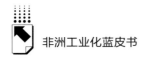

自身工业化的发展经验来看，探讨如何在非洲推动农业现代化从而发展非洲工业化，是一个不可回避的话题。从中国工业化发展过程中农业对工业化发展的贡献理论上来讲，农业现代化推动工业化可以分为四个方面。

第一，农业可为工业提供原料，但前提是必须保证人口足够的粮食供给，在保证口粮之外的农产品可以为工业提供一些生产原料，比如说饲料等。因此，要使产量提升，首先就是要提升农业生产力，不断更新技术条件。目前中国的农业技术水平是居于世界前列的，但是对广大的非洲国家来说，农业技术还停留在相对原始的阶段。中国农业对外援助当中的农业示范中心，以及一些高校近些年在非洲进行了一系列中国农业技术的实验，从研究结果来看，那些比较适合非洲当地自然禀赋条件的技术，比如说劳动密集型的农业生产技术，比较适合非洲的自然及生产条件。

第二，农业对轻工业的需求。随着农业现代化的不断推进，农业对于先进的农机产品以及农药、化肥等都存在巨大的需求，而这一类产品必须要由工业来提供。因此，对于轻工业产品的需求不断增加，必然会带来轻工业的大力发展。而目前大多数非洲国家对于农业部门所需轻工业产品的需求不断提高，这也为中国轻工业产品生产提供了机会。

第三，劳动力的供给。非洲人口结构十分优秀，青年劳动力人口数量巨大，且不断增加，但大多集中于农村，从事农业生产。而推动工业化的一个必要条件是需要大量的工人来从事工业生产，因此非洲在劳动力方面也具有比较优势。但是农村劳动力转为非农劳动力的一个前提是需要在城市中提供大量的工业岗位就业，因此，在非洲开设工厂，尤其是制造业工厂，可提供大量的就业机会，那也会进一步带来城市化的扩张。

第四，农村市场扩大。工业化带来的是国家整体经济的提升，因此农村市场也会被不断地融入现代化的市场体系中，这使农村市场对于工业化产品的需求也会增加。农村市场对工业化的贡献主要体现在三个方面，一是农民通过货币支出，直接购买为满足日常生活必需以及为满足生活发展需要的工业消费品和服务；二是农民为解决和改善居住条件进行建房活动的市场购买需求；三是农民为从事农业生产经营活动所必需的投资购买农业生产资料及有关的服务。

从实践层面来说，本部分以坦桑尼亚的国家工业化发展为例。2018年，坦桑尼亚制造业占GDP的8%，其制造业大多是以农产品加工为中心的，其中食品加工占24%，纺织部门占10%，化学品占8.5%，制造业涉及的其他行业包括饮料、皮革、纸张等。食品加工类大多数为葵花籽油生产等初级农作物变成农产品的加工产业。

从坦桑尼亚工业部门的分类来看，建筑业占50%，采矿业占15%，制造业占31%，所以制造业具有巨大的提升空间。坦桑尼亚对于工业化或者说制造业的需求可以从一些政府的官方文件中得到一些线索。

首先，坦桑尼亚政府颁布的《坦桑尼亚发展愿景2025》（简称《愿景》）。《愿景》当中对于工业化及其产业的划分是极其模糊的，其想表达的主要目标是将坦桑尼亚由一个单纯依靠自然环境和天气的农业国转变为自给自足的半工业化的经济体。而其后的三个文件其实围绕《愿景》的目标，将工业化这一部分进行了深化。

其次，《坦桑尼亚的第二个五年计划》。坦桑尼亚第二个五年计划始于2016年，结束于2020年。该计划其实对于农业现代化和工业化有着一定的表述，但是比较强调农业现代化的具体路径，对于工业化体系的构建相对来说提及较少。提及工业领域的部分在该计划的特别关注部分，即坦桑尼亚目前的优势领域矿业中，矿业涵盖了原料及原料加工业，而矿业涵盖的矿产品原料加工部分，属于工业领域的一个分支，此外对于坦桑尼亚的制造业部分提及相对较少。

再次，《坦桑尼亚长期远景规划2025》。该规划是对《愿景》的进一步细化，着重提及坦桑尼亚对于工业领域当中制造业的发展要求，即强调坦桑尼亚中等技术制造业的发展。中等技术制造业在联合国工业发展组织提供的工业门类当中处于中间位置，如木材、木制品及软木制品的制造，纸和纸制品的制造，化学品及化学制品的制造，等等。

最后，《坦桑尼亚2025年的工业发展综合战略》。该战略强调了创造和定位一个主要以劳动力密集工业为基础的有竞争力的工业部门所需的横

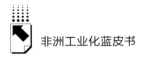

向、纵向框架，将坦桑尼亚工业化目标进一步细化，明确了发展目标。该战略包括化肥、化工、钢铁、纺织、农产品加工、食用油、水果加工、皮革及皮革制品、轻工机械等初级至中级的制造业门类的发展明细。

综合来说，无论是从中国发展经验来看，还是从以坦桑尼亚为例的非洲国家实际的需求来看，处于中端和低端制造业水平的非洲国家，和中国以及世界上其他已经完成工业化的国家发展目标是不一致的。非洲强调了农业的重要性，这符合现阶段非洲发展的实际。对于中国来说，中国刚刚经历了快速的工业化，还有非常清晰的记忆，我国从低端工业化到高端工业化的发展流程以及脉络经验对于非洲来说是十分鲜活的参考示范。因此，对于广大非洲国家来说，中国经验其实是非常宝贵的，也是非常实用的。

二 中非合作的方向选择

（一）价值投资

价值投资可以塑造地区未来的价值取向，包括政治、经济、文化、宗教、社会生活等各个方面。在传统的西方国家对非投资方面，价值导向比较明显。

对于中国来说，中国对非洲的价值投资就是投资非洲的经济发展。第一，在宏观上要以非洲的经济发展和民生需求为目标，培育中国在非洲的长期投资基础。因为，只有让非洲的经济发展了，让民生得到了改善，中国才能得到经济上的回报。第二，在微观上，中国对非投资额相对中国对非的贸易是较小的，存在较大的缺口，因此中国要探索贸易推动型投资模式，也就是说，把货物出口变成投资出口，实现中国的产能输出和非洲进口替代的双向目标。第三，由于种种原因，工业园模式对非洲不一定是很合适的，因此，非洲要以产业链投资取代工业园模式，产业链投资就是中国大的企业过去，带一个产业链过去，龙头带动，渐进扩展，最后形成一个产业聚集区，形成一个产业区，以此来推动工业化的建成。第四，通过政府和民间团体援助和投资，把投资下沉，深耕厚植，长期培育。中国的价值应该体现在非洲民生和民间获得收益上，以中国的基础设施、产业投资互相带动，夯实中非关系的基础。

（二）电子商务合作

非洲具备发展电子商务的基本条件。一方面，非洲消费市场的潜力是巨大的，这主要源自非洲人口的快速增长及中产阶级的快速崛起。另一方面，非洲在基础设施领域不断地完善，包括中非交通基础设施建设、中非通信网络的建设等，这些对发展电子商务是非常重要的。此外，非洲的信息技术水平也是在快速提高的，近20年信息技术在非洲实现了快速发展，非洲的手机普及率，以及每百人拥有的移动电话数量都在高速增长。

在这个背景下，由于市场的推动，非洲各国政府也对电子商务或者数字经济的发展出台了一些政策，大力支持电子商务的发展。比如，尼日利亚关注提高信息技术移动支付水平，坦桑尼亚也在推动无现金社会的发展，乌干达积极推动基础设施建设与法律法规的一些建设，卢旺达也加强了网络营销能力的建设等。

中国在对非电子商务合作中应该注意以下几点。首先，完善相关的法律法规建设。从国际层面来看，非洲各国应该完善跨境电子商务相关条例，如非洲联盟探讨就所有成员国对网络犯罪的普遍管辖权方面达成一致，使遭受网络犯罪损害的每个非洲国家都对网络犯罪分子拥有管辖权。非洲各国国内也应该加大对网络安全部门的拨款来培训人员，同时加强电子商务税收的法律建设等。其次，加强基础设施建设，非洲不仅要加强与国际发展融资机构，比如说世行、非洲发展银行等的合作，而且要与中国、印度等新兴市场国家合作进行基础设施建设。最后，重视制造业发展，制造业是一个国家经济发展的根本，电子商务给制造业带来了新的机会，因此在发展电子商务的同时，注重促进非洲的工业化发展。

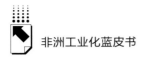

（三）产业融资合作

在新冠肺炎疫情肆虐下，非洲财政空间进一步收窄，流动性问题凸显，因此导致非洲对外部融资的需求进一步地扩大。根据 IMF 的预测，2020 年非洲所有国家都出现了财政赤字，平均财政收入水平从 2011 年的 4.2% 扩大到 7.6%，其中 13 个国家的财政收入水平已经超过平均水平，除了 4 个非洲国家，其余所有国家的财政收入占 GDP 的比重总体是呈下滑趋势的。债务问题和投融资的转型压力，正在成为中非合作发展转型的一个重要动力。

因此，在疫情防控常态化下，中国对非投融资应注重以下几点。首先，在整体投融资减少的情况下，提高对非投资的质量显得尤为重要。短期来看，投融资应该优先聚焦于能够产生快速经济和社会效果的领域，尤其是能够解决就业、刺激经济的领域。在融资结构上应该适当地增加援助和优惠性贷款的比重。其次，创新融资模式，构建比较均衡的对外融资体系。在官方融资之外，更应该充分发挥商业银行、私人资本对非投资的作用，推动小微金融、特色金融等更加灵活且更加接地气的融资工具。最后，在非洲国家举债空间非常有限的情况下，应该发挥企业的重要作用，特别是企业通过 BUT、BUOT 以及 PPPP 以及投建一体化等多元化的投融资模式参与小的融资。

三　中非合作面临的风险及应对

随着"一带一路"倡议在非洲大陆的不断推进，中国与非洲各国在经贸、文化交流等方面的合作均有了长足的发展，并在以中非合作论坛为契机的合作中获得经济效益。然而，由于地理距离较远以及文化差异，中国在与非洲国家进行合作的过程中存在较为严重的信息不对称现象，且由于中国前期调研的不审慎以及在非工作人员海外工作经验的不足，中国在与非洲国家合作的过程中会遭遇不同类型的风险问题。

2020 年新冠肺炎疫情在全球暴发对"一带一路"倡议在非洲的继续推进造成了障碍，但这也是中国反思对非合作政策的绝佳契机。这不仅是中国扩大在非自身比较优势的一个绝佳的机会，也是中国改革开放以来实践"中国经验"的"碧海蓝天"。而对于非洲国家，中国对其了解甚少，因此导致在中非合作过程中，中方相关利益群体会遇到许多始料未及的风险，因此针对上述问题，提出以下政策建议。

（一）政府相关部门应加强对于去非工作人员的当地知识的培训

由于我国普及教育中对于非洲知识的普及不足，因此，去非工作人员对于非洲的认知水平参差不齐，对于当地的文化、政策、体制等都或多或少有不了解的情况，而正是这些"不了解"往往会导致一些劳资冲突等风险的发生。比如非洲很重视契约精神，中国在非利益群体中应当充分利用这种契约精神，将一些不必要的风险规避掉。而这便要求加大对当地政策法规的掌握，并对当地历史、文化、风俗习惯等进行了解，要真正地融入非洲国家的文化中。

中国在非的政府部门更加需要强化研究当地的政治、经济情况，深入了解、整理、归纳、分析与总结，以培训、宣传单发放、电视宣传、网络媒体公布等形式传授给中国相关利益群体，从而做到有效防范。

（二）建立高效的当地华人保护机构

由于在非华人的数量众多，所面临的生命财产安全风险以及被勒索的频次也会增加。因此除了大使馆之外，建立独立的警民合作中心的趋势不可逆转。例如，坦桑尼亚华人警民合作中心，是继南非之后在非建立的第二个警民合作中心。其是由大使馆号召，华侨组织主要进行承建，受大使馆领导与监督并由中国安保公司和坦桑警方合作的机构，24 小时受理案件，主要处理在坦华人的人身安全等治安事件，目前已挂牌成立。会根据在坦华人的需要，将税务局等相关人员组成律师团队，处理由税务局、移民局等政府机构恶意对中国在非人员勒索的案件。

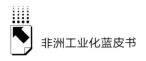

（三）中国形象的再定义

中国应不仅仅将自己塑造成一个为了盈利的合作者，更应注重在非洲发展合作当中承担更多地社会责任，例如，更多的与慈善机构合作，增加中国对外援助项目，更多地参与到当地民生改善的项目中，并给予大力的正面宣传。这样的正面效应不仅有利于塑造中国建设"人类命运共同体"的大国形象，而且有利于在非中国利益群体改善非洲当地的生产生活情况，使"一带一路"倡议在非洲的推进变得更加稳健、更加安全、更加具有可持续性。

B.10
非洲工业化过程中的粤非产业合作[*]

非洲工业化过程中的粤非产业合作 [*]

计　飞 [**]

摘　要： 广东省产业优势明显、产业门类齐全，非洲各主权国家推动工业化进程的愿望十分迫切，具备承接广东优势产能的条件，开展粤非合作具有较好的前期基础。广东省需要充分发挥自身产业优势，通过提升企业自主化水平、引导高新技术产业发展、推动结构性改革、确保区域平衡协调发展等多种方式，主动寻求产业结构的转型升级，为实现粤非合作打好坚实的基础。同时，在双方合作过程中，广东省还应密切关注对非洲各国的信息研判，充分利用省内民营企业和行业商会具有的灵活性特点，在坚持"竞争中性"的原则下发挥国有企业的关键性作用，依托产业园区等成熟的合作平台，积极参与非洲工业化进程，促进粤非往来，助力企业开展对非经贸投资合作。

关键词： 粤非合作　中非合作　非洲工业化

当前，新冠肺炎疫情对世界经济产生了严重的冲击，全球主要经济体发展放缓，世界经济面临巨大的困难。全球多边经贸格局和投资规则亟待

---

* 本文系广东省哲学社科规划青年项目（编号：GD20YHQ01）、广东省普通高校青年创新人才类项目（编号：2018WQNCX034）、羊城青年学人课题（编号：2019GZQN28）的阶段性成果。

** 计飞，经济学博士，广东外语外贸大学非洲研究院讲师，研究方向为中非经贸合作。

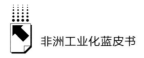

调整，全球经济整体处于复杂变化过程中。中国经济和世界经济高度关联，两者密不可分。目前，全球各经济体仍受到新冠肺炎疫情的拖累，经济发展动力明显不足。中国经济结构亟待优化升级，也面临从传统的要素驱动、投资驱动转向创新驱动的巨大压力。中国需要在保持自身经济稳定发展的前提下，积极参与全球价值链和产业链布局，掌握经贸规则的制定权和话语权，实现产业结构的转型升级，从而在未来的国际竞争中占据有利地位。

自 2000 年以来，以中非合作论坛为代表的中国与非洲国家经贸合作机制得到快速发展，为世界经济注入强大的动力，中非合作引起了国际社会的高度关注。当前，非洲大陆一体化进程处于关键时期，非洲各国在实现非洲自身一体化的同时，均十分重视国家工业化这一关键性议题。非洲国家由于在经济发展程度、资源禀赋、产业结构等诸多方面存在较为明显的差异，因此，非洲各主权国家的工业化程度与水平也不尽相同。尝试将中国的产业结构升级调整与非洲工业化进程相结合具有重要的现实意义。开展中非合作、在实现自身产业转型的同时助力非洲工业化进程，既契合中非双方各自的利益所在、回应了各自的重大关切，也是对美日欧等传统发达经济体对非合作的有益补充。中国需要积极主动地抓住这一难得契机，一方面需要继续完善中非合作机制，稳步提升能力建设水平，实现自身的经济结构调整和产业转型；另一方面也需要在非洲工业化等特定议题上积极倡导国际社会的协调配合，着眼于非洲可持续发展，以实际行动推动中国所倡导的新型国际关系和人类命运共同体建设。

广东是我国改革开放的前沿，在中国对外开放进程中扮演了关键性角色。同时，广东也是我国开展对非经贸合作的重要省份之一。广东需要充分发挥自身产业优势，主动寻求产业结构转型，在"一带一路"倡议稳步推进的背景下，积极参与非洲工业化进程，促进粤非往来，助力企业开展对非投资经贸合作，实现粤非乃至中非合作的预定目标，贯彻习近平总书记对广东重要讲话和重要指示批示精神。

一　广东产业转型的路径选择

广东省第一、二、三产业比重现为 4.3%、39.2%、56.5%，全省产业门类齐全，结构比例较为合理。官方数据显示，2020 年全省先进制造业、高技术制造业增加值占规模以上工业的比重已分别达到 56.1% 和 31.1%，现代服务业增加值占服务业比重达到 64.7%。目前，广东省共有 14 家企业进入世界 500 强企业名录，规模以上工业企业超过 5.5 万家，已形成电子信息、绿色石化、智能家电、先进材料等 7 个万亿级的产业集群。总体来看，广东省科技创新能力较强，具备实施产业结构转型和产业体系升级的基础条件。

当前，受到新冠肺炎疫情等因素的影响，全球经济增速明显放缓，中国经济发展也面临较为严峻的外部压力。积极发挥广东省的行业优势和地理区位优势，深化供给侧结构性改革，推动产业转型升级，充分抓住非洲工业化进程的难得契机，积极探讨将两者有机结合，支持鼓励非洲国家和地区在工业化过程中有序承接广东优势产能，最终推动形成以国内大循环为主体、国内国际双循环相互促进的新发展格局。

（一）确保产业链安全，提升企业自主化水平

中美贸易摩擦的发生，特别是美方以行政命令等方式对中国正常供"芯"的市场行为进行人为干预表明了中国产业链供应链的自主化程度和可控水平还较低，使我们再次审视相关产业核心技术和关键领域存在的"卡脖子"问题。新冠肺炎疫情在世界范围内的蔓延对全球既有的产业链、价值链和供应链造成了巨大冲击，部分行业的企业原有的产品供应链由于不可抗力因素出现原材料断供，原有的劳动力价格等主要考虑因素逐步让位于供应链和产业链安全，少数国家鼓动单方面"脱钩"和制造业回流，引发了学界、企业和政府等的广泛关注。

尽管世界各国的产业政策各异，但是在当前这一特殊时期，各方所能够达成的广泛共识是：缩短产业链的长度、增强产业链的韧性、提升产业链的

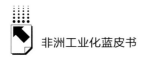

抗风险能力。

作为沿海开放型省份，广东与世界经济的联系十分紧密，也更容易受到全球经济波动所带来的影响。因此，在实现产业转型升级的过程中，适时引导和鼓励企业开展价值链、产业链和供应链的布局既是当前国际政治经济形势下的自然选择，也积极影响了国家的各项战略布局，有助于广东省提升产业链的自主化水平，确保供应链的安全高效，进而在未来的国际竞争中占据有利地位。2021 年 1 月，在广东省的政府工作报告中，广东明确提出要努力提升产业链和供应链的自主化水平，谋划推进 10 个战略性支柱产业集群和 10 个战略性新兴产业集群建设，推动 1.5 万家企业运用工业互联网实现数字化转型。

参与国家级战略性科学计划、产业工程项目等有助于不断提高广东省产业链的水平。以"链长制"的探索和试点为契机，在集成电路、信息光子、工业软件、新兴材料和高端设备等重点领域积极培育一批具有较强控制力的"链主"型企业，贯通产品研发设计、生产制造和服务等全产业链，确保供应链和产业链的高效和安全。在确保企业作为市场主体参与市场竞争的前提下，鼓励企业"抱团"研发，加大产学研的协同力度和融合深度，不断提升企业实力和创新能力，以战略性支柱产业集群和新兴产业集群来带动整体产业发展，在实现广东省产业转型的过程中，既重视补齐原有产业劣势，还注重扩大已有产业优势，通过高质量发展方式实现产业升级。

需要特别指出的是，构建具有安全高效特征的产业链和供应链并不是对现有基于国际分工下的产业链的破坏，更不是"闭门造车"。恰恰相反，广东省产业链的培育和布局要继续坚持已有价值链的合理部分，按照市场规律办事，符合国际社会经济发展的趋势和基本预期，这与部分国家提出的所谓"脱钩"这一具有浓厚人为色彩的干预政策具有明显区别。实现广东省产业转型和产业链安全高效的最终目的还是要加强同世界的经贸关系、加大同世界的联系，同时对冲产业链和供应链的潜在断裂风险。广东省寻求产业转型和产业链安全高效是对上述两者的平衡和具体诠释。

（二）加大扶持力度，引导高新技术产业发展

广东省产业转型需要结合各地区位优势和不同地区的资源要素禀赋差异，强化政府在引导高新技术产业发展过程中的支持力度，积极完善配套资金资源和服务保障工作，重点加快高端制造业和前沿学科领域发展，加大知识产权保护力度，重视相关行业和产业的标准体系建设，精准施策，助力广东省高新技术产业发展。

根据官方数据，广东省将以"六大工程"为重点，关注中高端制造业、前沿领域和特定区位产业。具体来看，广东省将实施产业高质量发展作为产业转型先导，支持电子信息、智能家电、装备制造等，加大在人工智能、区块链、量子科技、生命健康等前沿领域的前期投入，在沿海城市培育海上风电、核电、绿色石化、海工装备等特定产业。结合广东省各项重大（点）研究项目计划，大力推进战略性支柱产业集群和战略性新兴产业集群建设，规划若干大型产业园区，加快产业转型升级，充分利用数字经济优势，发展现代产业体系，夯实实体经济的基础。

在引进落实巴斯夫、埃克森美孚、中海壳牌等百亿美元重大项目和茂名丙烷脱氢、华星光电、现代汽车氢燃料电池等项目过程中，广东省需要做好涉及土地、能源和资源等要素的保障工作，进一步优化营商环境，精准服务，确保项目顺利进行，在形成良好的示范效应的同时，争取引入更多高端制造业企业和项目在粤落户。在原有产业升级改造过程中，注重加大在资金等方面的扶持力度，重视保护行业和相关企业的知识产权，建立相关行业标准和认证体系，提升行业和企业在未来竞争中的制度性话语权。

广东省需要加快国家数字经济创新发展试验区建设，充分利用数字经济的特性和优势，将其与实体经济紧密结合，寻求将数字经济嵌入高端制造业和前沿产业的路径，形成数字经济助力实体行业、实体行业运用数字经济的良性互动和循环。通过发展与数字经济密切相关的4K、5G等产业，实现技术规模化生产和运用。在产业转型升级过程中，重视行业、企业和数字经济的融合，以工业互联网平台建设为抓手，降低产业升级成本，提高产业转型

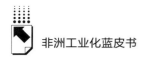
效率，在明确数据产权归属和重视企业和个人等实体的信息保护的前提下，顺利实现广东省产业结构优化升级。

广东省作为我国沿海开放省份，在实现产业转型升级过程中，应该充分利用临海这一巨大区位优势，因地制宜，大力发展海洋经济，培育相关产业集群。以海洋风电、核电、海工装备及其配套设施建设为核心，布局海上经济产业链，重视海洋制造业领域的产品生产、研发工作。目前，广东省规划建设的具体海洋产业建设项目主要包括阳江海上风电全产业链基地，中山海上风电机组研发中心，粤东整机组装、运维，海工装备及配套基地建设，粤东千万千瓦级海上风电开发，广州龙穴、珠海高栏港等海工装备产业基地，海洋科学与工程省实验室建设等。在"一带一路"倡议和粤港澳大湾区建设稳步推进的背景下，广东省通过构建海洋产业集群的方式，助力全省产业升级和转型。

（三）推动结构性改革，实现过剩产能有序退出

产业转型升级除了前文中所述布局高新技术产业外，还需要对现有的产业结构中的相关过剩产能进行化解，并最终实现过剩产能的有序退出。早在2015年，中央经济工作会议就开始推进供给侧结构性改革，强调"去产能、去库存、去杠杆、降成本、补短板"五大任务。广东省积极响应国家号召，逐步淘汰落后产能和各类"僵尸企业"，对钢铁、水泥、电解铝、平板玻璃、船舶、光伏和风电（后被移出）等存在较为严重产能过剩的行业进行了适时调整，通过市场化的方式予以化解。

需要明确的是，产能过剩的行业并不一定都是落后行业，相关行业的产能过剩并不意味着行业中企业创新能力的整体弱化。在某种程度上，产能过剩会对相关行业的整合带来类似"洗牌"的功能。产能过剩行业所带来的产品价格降低会逐步改变该行业过度依赖政府补贴发展的扭曲状况，通过市场机制本身就可以淘汰相当数量的企业，也在一定程度上倒逼企业进行技术创新。另外，部分存在产能过剩的行业也是在更早阶段国家鼓励发展的行业，因此对产能过剩的认识既要放在更为长远的时间段进行思考，也要坚持

市场在资源配置中的主导作用，避免政府的直接干预，从而避免产能过剩行业"越化解越多"的尴尬局面。广东省在实施产业转型、化解产能过剩方面取得了积极成效，值得充分肯定，未来需要更加重视省内各地之间的政策协调，准确定位政府在市场经济中的职能，确保过剩产能化解的可持续性等现实问题。

首先，避免各级政府间的无序竞争。部分地方为吸引外资，相互降低准入标准，对企业的许诺超出正常范围，导致行业过度进入的同时也容易产生连带环境污染问题。广东省在化解产能过剩时，需要避免重复投资、污染投资，切实从供给侧提前化解潜在风险。同时，已明确属于产能过剩领域的企业通常是部分县市的重点企业，在区域范围内为财政税收做出较大贡献。因此，化解产能过剩也需要政府明确利害关系，改革考核体系，避免地方政府对特定项目引进的盲目性和短期性，下定决心解决周期性经济结构调整所带来的产能过剩问题。

其次，明确政府在市场中的引导职能。政府并非市场参与的主体，因此，除去涉及国计民生的部分行业外，政府应该采用间接性、引导性的方式来对企业进行产业指引，通过公开方式告知企业特定行业前景和未来的特定产业政策，减少行政直接干预，让企业自身来对市场发展前景和是否进入行业进行判断，不代替企业做出决策。

最后，重视政策连续性和连贯性。受到国内外经济形势变化的影响，既有的化解过剩产能的任务可能会面临不同程度的压力，特别是在经济形势较为严峻、外部需求减少的环境下，"去产能"的紧迫性可能有所减小。广东省在产业转型中，需要特别重视政策的可持续性和政策前后的连贯性，减少结构性改革过程中政策发生大的变化，明确化解过剩产能和产业转型升级的关系与联系。

（四）发展现代农业，促进绿色产业体系建设

产业转型升级并不意味着对传统行业和领域的完全摒弃，相反，现代农业特别是绿色产业的发展构成了广东省产业结构优化转型的重要组成部分。

从广东省现有的产业结构来看,农业在三大产业中的占比最低,在粤北等适合发展现代农业的广大区域,相关农产品的附加值仍然较低,农业领域的发展潜力巨大。在产业转型过程中,还需因地制宜,大力发展清洁能源和现代化绿色产业。将产业结构调整视为一次优化能源结构、创新发展动能的难得契机。各级政府需要加大相关领域的投入,积极引导企业顺利实现产业结构调整。

以粤北为例,广东省北部生态发展区土地资源较为丰富,具备发展现代农业的基础条件。通过提升在农业领域的产业化和机械化水平,强化技术创新在农业中的应用,不断提高现代农业生产率,提升以蔬菜、瓜果和花卉等为代表的"粤字号"农产品附加值,为周边省份乃至港澳台地区供应优质产品,推动农业领域实现向现代农业转变和产业结构升级的既定目标。

发展现代农业离不开科技投入。广东省应进一步发挥涉农科研院校等机构在农业现代化过程中的作用,加大"产学研"力度,强化农业综合平台建设,在确保农产品质量安全达标的基础上,不断提高涉农专利技术的实际转化率,以科学技术来指导农业生产实践。同时,各级政府需要结合自身实际,加大涉农资金扶持力度,实施一批具有代表性的现代化农业工程项目,发挥龙头企业的带头作用,积极引导其他企业建立现代农业产业园、特色优势农产品基地和各类农业现代化示范区,不断总结已有案例,进而形成在全省范围内可推广、可复制的成功经验。农业领域提质增效不仅涉及全省产业结构转型,还关系到国计民生。各类农产品生产产量增加、效率提高对于应对突发性的外部冲击、维护正常的市场秩序、确保经济社会稳定具有重要意义。

与此同时,还要注意现代农业和服务业、绿色低碳产业等领域的横向联系,加快基础设施建设,充分发挥现代农业的辐射效应,不断拓展具有岭南特色的文化旅游业,带动乡村发展。在能源领域,广东需要进一步对现有的能源使用结构进行优化和调整,推广低碳节能能源使用,大力发展天然气、太阳能和核能等清洁能源,利用地处沿海的区位优势,发展风能发电项目,鼓励沿海旅游业和养殖业发展，通过制定严格的节能环保标准来有效管控高污染、高能耗行业，加强产业引导，培育一批具有较好发展前景的绿色企业，不断促进绿色产业体系建设。

（五）正视经济发展差距，确保区域平衡协调发展

尽管广东省在经济社会发展主要指标、产业转型升级等方面取得了明显成就，但是省内不同区域间、城乡间的既有经济发展差距仍然较大，省内区域发展不平衡问题依旧存在，在一定程度上也制约了全省经济的未来发展潜力和上升空间。

弥补经济发展"短板"、统筹区域协调发展需要广东各地以自身的独特资源要素禀赋和区位优势为导向，特别是对于经济发展水平相对滞后的粤北、粤西和粤东地区来说，更要立足自身，激发经济内生增长动力，积极向省内优秀、典型地区学习发展经验，建立高效服务型政府，打造数字化的政府运行平台，进一步塑造良好的营商环境，不断激发市场活力，充分发挥数字经济的潜在"弯道超车"作用。与此同时，在省级层面建立和完善切实可行的帮扶机制，积极发挥珠三角等地的示范效应和带动功能，促进省内各区域间的协同发展，最终在区域经济实现均衡协调发展的基础上，实现全省产业结构的升级和转型。

结合省内主要城市的经济发展水平、产业结构、地理区位等因素来看，广州和深圳两市应强化中心城市这一核心定位，进一步发挥对其他城市的辐射和带动作用。佛山和东莞两大地级市则需要进一步依靠制造业确保经济稳步发展，夯实实体经济。分别位于珠江东西两岸的惠州和珠海可以进一步发展壮大两市的石油化工、电子科技行业和生物医药等支柱性产业，不断挖掘发展潜力。中山市在加快珠江东西两岸产业融合的同时，更应着眼长远，主动培育该市具有较大市场竞争力的优势行业。汕头和湛江应合理利用自身在地理区位上的优势，发挥铁路运输、海路运输和航空运输等现代化交通服务能力。江门和肇庆土地资源具有较大比较优势，通过具有较大影响力和规模的项目引进，进一步加快相关产业平台建设。汕尾和阳江两市在全省产业升

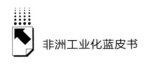

级转型过程中，更多地扮演着重要支撑节点、产业聚集地、承接地等功能性角色。

广东省主要城市需要结合各自的产业结构特征和优势，以优势互补、"强强联合"等跨区域协调发展方式，兼顾产业转型和区域平衡发展，最终实现全省范围内"一核一带一区"的高质量发展。提高合作水平、实现协同发展的可行举措主要包括：深化广深两市的现有战略合作机制，提升广州和佛山同城化水平，巩固广州和湛江、广州和清远、深汕特别合作区等合作机制。

在促进全省产业升级的过程中，广东还应该充分重视数字经济的独特潜能。对于省内城市，特别是经济发展水平相对落后的地区而言，通过加大基础设施投资力度，特别是完成政府和企业等数据信息中心、工业互联网等平台建设，将极大提升经济发展效率，减少各类前期成本，为实现全省经济社会的均衡发展和产业结构转型升级奠定良好的基础。

二 粤非开展产业合作的可行性

当前，受到新冠肺炎疫情等因素的影响，贸易保护主义、单边主义盛行，全球经济面临十分严峻的挑战，非洲大陆经济的一体化进程、工业化进程受到一定阻碍，中国也适时提出建设以国内大循环为主体的"双循环"发展格局。广东省产业优势明显、产业门类齐全，非洲大陆推行工业化愿望十分迫切，开展粤非合作具有较好的前期基础和条件，其既是对当前复杂多变的国际政治经济形势的自然回应，更是符合双方共同利益的现实选择。

（一）贸易冲突与西方对华制度性"规锁"

自 2018 年 3 月以来，美国先后多次单方面对中国商品征收高额临时性关税，对中美两国间正常的经贸关系往来造成严重冲击。尽管中美两国已于此前达成了第一阶段协议，但是此协议正处于美国现政府评估阶段，未来两国经贸关系仍面临一定的不确定性。另外，美墨加三方协议（USMCA）签订，取代之前的北美自由贸易区协定（NAFTA）。三方协议引入以往贸易协定中甚少出现的歧视性条款，对其界定的非市场经济体进行限制。美国还竭力推广相关条款，鼓励其他国家在相互间达成的贸易或投资协定中拟定类似条款。

中美贸易冲突和西方发达经济体企图联合将中国的发展速度和空间限定在一定范围内的做法对中国的经济发展提出了严峻的挑战，制度性"规锁"也值得予以高度警惕和密切关注。中国要加强同包括非洲国家在内的世界各国的经贸往来，进一步扩大开放领域和开放深度，坚定不移地支持多边贸易机制，从而减少潜在的贸易风险。当然，需要说明的是，同非洲国家进行各产业间的合作并不意味着中国在全球众多经济体中进行非此即彼的选择，更不意味着中国的经贸政策由"靠近美日欧"转变为"拥抱亚非拉"。非洲国家和地区本身就拥有较大的市场规模和潜力，在巩固已有贸易"存量"关系的基础上，中国尝试进一步发展贸易"增量"关系是符合市场经济规律的理性选择。

（二）中非双边关系稳固，合作往来日益频繁

2018年中非合作论坛北京峰会的召开为中非双方开展经贸合作、挖掘非洲国家发展潜力、提速中非自贸区建设注入强大的动力。同年，在首届中国国际进口博览会上，非洲40余个国家和近200家企业参会，大量具有浓郁非洲特色的商品进入中国市场，极大地推动了非洲经济发展和行业振兴。通过加快中非自贸区布局，中国扩大自非进口，双边贸易实现平衡发展。中非进一步扩大各领域务实合作。不断挖掘合作亮点，有助于提升和培育非洲国家经济发展的新动力和增长点，推动新时期中非经贸合作向更高水平发展。

在新冠肺炎疫情发生后，中非团结抗疫峰会召开，双边合作成效显著。中国先后向非洲多国捐赠新冠疫苗并提供了大量的抗疫物资。通过分享诊疗技术、派遣专业医疗人员赴非等方式，积极支持非洲国家抗击疫情。在经济领域，中国还在G20平台积极回应对非"缓债倡议"，赢得了

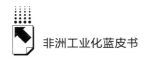
非洲国家和人民的高度评价。双方以坚持相互尊重、坦诚相待为前提，携手应对国际政治经济领域所面临的新情况、新问题，推动中非经贸合作更加开放包容。

（三）非洲大陆自贸区建立，一体化进程加快

非洲联盟2012年1月在埃塞俄比亚首都亚的斯亚贝巴举行的第十八届非盟首脑会议上通过了建立非洲大陆自由贸易区的决议。2015年6月，非盟启动了非洲大陆自由贸易区谈判。根据非盟的估算，这一自贸区将成为世界贸易组织成立以来按成员国数量计最大的自由贸易区，形成一个覆盖12亿人口、拥有2.5万亿美元GDP的非洲单一市场。自贸区将逐步消除非洲内部间贸易关税，便利非洲内部间贸易。

2018年3月21日，非洲44个国家在卢旺达首都基加利举行的非盟首脑特别会议上签署成立非洲大陆自由贸易区协议。非洲大陆自由贸易区（AFCFTA）是非洲44个国家签署成立的自由贸易区，旨在通过加强人员、资本、货物和服务的自由流动，促进农业发展、粮食安全、工业化和结构性经济转型，从而深化非洲经济一体化。其设想将市场整合与工业和基础设施发展相结合，以解决非洲的生产能力问题。非洲大陆自由贸易区协议有助于深化中非合作，为中非自由贸易区的建立提供坚实的基础。目前，中国已是非洲的第一大贸易伙伴，非洲大陆自由贸易区的建立可以为中国开展对非经贸合作奠定基础。

（四）广东优势产业发展迅猛，产业门类齐全

自20世纪80年代以来，处于沿海地区的广东凭借毗邻港澳、靠近东南亚的独特地理区位优势，着力发展"来料加工、来样加工、来件装配、补偿贸易"等外向型工业，制造业领域逐步壮大，为广东省的工业化发展道路奠定了重要基础。目前，广东省的产业结构较为合理，生产门类较为齐全，制造业等在技术、资金和市场等方面具有明显优势，在全国处于领先地位。广东省在电子产品、建材、医药、化学制品、纺织品和机械产品等领域

也有着较强的竞争力，在国际市场上具有较大影响力，传统优势产品的大量出口为全省经济发展做出了巨大贡献。

结合非洲工业化进程来看，非洲工业化过程中所急需的相关行业和领域基本上被广东省所覆盖。事实上，广东省与非洲国家在各领域早已开展了富有成效的合作，粤非合作呈现快速发展态势。东莞华坚集团在埃塞俄比亚投资产业园区，生产真皮皮鞋。广州飞肯摩托有限公司在坦桑尼亚打造非洲摩托车总部基地。广东电脑商会投资建设东非国际商贸城。此外，广东家居用品、护肤品、医疗器械、医药等行业的众多企业以直接投资、合资建厂等方式同非洲国家保持着密切的经贸合作往来。通过粤非合作，广东具有市场竞争优势的相关产业和产能可以助力非洲国家工业化进程，为非洲民众创造更多的就业岗位，夯实非洲国家经济增长的基础。

（五）非洲潜力巨大，具备承接广东产业的条件

非洲能源资源丰富。非洲大陆已探明石油储量仅次于中东和拉美地区，位居全球第三。非洲矿产资源十分丰富，其中黄金、铝、磷、锰、铂、铬、铀和金刚石等资源占世界总储量比重排在前列。非洲农产品和森林资源也十分丰富，咖啡、可可等热带作物产量位居世界第一，森林面积约占非洲大陆面积的1/5。丰富的资源使得非洲国家利用各类资源能源出口积累了一定的外汇储备，特别是在国际大宗商品价格攀升期间，非洲各国财政收入得到明显增长。

非洲大陆人口总数超过11亿，目前是世界上人口增长最快的大陆之一。人口众多使得非洲劳动力成本较低，适合发展劳动密集型产业。同时，人口快速增长也意味着未来非洲地区的消费潜力巨大。不过非洲整体受教育程度过低，短期内人口数量优势难以完全转化为质量优势。利用数字经济，非洲经济增长的动力出现多元化发展的趋势，更多的行业和领域利用这种快捷、高效的方式，尝试摆脱过去经济发展过于依赖能源和资源出口的状况，在实现投资回报率高企的同时，为非洲各国经济发展注入了新的动能。尽管从现阶段来看，非洲工业化的基础仍较为薄

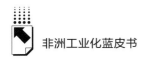

弱，但是未来在立足于自身发展和外部支持的基础上，非洲依然有着较为良好的发展前景。

三 相关政策建议

开展粤非产业合作，需要对非洲国家的最新政策变化予以高度关注，准确定位不同所有制性质的企业对非合作优势，形成合力。对已有合作方式中存在的问题和不足及时进行政策协调，将粤非合作与非洲工业化、一体化进程对接，实现双方合作共赢的新局面。

（一）加强信息研判，密切跟踪非洲各国的最新发展动态

广东省同非洲相关国家开展经贸产能合作，需要建立在对非洲国家和地区的相关信息充分掌握和了解的基础上。非洲大陆有其自身的特点，基于国家异质性的特征，非洲各国的政治、经济、社会、法律和人文等存在明显差异。加之相较于世界其他地区而言，非洲地区更容易爆发突发性事件，社会动荡、战争冲突都会对粤非合作产生直接而巨大的影响。以投资合作为例，广东省在对非投资中扮演着极为重要的角色，广东企业的对非投资意愿较高。跨国投资通常具有前期投入大、回收周期长的特征，在缺乏对投资对象国深入了解的情况下，贸然开展投资活动，很难成功规避各种投资风险，极易导致投资失败。因此，在开展粤非合作过程中，针对具体的合作对象开展事前调研，对重要信息进行搜集和判断，及时追踪非洲国家的最新发展动态和潜在政策变动将有利于双方合作的顺利进行。

目前，广东省处于产业转型的关键时期，非洲也在竭力推动其工业现代化进程。双方在技术、资金、土地、资源和劳动力等方面均有着各自的优势，互补性极强。随着广东产业升级的稳步推进，广东企业在非开展经贸活动也从原有的开发自然资源、销售低端产品逐步向发展具有更高技术含量和更先进的制造业等方向转变，粤非合作的具体形式和关注重点也会出现一定变化。

值得肯定的是，对非合作过程中的制度建设和机制平台的确立日益规范、成熟，这将有利于开展对非经贸合作和产业合作。在国家层面，通过中国同相关非洲主权国家间的政策协调和沟通，具有法律约束力和强制执行力的双边投资协定、自由贸易协定、司法互助协定等先后签订并正式生效，对广东乃至全国企业开展对非合作提供法治保障和精准服务；在企业层面，中方企业重视遵守所在国法律法规和社会风俗习惯，逐渐善于利用法律规则来维护自身的合法权益。2021 年 2 月，中国投资者正式对加纳政府发起仲裁，这是中非两国间的第一起投资者—东道国的仲裁案件。随着中非经贸往来加深和非洲大陆自贸区的正式启动，可以预见未来中非之间、非洲各国之间的人员、劳务、资本等要素的流动会更加频繁，非洲国家的政策变动、跨境的民事商事纠纷也可能会逐步增加。开展粤非合作在面临更加复杂挑战的同时，也对我们提出了更高的要求，在开展对非合作过程中，需要就对非动态进行更为细致和准确的分析与判断。

（二）民企形成合力，重视商会在对非合作中的关键性角色

广东省在开展对非经贸合作、产业合作过程中，无论是在数量上还是规模上，民营企业在合作中扮演了极为重要的主力军角色，依托各层级的中非民间商会，粤非合作取得了令人瞩目的成绩。

相较于其他对非合作实体而言，立足非洲所在国、以民营企业为主体的各类民间商会会更为熟悉东道国政府等机构的运作方式，更为了解东道国的政策和法律法规，也掌握了东道国的社会风俗习惯，从而助力企业在开展对非合作时能够在最大限度上降低不确定因素，提高合作效率。以具有代表性的中非商会为例，其与非洲各国政府和海外相关协会组织建立起了广泛的联系和沟通渠道，通过地方办事处等分支联络机构，帮助企业准确定位，及时将非洲大陆的各类最新资讯快速反馈至有对非合作意愿的相关企业，及时回应各方的诉求，真正调动企业的积极性和广泛参与度，从而助力企业稳步拓展非洲市场。

单一企业在不熟悉的情况下开展对非经贸产业合作容易面临更大的风

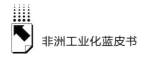

险，在商会的统一协调下，通过企业间"抱团"的方式，既能够抵御对非合作中的潜在风险、满足企业的合作需要，又能避免企业间竞相降价式的恶性竞争，在维护正常市场秩序的前提下，确保在非开展合作的整体利益。此外，涉非商会还会就对非合作等议题开展具体的合作交流，定期或不定期地开展培训、研讨活动，为相关企业提供在信息、会计、法律、金融等方面的专业指导和服务。

政府并非参与市场竞争的主体，但是可以通过政策引导等方式间接影响、支持企业的对非合作行动。民间商会可以利用各类非政府资源，以对非合作相关方的身份参与到合作进程中。政府、商会和企业在开展对非产业合作中的职能、角色和定位不同，各方可以形成合力，发挥各自的优势所在。政府可以在加大对民营企业支持力度的同时，重视商会在对非合作中的特殊角色，通过我国驻非使领馆、国家相关部委等，重点关注非洲国家驻华使领馆、非洲主权国家经贸投资主管部门、非洲区域一体化组织及各类国际组织，在民营企业和国有企业等不同性质类别的投资主体间发挥牵线搭桥的作用，建立政府、商会和企业间的沟通平台，共同助力粤非合作的顺利推进。

（三）坚持"竞争中性"，发挥国有企业对非合作的独特作用

在开展对非产业合作中，除了前文中所述的民营企业外，国有企业也在中非经贸往来、双边产能合作中起到了不容忽视的作用。国有企业的发展历程已经充分证明了其合理性，在现阶段，特别是开展对外合作过程中，需要更好地坚持"竞争中性"的原则，在市场经济中将国有企业和民营企业等同视之，以公平竞争的方式逐步扭转原有资源配置过程中可能存在的扭曲状态，提振市场活力。

事实上，在包括非洲大陆的广大区域中，国有企业在开展对外合作中发挥着基础性的关键作用。相较于民营企业等其他参与主体而言，国有企业在非洲国家开展基础设施建设、产业园区建设、促进产业集聚等方面都有着天然优势，其前期参与能力、参与意愿和示范作用都会明显优于其他主体。

横向比较国有企业和民营企业，不难看出，除了民营企业中存在的市场

约束和激励机制外，国有企业还会额外受到党和政府的多重管理。国有企业的组织能力和行动能力会因为上述因素而得到最大限度的强化。特别是长期身处海外进行对非合作的企业，其相关部门和员工需要克服巨大的挑战和各种困难，国有企业的特殊经济组织形式能够更好地确保开展对外合作团队的执行力和凝聚力。同时，国有企业的整体抗风险能力会优于民营企业等市场参与主体，这也意味着其长期对外合作的既定目标不会因为存在若干短期风险和突发性事件而导致发生较大偏离。国有企业在开展对外合作中的长期性和稳定性特征是与国家的战略发展目标相适应、相匹配的。

在国内市场竞争中需要坚持"竞争中性"的原则，同样，在国外市场开拓过程中，中国也应该要求包括非洲国家在内的世界各国给予国有企业和其他市场参与主体同等待遇。动辄因企业是"国有"的性质而被限制参与市场活动，这本身就违背了公平竞争的要求，是对国有企业的潜在歧视。长远来看，国有企业应继续发挥对非合作中的独特作用，在不违背正常市场竞争原则的前提下，坚持寻求平等、公平的市场参与地位，不以企业性质作为市场准入标准，适时加强同民营企业等其他市场参与主体的联系，形成合力，携手开展对非经贸和产能合作。

（四）依托产业园区，通过产业集聚助力非洲工业化进程

早在20世纪90年代，中国就在埃及建立起了经济开发区，此后各类产业园区的数量开始稳步增加。中国在非洲国家建立的产业园区一般采取独自建设或与所在国合资建设等方式。在产业园区建成后，通常由双方共同进行日常管理。在开展粤非合作过程中，以产业园区建设为依托，能够巧妙规避较高的经营风险，在创造就业岗位、吸引更多外来投资的同时，还能促进东道国经济发展。入驻园区企业通过参加所在国的生产经营活动，有效对接当地企业，形成产业联动，有助于形成一定规模的产业价值链和产品价值链。与此同时，由于东道国对相关产业园区的法律法规政策、税收优惠政策、外汇管制政策会明显有别于其他地区，因此产业园区在事实上还有着"承压测试"的功能。

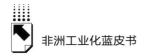

但是，受制于整体较为滞后的经济发展，非洲大多数国家的法律制度仍不健全，营商环境仍有待进一步提升。此外，在中方完成产业园区内部开发后，园区外东道国所许诺的相应配套设施建设会存在滞后的可能，部分园区由于缺电对正常的工业生产活动产生了极大影响。某些产业园区由于和所在国的契合度较低，未能很好地与当地企业形成联动，因此对非洲国家的工业发展进程的助力较小。同时，由于非洲在产品清关、管理能力等方面存在明显不足，已经入驻园区的企业反而增加了部分本可避免的额外成本开支。

在未来粤非产业合作中，需要更加明确产业园区的具体定位和职能。一方面，在已经建成的产业园区中，出于对原产地规则的保护，部分非洲国家十分重视潜在的"避税"问题，故而将园区内外企业正常的活动往来进行限制。这一做法尽管可以减少对涉及产品原产地问题的鉴别成本，但是也在客观上限制了人员等诸多生产要素的正常流动，抑制了园区产业对所在国的溢出效应，有悖于产业园区的建立初衷。另一方面，考虑到部分非洲国家缺乏国家层面的产业规划和工业化整体制度设计，因此，中方企业在非开展产业园区建设应该重视园区的定位差异，避免重复性、同质性的园区竞争，提高效率，确保产业园区对非洲工业化进程的正面效应。

皮 书

智库报告的主要形式
同一主题智库报告的聚合

❖ 皮书定义 ❖

皮书是对中国与世界发展状况和热点问题进行年度监测，以专业的角度、专家的视野和实证研究方法，针对某一领域或区域现状与发展态势展开分析和预测，具备前沿性、原创性、实证性、连续性、时效性等特点的公开出版物，由一系列权威研究报告组成。

❖ 皮书作者 ❖

皮书系列报告作者以国内外一流研究机构、知名高校等重点智库的研究人员为主，多为相关领域一流专家学者，他们的观点代表了当下学界对中国与世界的现实和未来最高水平的解读与分析。截至2021年，皮书研创机构有近千家，报告作者累计超过7万人。

❖ 皮书荣誉 ❖

皮书系列已成为社会科学文献出版社的著名图书品牌和中国社会科学院的知名学术品牌。2016年皮书系列正式列入"十三五"国家重点出版规划项目；2013~2021年，重点皮书列入中国社会科学院承担的国家哲学社会科学创新工程项目。

权威报告・一手数据・特色资源

皮书数据库
ANNUAL REPORT(YEARBOOK)
DATABASE

分析解读当下中国发展变迁的高端智库平台

所获荣誉

- 2019年，入围国家新闻出版署数字出版精品遴选推荐计划项目
- 2016年，入选"'十三五'国家重点电子出版物出版规划骨干工程"
- 2015年，荣获"搜索中国正能量 点赞2015""创新中国科技创新奖"
- 2013年，荣获"中国出版政府奖・网络出版物奖"提名奖
- 连续多年荣获中国数字出版博览会"数字出版・优秀品牌"奖

成为会员

通过网址www.pishu.com.cn访问皮书数据库网站或下载皮书数据库APP，进行手机号码验证或邮箱验证即可成为皮书数据库会员。

会员福利

- 已注册用户购书后可免费获赠100元皮书数据库充值卡。刮开充值卡涂层获取充值密码，登录并进入"会员中心"—"在线充值"—"充值卡充值"，充值成功即可购买和查看数据库内容。
- 会员福利最终解释权归社会科学文献出版社所有。

社会科学文献出版社 皮书系列
SOCIAL SCIENCES ACADEMIC PRESS (CHINA)

卡号：647474851726

密码：

数据库服务热线：400-008-6695
数据库服务QQ：2475522410
数据库服务邮箱：database@ssap.cn
图书销售热线：010-59367070/7028
图书服务QQ：1265056568
图书服务邮箱：duzhe@ssap.cn

S 基本子库
SUB DATABASE

中国社会发展数据库（下设 12 个子库）

整合国内外中国社会发展研究成果，汇聚独家统计数据、深度分析报告，涉及社会、人口、政治、教育、法律等 12 个领域，为了解中国社会发展动态、跟踪社会核心热点、分析社会发展趋势提供一站式资源搜索和数据服务。

中国经济发展数据库（下设 12 个子库）

围绕国内外中国经济发展主题研究报告、学术资讯、基础数据等资料构建，内容涵盖宏观经济、农业经济、工业经济、产业经济等 12 个重点经济领域，为实时掌控经济运行态势、把握经济发展规律、洞察经济形势、进行经济决策提供参考和依据。

中国行业发展数据库（下设 17 个子库）

以中国国民经济行业分类为依据，覆盖金融业、旅游、医疗卫生、交通运输、能源矿产等 100 多个行业，跟踪分析国民经济相关行业市场运行状况和政策导向，汇集行业发展前沿资讯，为投资、从业及各种经济决策提供理论基础和实践指导。

中国区域发展数据库（下设 6 个子库）

对中国特定区域内的经济、社会、文化等领域现状与发展情况进行深度分析和预测，研究层级至县及县以下行政区，涉及省份、区域经济体、城市、农村等不同维度，为地方经济社会宏观态势研究、发展经验研究、案例分析提供数据服务。

中国文化传媒数据库（下设 18 个子库）

汇聚文化传媒领域专家观点、热点资讯，梳理国内外中国文化发展相关学术研究成果、一手统计数据，涵盖文化产业、新闻传播、电影娱乐、文学艺术、群众文化等 18 个重点研究领域。为文化传媒研究提供相关数据、研究报告和综合分析服务。

世界经济与国际关系数据库（下设 6 个子库）

立足"皮书系列"世界经济、国际关系相关学术资源，整合世界经济、国际政治、世界文化与科技、全球性问题、国际组织与国际法、区域研究 6 大领域研究成果，为世界经济与国际关系研究提供全方位数据分析，为决策和形势研判提供参考。

法律声明